电子商务系列教材

电子支付与网络金融

主　编　刘　刚　范　昊
副主编　苏　畅　李　丹

科 学 出 版 社
北　京

内 容 简 介

随着电子商务的迅猛发展，我国电子支付，特别是移动支付已经走在了世界前列。各种新兴的支付方式还在不断推陈出新，支付渠道、支付方式、支付介质的多元化趋势也日益明显。本书对电子支付的基本概念、我国支付体系、数字货币、网上支付安全、网上支付系统、第三方支付、移动支付及互联网金融都做了详尽系统的介绍。本书在章节内容上不仅兼顾了历史沿革，而且紧跟发展前沿，对当前支付技术和业务模式都做了较全面的介绍。

本书既可以作为高等学校电子商务、信息管理、工商管理、金融等专业的教材和参考用书，也可作为从事金融信息化、电子商务、IT 应用软件研制和开发的科研人员和金融系统的工作人员及广大电子商务爱好者的参考用书。

图书在版编目（CIP）数据

电子支付与网络金融/刘刚，范昊主编. —北京：科学出版社，2020.11
电子商务系列教材

ISBN 978-7-03-065503-5

Ⅰ. ①电… Ⅱ. ①刘…②范… Ⅲ. ①电子支付－教材②金融网络－教材 Ⅳ. ①F713.361.3

中国版本图书馆 CIP 数据核字（2020）第 100101 号

责任编辑：闫 陶/责任校对：高 嵘
责任印制：赵 博/封面设计：苏 波

科学出版社出版
北京东黄城根北街 16 号
邮政编码：100717
http://www.sciencep.com
北京华宇信诺印刷有限公司印刷
科学出版社发行 各地新华书店经销
*
2020 年 11 月第 一 版 开本：787×1092 1/16
2025 年 2 月第三次印刷 印张：13
字数：308 000

定价：52.00 元

（如有印装质量问题，我社负责调换）

#《电子商务系列教材》

编　委　会

丛　书　序

近些年，国际竞争日益激烈，人才培养与人才争夺成为焦点。十八大以来，习近平总书记多次强调人才对创新的重要性，并指出创新是引领发展的第一动力，创新驱动实质上是人才驱动，要重视人才的培养。教育部“十三五”规划也提出，人才培养是国家可持续发展的重要驱动力，必须要优先发展教育，培养大批创新人才。

随着计算机、互联网以及云计算技术的飞速发展，我国逐渐进入信息化社会。信息技术渗入到各行各业，对个人生活、企业与政府的管理和运行均产生重要影响，尤其对企业经营活动的选择与组织产生着越来越关键的作用。数据、信息和知识已成为社会的主要资源，如何应用该类资源创造价值成为当代社会的主要课题。

因此，根据当今时代的要求与社会的发展，信息化与学科知识结合，逐渐衍生出电子商务与信息管理类相关的专业。高校长久以来承担着人才培养、发展科技与服务社会的重要职责，如何培养出符合时代发展的人才是高校始终在思考的问题。新型复合人才的培养对高校教育提出了更高的要求，其中，教材在人才培养中起着至关重要的作用。教材不仅体现了丰富的专业知识和教学方法，也从侧面折射出教育思想的变革。为此，我们以教育素质为核心组织相关教材，力求处理好知识、能力与素质三者的辩证统一关系，实现教材内容和体系的创新。

我们根据高校课程设置，编写电子商务专业本科专业的系列教材。我们对本套教材也提出了较高的要求。①系统性。本套教材注重系统性，便于读者对各知识层次有准确的理解，以帮助读者深入掌握相关知识模块，并构建知识体系。②前沿性。本套教材不断地与时俱进，及时地将新理论、新技术、新成果与新趋势补充在教材中，使读者能紧随社会发展的脚步，掌握前沿知识。③实用性。结合实际，注意案例教学，本套教材由教学经验丰富的高校教师编写，了解本科生的实际教学与专业需求，并通过案例教学，加深学生对相关理论知识的理解与掌握。

本套丛书共 22 本，其中《学会阅读》《信息素养修炼教程》和《创新理论与方法》帮助读者为后续的专业学习奠定基础，其余教材大致可分为三类。

第一类，电子商务类基础课程，包括《电子商务概论》《电子支付与网络金融》《电子商务安全》《市场调查理论与方法》《客户关系管理》《管理学》《管理信息系统》，共 7 本教材，主要是帮助读者掌握信息技术在商业领域的应用，了解商务过程中的电子化、数字化和网络化。

第二类，电子商务与信息管理相结合类课程，包括《信息组织》《信息管理学》《信息经济学》《信息分析与预测》《信息采集学教程》《数字图书馆》，共 6 本教材，主要是帮助对信息技术在管理学与经济学等领域的应用有所掌握。

第三类，电子商务技术类课程，包括《数据库系统实验》《云数据管理与服务》《大数据技术与原理应用教程》《数据结构 C/C++》《面向对象程序设计 Java》《数据分析技术》，共 6 本教材，主要帮助广大读者学习与掌握信息化的前沿技术。

本套教材在高校教师、专家学者、科学出版社的共同努力下，陆续出版并与读者见面。我们希望，凝聚我们多年教学成果的系列教材可以为我国信息化人才的培养贡献力量，推动我国信息化工程的建设。同时，对参与教材编写以及出版的各位专家学者表示感谢。

本套教材适用于电子商务、信息管理与信息系统、信息资源管理专业的本科生、研究生教学，也可供其他相关学科、专业教学使用，或作为有关人员的培训教材和自学参考书。我们的目标是尽善尽美，但限于我们的水平，书中难免有不妥和疏漏之处，恳请广大读者批评指正，帮助我们不断地提高本套教材的质量。

编委会

于华中师范大学信息管理学院

2020 年 3 月

前　　言

随着电子商务的发展，电子支付正在深刻地改变生活方式、商业模式、社会管理、金融体系以及安全观念。移动支付、二维码扫描支付和正在流行推广的刷脸支付还方兴未艾，中国人民银行的数字货币已经呼之欲出。中国自 2011 年发放《支付业务许可证》以来，已经先后四批为第三方支付企业发放 200 多张《支付业务许可证》，规范化的管理极大地促进了电子支付产业的发展及与社会各行业领域的融合。电子支付与行业的融合，衍生出很多新型产业，比如近年来迅速崛起的互联网金融。互联网金融是网络济和电子商务发展带来的必然产物，它不仅改变了传统金融的运营模式，更是随着理念和技术的进步不断进行服务和管理创新。

电子支付与网络金融共 8 章，包括电子支付概论，我国支付体系，数字货币，网上支付安全，网上支付系统，第三方支付，移动支付，互联网金融概述等内容。本书力图通过理论和实践，对传统支付体系和电子支付做一个完整的梳理，对支付的最新技术和应用等都作了详尽阐述，并深入地剖析了电子支付的广泛应用所带动的互联网金融领域的变革和创新。本书既可以作为高等学校电子商务专业本科生和研究生相关课程的教材，也可以作为电子商务相关专业本科生和研究生的教学参考书。

本书由刘刚、范昊担任主编，苏畅、李丹担任副主编，研究生肖奕夏、汪策、蒋青莹参与了材料收集和整理工作，在此一并表示感谢。

在本书的编写过程中，我们参考、借鉴了大量国内外的出版物和网上资料，在此谨向诸多学者和同仁表示由衷的敬意和感谢。由于编者的水平有限和学科的交叉性，书中疏漏在所难免，希望各位专家和读者提出批评和指正意见。

刘　刚

2020 年 8 月

目　　录

第 1 章　电子支付概论

1.1　货币与支付

支付源于其载体货币，货币的产生源于交换，货币的发展变化和支付方式及支付系统的变化紧密相连。货币与支付的演变对商品交换活动乃至经济发展都有着重大影响。

1.1.1　货币的起源

人类社会在不断发展的过程中，逐步产生了社会分工，而社会分工的出现必然导致商品和服务的交换。交换现象的初级阶段是以物易物。但是随着交易物品种类的日益增加和交易的广泛进行，人们慢慢发现这种以物易物的交易方式有很多弊端。

不同的交易物品在质量和用途等方面有着很大的差别，不能用数量的多少、体积或者重量的大小等这些直观的差别来对它们的价值进行比较。为解决复杂交换的困难，人们采取了利用参照物这一办法，选取那些最经常与其他商品发生交换关系的商品，并把这种商品作为各种商品交换时的参照物即一般商品，一般商品的出现解决了交换过程中价值不便比较的问题。

交换过程中遇到的第二难题，是需求的不对称。这种不对称包括诸多方面，其中最主要的是用途需求上的不对称和需求时间上的不对称。需求的不对称，不仅使交换的过程很烦琐，更延迟了交换的时间，使交换不能随着需求的产生而同步完成。为了解决这种不同步、不对称，人们进一步扩大了一般商品在市场中的交换能力，一般商品也就逐渐地成为可以与任何其他商品交换而不受拒绝的商品，也因此形成了一个新的职能——交换的媒介。

事实上，一般商品就是货币商品的前身，货币商品最终又演化成了货币。在物物交换过程中，无论从交换的任何一方来看，都很难清楚地区分买与卖的交换行为，也就是说，在物物交换中，买与卖是相互结合在一起的，买与卖没有分离，这个过程并不发生“支付”行为。货币产生以后，原始的物物交换被以物与货币的交换代之。当货币作为交换的媒介参与到交换中来时，卖和买不同的交换行为才得以区分。比如，当一头牛 = 若干货币，或一匹羊 = 若干货币时，从牛或羊的持有者的角度看，他们是卖了牛羊，获得了货币，因而是卖；从货币的持有者的角度看，他们出让了货币，获得了牛羊，是为买。正是基于这样买卖分离的商品经济关系，我们把因交换而付出货币一方的行为称为支付，即支付货币的行为，而把出售货物一方的行为称为货物交付。

交易以货币作为媒介进行交换时，支付便产生了。支付是付款人向收款人转移可以接受的货币债权，通俗地说就是收付款人协商一致、共同认可的货币债权。货币作为支付的媒介，奠定了现代经济社会的支付基础。

1.1.2 货币的五大职能

货币本质的具体表现形式随着商品经济的发展逐渐完备起来。商品交换由物物交换逐渐转化为商品流通（即以货币为媒介的商品交换），这是货币基本职能存在的前提条件。在发达的商品经济中，它具有价值尺度、流通手段、贮藏手段、支付手段和世界货币 5 种职能。其中最基本的职能是价值尺度和流通手段。

1. 价值尺度

价值尺度是用来衡量和表现商品价值的一种职能，是货币的最基本、最重要的职能。正如衡量长度的尺子本身有长度，称东西的砝码本身有重量一样，衡量商品价值的货币本身也是商品，具有价值；没有价值的东西，不能充当价值尺度。货币作为价值尺度把各种商品的价值都表现在一定量的货币上。货币在执行价值尺度的职能时，并不需要有现实的货币，只需要观念上的货币。

商品的价值用一定数量的货币表现出来，就是商品的价格。价值是价格的基础，价格是价值的货币表现。货币执行价值尺度的职能，就是根据各种商品的价值大小，把它表现为各种各样的价格。

2. 流通手段

货币充当商品交换媒介的职能。在商品交换过程中，商品出卖者把商品转化为货币，然后再用货币去购买商品。在这里，货币发挥交换媒介的作用，执行流通手段的职能。货币充当价值尺度的职能是它作为流通手段职能的前提，而货币的流通手段职能是价值尺度职能的进一步发展。

以货币为媒介的商品交换就是商品流通，它由商品变为货币和货币变为商品两个过程组成。货币作为流通手段，在商品流通过程中，不断地被当作购买手段，实现商品的价格。商品经过一定流通过程以后，必然要离开流通领域最后进入消费领域。但货币执行流通手段职能，却始终留在流通领域中，不断地从购买者转移到出卖者手中。这种不断的转手就形成货币流通。货币流通是以商品流通为基础的，它是商品流通的表现。

充当流通手段的货币，最初是以金或银的条块形状出现的。随着商品交换的发展，金属条块就被具有一定成色、重量和形状的铸币所代替。铸币的产生使货币能够更好地发挥它作为流通手段的职能。货币作为价值尺度，可以是观念上的货币，但必须是足值的；货币作为流通手段则必须是现实的货币，但它可以是不足值的。这是因为货币发挥流通手段的职能，只是转瞬即逝的媒介物，不足值的铸币，甚至完全没有价值的货币符号，也可以用来代替金属货币流通。由国家发行并强制流通的纸币，则纯粹是价值符号，没有价值，只是代替金属货币执行流通手段的职能。

3. 贮藏手段

贮藏手段是货币退出流通领域充当独立的价值形式和社会财富的一般代表而储存起

来的一种职能。货币能够执行贮藏手段的职能，是因为它是一般等价物，可以用来购买一切商品，因而货币贮藏就有必要了。

货币作为贮藏手段，是随着商品生产和商品流通的发展而不断发展的。在商品流通的初期，有些人就把多余的产品换成货币保存起来，贮藏金银被看成富裕的表现，这是一种朴素的货币贮藏形式。随着商品生产的连续进行，商品生产者要不断地买进生产资料和生活资料，但他生产和出卖自己的商品要花费时间，并且能否卖掉也没有把握。因此，他为了能够不断地买进，就必须把前次出卖商品所得的货币贮藏起来，这是商品生产者的货币贮藏。随着商品流通的扩展，货币的权力日益增大，一切东西都可以用货币来买卖，货币交换扩展到一切领域。谁占有更多的货币，谁的权力就更大，贮藏货币的欲望也就变得更加强烈，这是一种社会权力的货币贮藏。

货币作为贮藏手段，可以自发地调节货币流通量，起着蓄水池的作用。当市场上商品流通缩小，流通中货币过多时，一部分货币就会退出流通界而被贮藏起来；当市场上商品流通扩大，对货币的需要量增加时，有一部分处于贮藏状态的货币，又会重新进入流通。

关于纸币能否充当贮藏手段的问题，存在着不同的看法。传统的观点是：只有实在的、足值的金属货币，人们才愿意保存它，才能充当贮藏手段。但也有人认为，如果纸币的发行数量不超过商品流通中所需要的金属货币量，纸币就能代表相应的金属量，保持稳定的社会购买力。在这种条件下，纸币也能执行贮藏手段的职能。当然，纸币如果发行量过多，就无法保持它原有的购买力，人们就不愿意保存它。可见，即使纸币能执行贮藏手段的职能，也是有条件的，并且是不稳定的。

4. 支付手段

支付手段是货币作为独立的价值形式进行单方面运动（清偿债务、缴纳税款、支付工资和租金等）时所执行的职能。

货币作为支付手段的职能是为适应商品生产和商品交换发展的需要而产生的。因为商品交易最初是用现金支付的。但是，由于各种商品的生产时间是不同的，有的长，有的短，有的还带有季节性。同时，各种商品销售时间也有所不同，有些商品就地销售，销售时间短，有些商品需要运销外地，销售时间长。商品的让渡同价格的实现在时间上分离开来，即出现赊购的现象。货币作为支付手段，开始是由商品的赊购、预付引起的，后来才慢慢扩展到商品流通领域之外，在商品交换和信用事业发达的社会里，日益成为普遍的交易方式。

在货币当作支付手段的条件下，买者和卖者的关系已经不是简单的买卖关系，而是一种债权债务关系。等价的商品和货币，就不再在售卖过程的两极上同时出现了。这时，货币首先是充当价值尺度，计量所卖商品的价格。其次，货币作为观念上的购买手段，当商品从卖者手中转移到买者手中时，并没有货币从买者手中转移到卖者手中。当货币作为支付手段发挥职能作用时，商品转化为货币的目的就起了变化，一般商品所有者出卖商品，是为了把商品换成货币，再将货币换回自己所需要的商品；货币贮藏者把商品变为货币，是为了保存价值；而债务者把商品变为货币则是为了还债。货币作为支付手段时，商品形态变化的过程也起了变化。从卖者方面来看，商品变换了位置，可是他并未取得货币，延迟了自己的第一形态变化。从买者方面来看，在自己的商品转化为货币之前，完成了第二形态变化。在货币执行流通手段的职能时，出卖自己的商品先于购买别人的商品。当货币执行支付手段的职能时，购买别人的商品先于出卖自己的商品。作为流通手段的货币是商品交换中转瞬即逝的媒介，而作为支付手段的货币则是交换过程的最终结果。货币执行价值尺度是观念上的货币，货币执行流通手段可以是不足值的货币或价值符号，但作为支付手段的货币必须是现实的货币。

货币作为支付手段，一方面可以减少流通中所需要的货币量，节省大量现金，促进商品流通的发展。另一方面，货币作为支付手段，进一步扩大了商品经济的矛盾。在赊买赊卖的情况下，许多商品生产者之间都发生了债权债务关系，如果其中有人到期不能支付，就会引起一系列的连锁反应，“牵一发而动全身”，使整个信用关系遭到破坏。从货币执行支付手段的职能中，产生了信用货币，如银行券、期票、汇票、支票等。随着现代社会经济的发展，信用经济越显发达，货币执行支付手段的职能也就越大，以致信用货币占据了大额交易领域，而铸币却被赶到小额交易的领域中去。

在商品生产和货币经济发展到一定程度以后，不仅商品流通领域，而且非商品流通领域也用货币作为支付手段，充当交换价值的独立存在形式。例如，地租、赋税、工资等，也用货币来支付。

5. 世界货币

货币在世界市场上执行一般等价物的职能。随着国际贸易的发展，货币流通超出一国的范围，在世界市场上发挥作用，于是货币便有世界货币的职能。作为世界货币，必须是足值的金和银，而且必须脱去铸币的地域性外衣，以金块、银块的形状出现。原来在各国国内发挥作用的铸币以及纸币等在世界市场上都失去作用。

在国内流通中，一般只能由一种货币商品充当价值尺度。在国际上，因为有的国家用黄金作为价值尺度，有的国家用白银作为价值尺度，所以在世界市场上黄金和白银可以同时充当价值尺度的职能。后来，在世界市场上，黄金取得了支配地位，主要由黄金执行价值尺度的职能。

世界货币除了执行价值尺度的职能以外，还有以下职能：①充当一般购买手段，一个国家直接以黄金、白银向另一个国家购买商品；②作为一般支付手段，用以平衡国际贸易的差额，如偿付国际债务，支付利息和其他非生产性支付等；③充当国际财富转移的手段。货币作为社会财富的代表，可由一国转移到另一国，例如，支付战争赔款、输出货币资本或由于其他原因把黄金和白银转移到国外。在当代，世界货币的主要职能是作为国际支付手段，用以平衡国际收支的差额。

为了适应世界市场的流通，每个国家必须贮藏一定数量的黄金、白银作为准备金。这笔世界货币准备金随着世界市场商品流通的扩大或缩小而增减。在资本主义国家，银行中的黄金储备，往往要限制在它的特殊职能所必要的最低限度。过多的货币贮藏，对于资本是一个限制，而且在一定程度上也表示商品流通的停滞。

1.1.3　支付的内涵

1. 支付的定义

随着人类社会的发展，支付活动无处不在。什么是支付？支付又称付出、付给，多指付款，是发生在购买者和销售者之间的金融交换，是社会经济活动所引起的货币债权转移的过程。支付包括交易、清算和结算。

根据上述定义，可以进一步归纳出支付的核心要素：①划拨；②划拨对象为货币；③因购买货物或服务或者偿还债务而划拨货币。即支付涉及支付的主体、支付的货币、支付的方式以及支付的目的。随着现代社会经济的发展，特别是计算机和网络通信技术在支付领域的全面应用，支付的内涵和外延在发生质的变化，具体体现在货币的形态，支付工具的多样化以及支付系统的信息化等方面。

2. 支付与货币的演变

支付与货币的关系是相互依存和相互促进发展的。货币从最原始以一般等价物形式存在的时候进行交易，即一手交钱一手交货的实物支付方式。在人类发展史中，这一阶段持续时间非常长，即便发展到以贵金属黄金、白银作为货币的阶段，还是实物见面交易为主，物流和资金流没有分离。

随人类社会商品经济的发展，金银货币已无法满足和适应经济的发展，接着是不足值的铸币产生，然后逐渐演变产生了信用货币纸币。纸币、铸币、早期实物货币从形态上看都属于“实物货币”，在交换中，实物货币的所有权发生转移，与之相对的是商品所有权的转移。因此，实物货币是具有自然的实物形态，以实物转移完成支付的货币。

记账货币是以数字记录方式确定归属和转移的货币，记录方式的演变就是其形态的演变，基本特征是使用数字记录货币的归属和转移。记账货币主要存在于信贷活动，并与实物货币关系紧密，而不是普遍使用的、独立的支付手段。随着现代银行体系的出现，尤其是信用卡这种支付方式出现，以及支付宝、微信支付等网络支付方式的普及，最后的实物货币形态——纸币（现金）的使用范围和规模迅速缩小。

计算机的出现是人类历史发展中的革命性变革，也使得记账货币的形态发生根本性改变，实体账本被电子账本取代，记账货币进入电子货币时代。从最广泛的意义上看，脱离了实体账本，通过电子信息记录和转移的货币系统均可称为“电子货币”。最初电子货币系统主体封闭运行于银行体系中。互联网的出现将电子货币又向前推进了一大步，带来记账货币形态的革新。一些基于互联网的电子货币系统如 Mondex 和数字现金（digital cash）相继出现，电子货币的真正成熟应用得力于 1998 年建立的 Paypal 支付，现在这类系统已经成为电子商务重要推动引擎。

互联网出现之后货币形态发展迅速，Mondex、Paypal、支付宝、微信支付都是传统货币的支付方式和形态在互联网上的延伸。互联网的应用发展还创新出了独立于传统货币的数字货币，即发行与记账的主体并非国家货币当局的记账货币。后有去中心化的比特币。互联网带来货币的电子化和支付方式的演变，移动支付技术，如二维码扫描支付更是引领传统货币全面向数字化，虚拟化发展。

货币无论其形态发生如何变化，本质上都是为了满足社会经济发展的需求，为了方便交易。货币是支付的载体，支付是货币流动的动力，两者相互依存，互相推动。随着计算机和网络通信技术在经济和支付领域的深入应用，支付正在被赋予新的内涵。

1.1.4 支付业务的分类

随着支付业务的快速发展，支付业务的种类不断丰富。但从本质上看，支付业务可归纳为：借记业务，贷记业务和第三方业务。

1. 借记业务

即收款人发起的支付业务，如支票委托收款，收款人收到支票后，将支票提交至其开户银行，开户银行根据其委托向付款人收取支票款项。

2. 贷记业务

即付款人发起的支付业务，如汇兑业务，付款人发出支付指令，委托银行将资金支付给收款人。

3. 第三方业务

即第三方发起的支付业务，也称预授权业务，是指收、付款人与第三方事先签订合同（协议），约定由第三方代其向指定付款人或收款人发起支付指令。根据委托方的不同，第三方发起的支付业务又可以大致分为借记业务和贷记业务。例如，收款人委托其开户银行收取水、电、煤气等公用事业费用就属于借记业务，付款人委托其开户银行定期发放工资、养老金、保险金、国库各类款项等属于贷记业务。

1.1.5 支付业务的处理流程

按照国际支付结算体系委员会（Committee on Payment and Settlement Systems，CPSS）的定义，所有涉及资金转移的行为，都可视作支付行为，支付的范畴最大，清算和结算属于支付过程中的特定环节，其中，清算是发生在结算前的支付环节，该环节的功能主要是为了提高结算的标准化水平和结算的效率。支付主要分为三个标准化过程：交易、清算和结算，如图 1.1 所示。

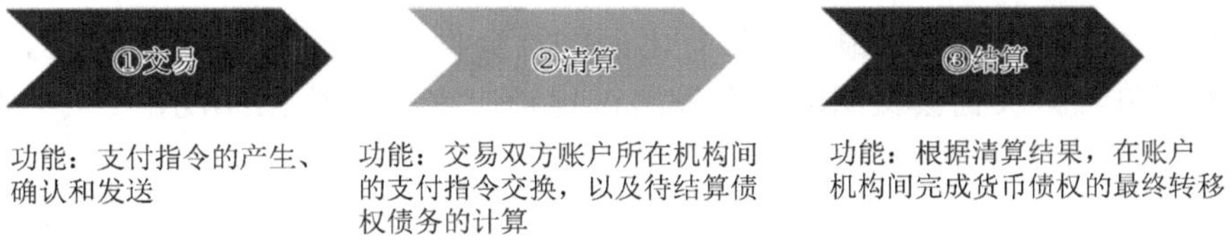

图 1.1　支付流程图

1. 交易

交易过程包括支付指令的产生、确认和发送，特别是对交易各方身份的确认、对支付工具的确认以及对支付能力的确认。

2. 清算

清算过程包含在收、付款人开户机构之间交换支付指令以及计算待结算的债权债务。支付指令的交换包括交易撮合、清分、数据收集等；债权债务计算可以分为全额和净额两种计算方式。清算过程是在结算之前对支付指令进行发送、核对以及在某些情况下进行确认的过程，可能包括指令轧差和最终结算头寸的建立。

3. 结算

结算过程是完成货币债权最终转移的过程，包括收集待结算的债权并进行完整性检查、保证结算资金具有可用性、结清金融机构间的债权债务以及记录和通知有关各方。涉及某银行内的业务，该银行可以通过借、贷记付款人和收款人银行账户完成结算；涉及银行的业务，中国人民银行根据中国银联计算出的银行待结算的债权债务金额，分别借、贷记付款人开户银行和收款人开户银行的存款准备金账户，收付款人各自的开户银行再贷记、借记收付款人的账户。

1.2　传统支付工具和方式

在实物支付时代，买卖双方必须同时把要交换的物品运输到同一地点，才能完成支付。一般等价物出现以后，使物流和资金流在空间上可以分离，但一般等价物的便携性和标准化程度低，信用中介的出现解决了上述问题，纸币和票据使得支付可以脱离真正的实物，而由信用的方式所表达，支付逐渐发展成了一种信息表达。但由于信息不对称，买卖双方之间的时间、空间不一致等原因，经常会导致交易不通畅且效率低下。电子支付的出现，使得支付方式的信息流动更为通畅，从而大大增加了支付的效率，使得物流和资金流能同时运转起来。

1.2.1　支付方式的历史演变

支付是清偿商品交换和劳务活动所引起的债权债务关系。由于银行信用中介的介入，近代支付演变为银行与客户、银行与银行之间的资金收付关系。支付、支付工具和支付方式的演变和发展与人类社会文明演变和发展过程相一致，如图 1.2 所示。

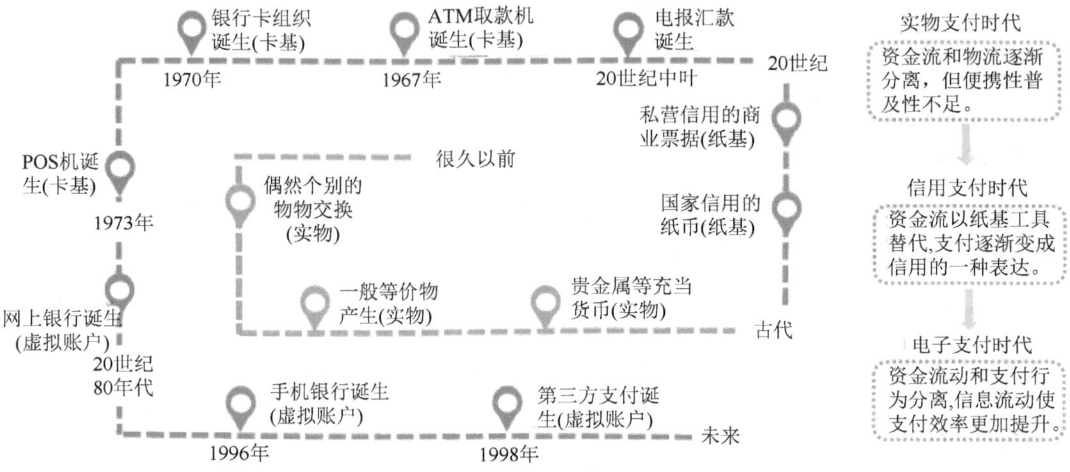

图 1.2　人类支付方式演变

1. 原始社会的支付方式

在原始社会中支付是以最原始的交换方式进行，即便有交换，也是一种直接的以物易物，交换过程和支付过程同时发生，这时还不存在支付工具。

2. 自然经济社会中的支付方式

自然经济社会中是以实体货币为媒介的支付方式。这时的交换是以某种物质（主要以贵金属）作为一般等价物进行交换，货币由此产生。交换和支付同时发生，货币作为支付工具，初级的支付系统已形成。

3. 工业化经济社会的支付方式

工业化经济社会对应的是银行信用为主的支付方式。在工业化经济社会中，信息传播媒体多样化，各种形式的信息收集、加工、传播的壁垒被打破，信息具有了社会化的性质。作为信用中介的银行则在社会交换和支付中起到了关键的作用，商品的交换过程与支付过程发生分离。比如现代工业社会最典型的支付工具——支票，买方将资金存入银行，在商品购买的过程中，用银行的信用工具支票进行支付，而卖方则通过支票得到所售商品的资金。工业社会，商品经济飞跃发展，商品的交换过程与支付过程发生分离，为了适应经济发展衍生出各种具有银行信用性质的支付工具，如支票、汇票、本票等，相对完善的支付系统已经形成。

4. 信息经济社会的支付方式

信息经济社会对应的是电子化、网络化的现代支付方式。当今社会，由于信息化技术的不断发展，信息采集、加工、储存和传递越来越依靠计算机、网络通信手段，整个社会的商品交换极度扩大，与之相应的支付方式也发生了革命性的进步。就像鲍勃·迪伦（Bob Dylan）的歌曲《时代》（the times）中唱到的一样，“我们支付的方式也在悄然发生着变化”。许多发达国家，像支票这种支付方式已经消失或者正在慢慢消失，新型电子支付服务在世界各个角落不断崭露头角，而且突飞猛进，无处不在且全天可用。许多使用现金进行支付的方式正在电子化。在中国，人们甚至可以利用面部识别，即“刷脸支付”的方式来购买商品和服务。金融科技如加密货币的应用，都正在对现有的商业模式造成冲击。

1.2.2　传统支付工具

支付工具是传达债权债务人支付指令，实现债权债务清偿和货币资金转移的载体，按照发展过程，支付工具可以分为传统支付工具和电子支付工具。传统的支付工具主要包括现金和票据，票据主要是指“三票一汇”，即支票、银行本票、商业汇票和汇款。

1. 现金支付

现金有两种形式，即纸币和硬币，一般由各国中央银行发行。在现金交易中，买卖双方是面对面的交易。

现金交易过程的主要特点。

（1）现金具有一定匿名性，只要持有现金就可用于支付，交易者的身份可以隐匿，但是现金有编号，在特殊的场景有暴露持有者的可能。

（2）现金支付具有分散，使用方便、灵活，交易方式简单等特点，只需在收款人和付款人之间进行。

（3）如果收款人对现金本身的真实性无异议，现金支付过程即“一手交钱，一手交货”，交易双方钱货两清。

当然，这种交易方式也存在一些缺陷，主要表现在：

（1）它受时间和空间的限制，对于不在同一时间、同一地点进行的交易，无法采用现金支付的方式。

（2）由于现金携带不方便，制钞、运钞成本大，又无法核实现金持有人的身份，这种高成本和携带不便性，以及由匿名产生的风险性决定了现金作为支付手段的局限性。

因此，现金通常用于个人之间，以及个人与商家之间金额较小的支付活动。

2. 票据支付

票据是指出票人依法签发的由自己或指示他人无条件支付一定金额给收款人或持票人的有价证券，即某些可以代替现金流通的有价证券。广义的票据泛指各种有价证券和凭证，如债券、股票、提单、国库券、发票等。狭义的票据仅指以支付金钱为目的的有价证券，即出票人根据票据法签发的，由自己无条件支付确定金额或委托他人无条件支付确定金额给收款人或持票人的有价证券。在我国票据为汇票（银行汇票和商业汇票）、支票及本票（银行本票）的统称。票据一般是指商业上由出票人签发，无条件约定自己或委托他人无条件支付一定金额，可流通转让的有价证券，持有人具有一定权利的凭证。属于票据的有：支票、银行本票、商业汇票、提单、存单、股票、债券等。

1）支票

支票是出票人签发的，委托出票人的支票账户所在银行在见票时无条件支付确定金额给收款人或持票人的票据，可用于单位和个人的各种款项结算。支票分为现金支票、转账支票等。支票必须由付款人签发给收款人，因而不需要承兑。支票结算业务是银行应客户要求为其通过支票所引起的货币收付和其他委托事项而收取手续费的业务。

2）银行本票

银行本票是银行签发的，承诺自己在见票时无条件支付确定金额给收款人或者持票人的票据。银行本票分为定额银行本票和不定额银行本票。银行本票提示付款期限最长为两个月。由于本票是付款人给收款人签发的，票据签发日即是承兑日，因而本票不需要承兑，本票用于同城清算，但是我国银行基本上不签发银行本票。

3）商业汇票

商业汇票是出票人签发的，委托付款人在见票时或者在指定日期无条件支付确定的金额给收款人或者持票人的票据。汇票分为银行汇票和商业汇票。商业汇票根据承兑人不同，分为商业承兑汇票和银行承兑汇票。汇票既可由付款人给收款人签发，也可由收款人给付款人签发。

4）汇款

汇款是指银行接受客户的委托，通过银行间的资金划拨、清算、通汇网络，将款项汇往收款方的一种结算方式。国内汇款又称国内汇兑，或称汇兑业务，即银行代理客户把现款汇给异地收款人的业务。

与现金支付方式相比，利用票据进行交易的主要有如下特点。

（1）用票据代替现金支付，可以大大减少携带现金的麻烦和风险。

（2）票据作为支付工具，可以避免在清点现金时可能出现的错误，并节省了清点时间。

（3）突破了现金交易同时同地的局限，增加了实现交易的机会。

（4）票据的汇兑功能使得大额交易成为可能。

（5）票据需有出票人的签名方能生效，支付方式不再匿名。

但票据本身也存在一定的不足，如票据的真伪、遗失等都可能带来其他的麻烦，票据支付方式的成本较高，对小额支付的方便性和时效性不如现金支付。

1.3　电子支付内涵

1.3.1　电子支付定义

根据金融法学界和电子商务法学界对电子支付的研究，电子支付有广义和狭义之分：

广义的电子支付指支付系统中所包括的所有以电子方式，或者称为无纸化方式进行的资金的划拨与结算。狭义的电子支付，是指在电子商务的应用和推广中，为顺利完成整个交易过程所建立的一套通用的电子交易支付方法和机制。

我国为规范电子支付业务，防范支付风险，保证资金安全，维护银行及其客户在电子支付活动中的合法权益，促进电子支付业务健康发展，中国人民银行于 2005 年 10 月颁布了《电子支付指引（第一号）》，文中指出电子支付是指单位、个人（以下简称客户）直接或授权他人通过电子终端发出支付指令，实现货币支付与资金转移的行为。电子支付的类型按电子支付指令发起方式分为网上支付、电话支付、移动支付、销售点终端交易、自动柜员机交易和其他电子支付。

正是基于对电子支付概念理解的不同和电子商务进程的不同，各国在电子支付领域的法律侧重和体系也有所不同。2019 年 1 月 1 日起施行的《中华人民共和国电子商务法》（简称电子商务法），是我国首次在法律层面对电子支付进行了具体规定，明确了电子支付服务提供者和用户的权利义务，电子支付指令和支付安全管理的具体要求，如何处理错误支付、未授权支付等有关重要问题，将有力地促进电子支付和电子商务协调有序健康可持续发展，并通过法治保障增强我国在该领域的国际竞争力。在参考了《电子支付指引（第一号）》对于“电子支付”和国际清算银行（Bank of International Settlements，BIS）对于“支付”的相关定义，电子商务法中指出，电子支付是指付款人与收款人为电子商务活动的需要，通过电子形式的支付指令实现货币资金转移的行为。

1.3.2　电子支付的特征

与传统的支付方式相比，电子支付具有以下特征。

（1）电子支付是采用先进的技术通过数字流转来完成信息传输，其各种支付方式都是通过数字化的方式进行款项支付；而传统的支付方式则是通过现金的流转、票据的转让及银行的汇兑等物理实体来完成款项支付。

（2）电子支付使用的是最先进的电子信息技术，而传统支付使用的则是传统的通信媒介；电子支付对软、硬件设施的要求很高，而传统支付则没有这么高的要求。

（3）电子支付具有方便、快捷、高效、经济的优势，能全天候在极短的时间内完成整个支付过程。

无论是传统商务还是电子商务，支付过程都是商务活动中非常重要的一个环节，是准确性、安全性要求最高的业务过程。电子支付的资金流是一种业务过程，而非一种技术，但是电子支付需要很多技术作为支撑。

1.3.3　电子支付方式及特点

经过数十年的发展，我国电子支付的支付方式经历了远程网络支付、二维码支付、声波支付、近场通信（near field communication，NFC）支付、地理围栏支付、条码支付、光子支付等在内的多种支付方式，如图 1.3 所示。未来，电子支付方式随着商务活动的开展和科学技术的不断进步还会不断创新与发展。

	适宜场景	条件和便捷性	安全风险
远程网络支付	线上	只需终端加网络，便捷	网络安全
二维码支付	线上/线下	手机扫描二维码支付，便捷	恶意二维码
声波支付	线下	设备之间的传递，应用场景较少，对外界环境有要求，便捷性一般	技术风险、设备遗失风险
NFC支付	线下	对手机和接收设备有要求，便捷性一般	盗刷风险，设备遗失风险
地理围栏支付	线下	用户商户需提前注册，便捷	盗刷风险
条码支付	线下	商户扫枪满足要求，便捷	设备遗失风险
光子支付	线下	商户设备满足条件，便捷	技术风险

图 1.3　我国电子支付方式比较

1.3.4　电子支付的技术环境

我国电子支付行业的技术标准正在不断完善，为促进电子支付行业的健康发展提供了技术支持和保障。首先，安全性上，通过数据加密技术、数据签名技术、安全应用协议及安全认证体系等基础安全技术，使得电子支付过程中的用户信息及交易信息得到保护，确保安全；其次，便捷性上，通过支付应用技术、网络技术、设备技术、认证技术等多种支付技术相结合，能够在确保支付交易安全进行的前提下，提高电子支付的便捷性，使得电子支付的效率大大提高，详见图 1.4。

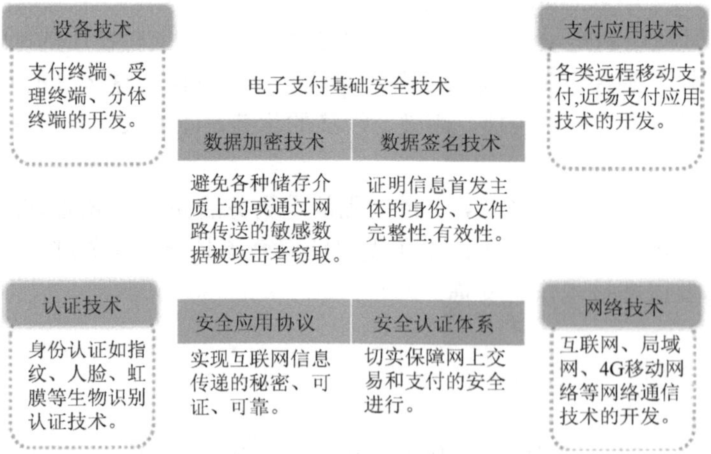

图 1.4　电子支付技术环境

1.3.5　电子支付产业链

我国电子支付核心参与方是中国银联和中国人民银行两家机构，它们处于我国电子支付体系最核心的位置，其为整个电子支付产业的枢纽。商业银行、线上线下的第三方支付机构、通信运营商是电子支付体系主要的参与主体。支付软硬件提供商和收单代理商是电子支付产业中起到辅助作用的主体，整个体系由中国人民银行等监管方进行监督管理，为中国的用户和商户提供服务。中国电子支付产业链如图 1.5 所示。

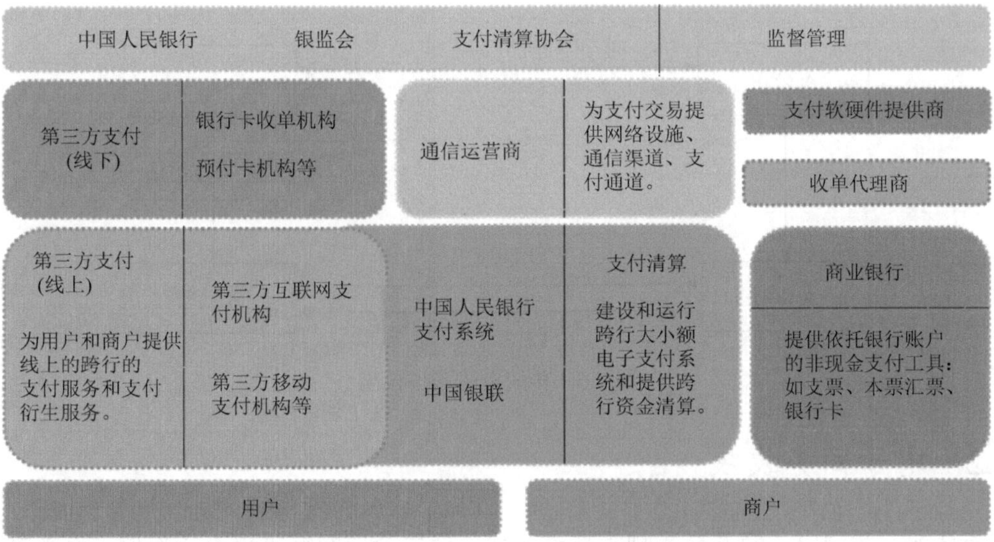

图 1.5　中国电子支付产业链

1.4　电子支付与电子商务

1.4.1　电子商务定义

电子商务（electronic commerce），其内容范围非常广泛，事实上，早在 Internet 出现之前，人们就将 EDI（electronic data interchange）电子数据交换增值网与银行金融网络连通，利用 EDI、FEDI（financial EDI），使整个交易活动与资金结算通过电子交换的方式达成，减少人工干预、等待时间及错误，如图 1.6 所示，这种贸易是电子商务雏形，可以称为传统电子商务。然而由于费用和复杂程度，这种电子商务主要应用于大型企业和进出口企业之间，在中小企业中并未普及。这种传统电子商务在 1998 年的交易值是 2500 亿美元，是当年 Internet 上 B2B（business-to-business）电子商务交易额的十倍多。然而随着互联网的迅猛发展，基于开放式的互联网的电子商务成为一种全新的商业模式，它彻底改变了企业原有的营销模式和商务习惯。

1997 年，在法国首都巴黎举行的世界电子商务会议（The World Business Agenda for Electronic）对电子商务就做了最权威的概念阐述，电子商务，是指对整个贸易活动实现电子化。从涵盖范围方面可以定义为：交易各方以电子交易方式而不是通过当面交换或直接面谈方式进行的任何形式的商业交易。欧洲议会也给出了电子商务的定义：是通过电子方式进行的商务活动。简而言之，电子商务是利用计算机技术、网络通信技术、多媒体技术、Internet、Intranet、Extranet 等技术实现各种商务活动的电子化、信息化、数字化、无纸化和国际化。随着 Internet 的飞速发展，电子商务的实现变为可能。Internet 以其标准化、全球化等特点迅猛发展成为电子商务的基础，电子商务活动已经演变成了利用 Internet 网络进行经济活动的网络经济。

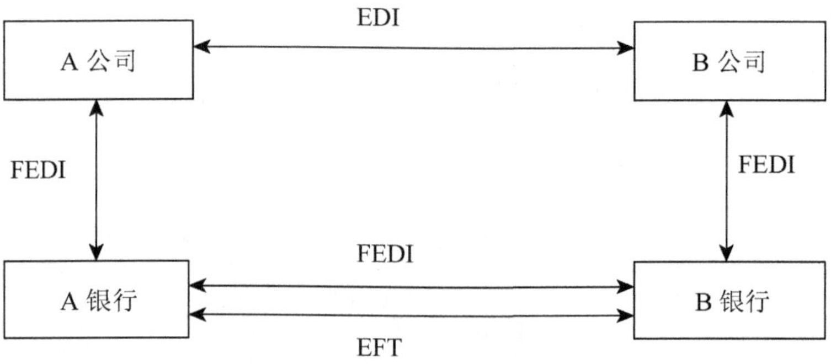

图 1.6　传统电子商务模型

1.4.2　电子商务发展

近年来，我国电子商务交易规模持续扩大，稳居全球网络零售市场首位，跨境电子商务再上新台阶，与全球电子商务市场联动态势愈加明显。

1. 电子商务发展近况

2018 年，《中华人民共和国电子商务法》正式公布，成为中国电子商务发展史上的里程碑。人工智能、大数据、物联网等技术创新，提升了电子商务的运营水平。线上线下的加速融合使电商的新业态快速发展，社交电商、内容电商、短视频等全新商务模式有效满足了消费者多样化的需求。跨境电商也迈向发展新阶段，国务院出台促进零售电商的文件，稳定了行业发展预期，扩大试点范围，带动重点园区和外贸产业转型升级，在 40 个国家建设数百个海外仓，成为贸易畅通的重要节点。2018 年中国已与 9 个国家建立电子商务合作机制，成为双边经贸合作的新亮点。

2. 电子商务发展统计数据

1）2011～2018 年电商数据对比分析

国家统计局数据显示，2018 年全国电子商务交易额达 31.63 万亿元，同比增长 8.5%，如图 1.7 所示。其中，商品、服务类电子商务交易额 30.61 万亿元，增长 14.5%。

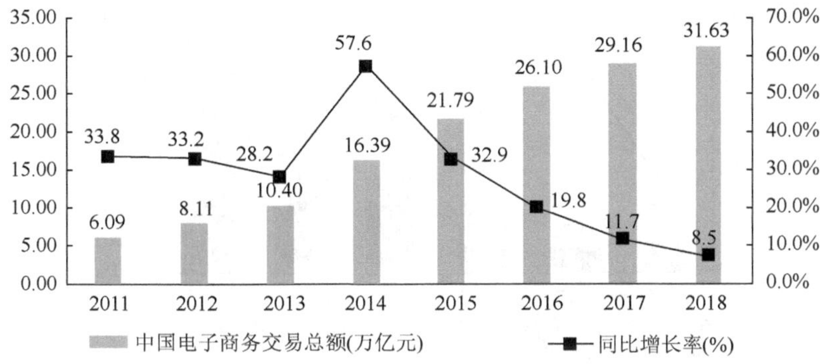

图 1.7　2011～2018 年中国电子商务交易总额

2）2011～2018 年电商零售金额对比分析

国家统计局数据显示，2018 年全国网上零售额 9.01 万亿元，同比增长 23.9%，如图 1.8 所示。其中，实物商品网上零售额为 7.02 万亿元，同比增长 25.4%，占社会消费品零售总额的比重提升至 18.4%，较上年增加 3.4 个百分点，增速高于同期社会消费品零售总额 16.4 个百分点；非实物商品网上零售额 1.99 万亿元，同比增长 18.7%。

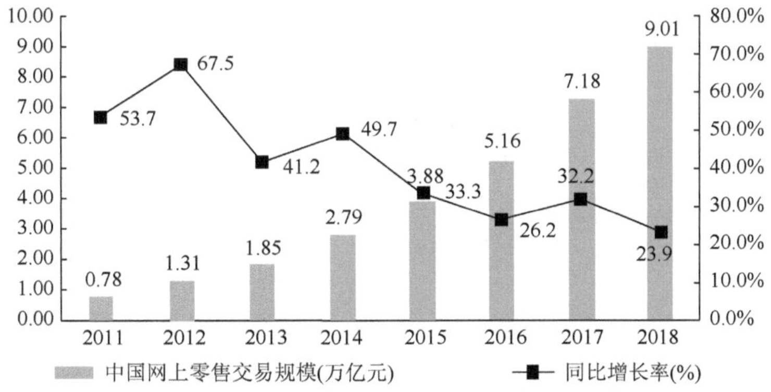

图 1.8　2011～2018 年中国网上零售交易规模

3）2013～2018 年非银行支付机构网络支付金额对比分析

2019 年 3 月中国人民银行发布的《2018 年支付体系运行总体情况》数据显示，2018 年非银行支付机构处理网络支付业务 5306.1 亿笔，金额 208.07 万亿元，同比分别增长 85.05% 和 45.23%（图 1.9）。

1.4.3　电子商务支撑服务——电子支付

支撑服务是确保电子商务活动顺利完成的基础。支撑体系，主要包括电子支付服务、物流服务、信息技术服务三种类型，电子支付服务是电子商务能得以迅猛发展的关键因素。电子商务实际上通过企业信息流、物流和资金流完成相互的活动，信息流是核心，物流是

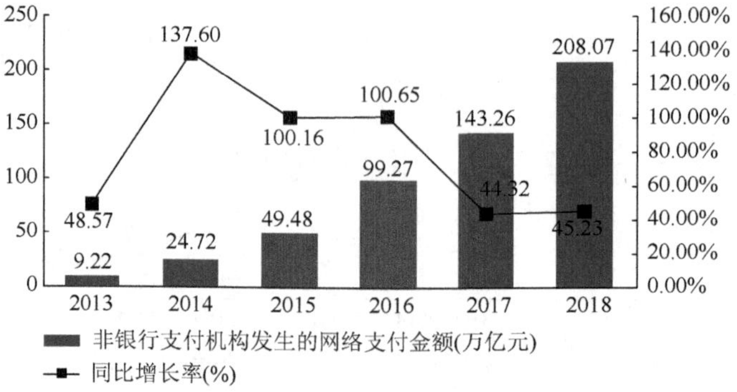

图 1.9　非银行支付机构发生的网络支付金额（万亿元）

保障，资金流是实现手段。信息流、资金流和物流是影响电子商务发展的三大因素。资金流是电子商务活动中的一个环节，但却是最重要的环节。可以认为成功的电子商务的一个首要条件就是要有实用高效的电子支付方式。在现实社会的商务环节中，货币的转移通常标志着商品所有权的转移，电子支付不仅是有效地解决了电子商务资金流的问题，还大大促进了电子商务的发展。随着整个电子商务在全球的迅猛发展，电子支付也正在不断地创新发展并极大地促进了全球经济发展。

第2章　我国支付体系

2.1　支付体系概述

2.1.1　支付体系的概念

支付体系是经济金融正常运行的基础，主要涵盖货币制度、结算账户、支付方式、支付清算系统、支付服务市场以及各类金融交易的清算结算安排等方面。狭义的支付体系主要包括支付服务组织、账户、支付方式、支付清算系统和监督管理等。广义的支付体系还包括证券登记结算机构、中央对手和交易登记机构等金融交易后续服务组织，证券登记结算系统、中央对手和交易数据库等市场基础设施，以及相关的监督管理机制。

2.1.2　支付体系的组成

支付服务组织向消费者、商户和机构提供账户和支付方式，运行处理支付交易、清算和结算服务基础设施。支付清算结算服务组织由支付服务组织和金融交易后续服务组织组成，具体包括中国人民银行、银行业金融机构、银行间资金清算机构、支付机构、证券登记结算机构、中央对手和交易登记机构等。

账户的开立和使用是服务客户的重要条件。主要包括为支付的交易、清算、结算过程开立的账户，主要有中央银行账户、商业银行账户和证券账户等。

支付方式是实现资金转移、债权债务清偿的载体和媒介。主要用来发起和引导资金在收付款人的账户之间转账，包括现金、票据、信用证、卡支付、结算方式和网络支付。

支付清算系统是用来处理支付方式的交换、清算和结算，处理和传递支付信息，在收付款人之间转移资金，是制度和技术组成的有机整体。支付清算结算系统包括中国人民银行支付清算系统，还包括银行间资金清算机构、银行机构、支付机构运营的支付清算系统等。

金融交易后续处理通过证券登记结算系统、中央对手和交易数据库等金融市场基础设施，为参与者之间或参与者与中央对手之间的金融交易提供集中清算、结算、记录和托管等服务。主要包括证券登记结算系统、中央对手和交易数据库等市场基础设施。

监督管理包括市场安排、法律框架和监管政策等。其中，法律框架和监管政策由立法机构和管理部门确定，用来约束和管理支付处理的机制和支付服务市场的行为。

2.2　支付清算结算服务组织

新中国成立到改革开放前，我国采取单一的国家银行信用统揽支付结算方式，货币流通依据国家计划进行组织和调节。中国人民银行按照“钱货两清、维护收付双方正当权益、银行不予垫款”的结算原则，集清算、结算、监督于一身，承担了“正确组织清算，准确及时办理结算，做好结算监督和综合反映”的职能。

改革开放后，中国工商银行等国家专业银行陆续恢复分设，并不断演变为大型商业银行。一批新兴股份制商业银行、城市商业银行、农村商业银行陆续组建。支付结算作为银行业金融机构法定的基础性业务，其中介性、服务性不断得到强化。银行业金融机构逐渐成为向社会公众提供清算结算服务的主体。

中国人民银行批准成立银行间资金清算机构，在特定支付领域提供专项支付服务。2002 年 3 月，为解决银行卡联网通用的问题，降低社会成本，中国人民银行批准成立中国银联，专门从事全国银行卡跨行交易清算服务。2002 年 10 月和 2006 年 4 月，为解决城市商业银行、农村信用社等的资金汇划渠道不畅问题，中国人民银行分别批准成立了城市商业银行资金清算中心、农信银资金清算中心，专门办理城市商业银行、农村信用社等汇兑和银行汇票等业务。

部分非金融机构运用互联网等新的信息技术手段，充分发挥市场反应灵敏、机制灵活的优势，贴近社会公众的支付需求，提供丰富多样的个性化支付产品。此外，随着中国金融市场的逐步发展完善，证券登记结算机构、中央对手和交易登记机构也逐步成立。

经过多年的发展，我国已形成中国人民银行、银行业金融机构、银行间资金清算机构、支付机构、证券登记结算机构、中央对手和交易登记机构等各有侧重、功能互补的支付清算结算服务组织格局。与此同时，支付清算结算服务的专业化分工日益明显，市场化程度不断提高。

2.2.1　支付服务主体

1. 中国人民银行

中国人民银行是我国的中央银行，肩负“维护支付、清算系统正常运行”“推进支付工具创新”等法定职责，是我国支付体系建设的运行者、促进者和法定监督管理者。

运行者。首先是中国人民银行发行人民币作为最重要的支付工具，发行存款债权作为银行间支付的结算资产；更为重要的是，中国人民银行是银行业金融机构及金融市场清算及最终结算服务的提供者，表现在对所有的银行间资金转账系统（如大额支付系统、小额支付系统、网上支付跨行清算系统等），既提供清算服务也提供结算服务；对私营部门的支付系统提供结算服务。

促进者。中国人民银行支持或加速支付体系发展，2012 年发布《关于中国支付体系发展（2011-2015 年）的指导意见》促进整个支付体系的发展。通过与其他管理部门合作来防范支付体系面临的风险、促进消费者保护等问题；通过推动立法、推行标准等方式解决支付服务市场面临的法律问题、标准问题。

法定监督管理者。对支付体系监督管理是各国中央银行的核心职能之一，中国人民银行也不例外。其主要监管目标是确保支付体系的安全与高效、保护消费者权益。监管范围则涵盖了大额支付系统、零售支付系统、清算机构、支付机构和支付工具和账户体系等。从监督的活动来看，主要是通过监控、评估和引导变革来实现。

2008年，《国务院办公厅关于印发〈中国人民银行主要职责内设机构和人员编制规定〉的通知》的发布进一步明确了中国人民银行支付结算工作职责，制定全国支付体系发展规划，统筹协调全国支付体系建设，会同有关部门制定支付结算规则，负责全国支付、清算系统的正常运行。与之前的职责相比，新规定赋予中国人民银行统筹协调与指导我国支付体系建设与发展的职责，进一步明确了中国人民银行确保我国支付体系安全、高效、稳定运行的监督管理政策目标。中国人民银行各级分支机构采取运行同城票据交换系统、对银行业金融机构和支付机构实施属地监管等多种措施，开展支付清算结算服务，加强支付服务市场监督管理。

2. 银行业金融机构

银行业金融机构是支付清算结算服务组织的主体，主要依靠遍布城乡的服务网点，面向单位和个人提供各类支付产品和支付服务。银行业金融机构主要包括政策性银行、大型商业银行、股份制商业银行、城市商业银行、农村中小金融机构、邮政储蓄银行和外资银行等。

3. 特许清算机构

银行间资金清算机构（以下简称清算机构）是为银行业金融机构提供资金清算服务的中介组织，在各国的支付体系中占有重要位置。清算机构在不同国家有不同的组织形式，如为金融机构提供票据交换与清算服务的票据交换所，是最传统、最典型的清算机构。在很多国家，中央银行通常作为清算机构的主要成员，直接参与清算活动；而在另一些国家，中央银行不直接加入清算机构组织，但对其实行监督管理。各国的主要清算机构通常拥有并经营各自的支付系统。随着金融市场的快速发展、信息技术的日益进步，支付服务分工不断细化。

中国银联，作为中国银行卡组织，成立于2002年，从同城联网通用、全国联网通用再到国际市场布局，目前已成为全球发卡量第一、交易量第一的银行卡组织，当前已经在全球170个国家和地区可以使用银联卡在境外48个国家和地区已经发行了近1亿张银联卡。

城市商业银行资金清算中心，主要办理城市商业银行等中小金融机构的银行汇票等异地资金清算业务。2015年，该中心依托自身支付清算系统和电子支付平台优势，开发上线实时代收付业务，实现了快捷支付、网关支付、代收付等业务功能。农信银资金清算中心借助农信银支付清算系统等渠道畅通汇路，支持农信社等中小金融机构发展网络支付、移动支付等新兴支付。

跨境支付系统（cross-border interbank payment system，CIPS）。跨境银行间支付清算（上海）有限责任公司是经中国人民银行批准设立的 CIPS 运营机构，该机构是公司制企业法人，2015 年 7 月 31 日在上海注册成立，负责 CIPS 运营维护、参与者服务、业务拓展等工作。截至 2015 年末，CIPS 共有 19 家直接参与者，185 家间接参与者，有效满足各类金融机构和企业的人民币跨境结算需求。

网联清算有限公司，是经中国人民银行批准成立的非银行支付机构网络支付清算平台的运营机构。在中国人民银行指导下，由中国支付清算协会按照市场化方式组织非银行支付机构以“共建、共有、共享”原则共同参股出资，于 2017 年 8 月在京注册成立，为公司制企业法人。非银行支付机构网络支付清算平台作为全国统一的清算系统，主要处理非银行支付机构发起的涉及银行账户的网络支付业务，实现非银行支付机构及商业银行一点接入，提供公共、安全、高效、经济的交易信息转接和资金清算服务，组织制定并推行平台系统及网络支付市场相关的统一标准规范，协调和仲裁业务纠纷，并提供风险防控等专业化的配套及延展服务。

4. 第三方支付机构

第三方支付机构是指获得《支付业务许可证》的非金融机构。近年来，随着网络信息通信技术的快速发展和支付服务分工的不断细化，越来越多的非金融机构借助互联网、智能手机等信息技术载体广泛参与支付业务，丰富了服务方式，拓展了银行业金融机构支付业务的广度和深度，有效缓解了因银行业金融机构网点不足等产生的排队等待、找零难等问题，较好地满足了电子商务企业和个人的支付需求，促进了电子商务的发展，在支持“刺激消费、扩大内需”等宏观经济政策方面发挥了积极作用。

支付机构在中国零售支付中发挥着重要作用。近年来，借助电子商务的兴起，支付机构运用互联网、移动通信等新型信息技术，充分发挥自身机制灵活的优势，为社会公众提供小额、快捷、便民的零售支付服务。

随着非金融机构支付服务业务范围、规模的不断扩大和新的支付方式推广，以及市场竞争的日趋激烈，支付服务领域一些固有的问题逐渐暴露，新的风险隐患也相继产生。如客户备付金的权益保障问题、预付卡发行和受理业务中的违规问题、反洗钱义务的履行问题、支付服务相关的信息系统安全问题，以及违反市场竞争规则、无序从事支付服务问题等。这些问题仅仅依靠市场的力量难以解决，必须通过必要的法规制度和监管措施及时加以预防和纠正。

2.2.2　金融交易后续服务主体

1. 中央国债登记结算公司（简称中央结算公司）

中央结算公司是经国务院同意、中国人民银行和财政部共同批准，于 1996 年 12 月设立，服务于我国金融市场的中央托管机构（CSD），是国有独资非银行金融机构。中央结算公司建设运营全国国债托管系统，是中国人民银行指定的全国银行间债券市场债券登记存管结算机构和商业银行柜台记账式国债交易一级存管人；是跨市场交易债券品种的总存管人，为债券市场提供发行、登记、存管、结算、信息等一体化服务。

中央结算公司现为中国人民银行大额支付系统的特许参与者，拥有特许清算账户，为银行间债券市场全面提供实时、全额、逐笔的券款对付（DVP）结算服务。中央结算公司以中央银行货币为最终结算货币，为与债券业务相关的结算资金办理结算服务。中央结算公司开发和运营的债券系统是银行间债券市场的重要基础设施之一。该系统自建成以来，运行稳定，较好地满足了市场发展与业务需求，有力地支持了银行间债券市场各项业务的开展。对于银行间债券市场的培育和发展发挥了重要的作用。

2. 中国证券登记结算有限责任公司

中国结算公司是依据《证券法》设立的证券交易集中登记、存管与结算服务的非营利机构，为沪、深证券交易所及全国股转系统发行、上市交易及挂牌转让的证券提供多边净额、双边净额、逐笔全额等多种结算服务。

中国结算公司是不以营利为目的的法人，其维护的证券登记结算系统是证券市场的主要基础设施，是支撑和保障证券市场稳定运行的后台中枢。中国结算公司依照《证券法》和《证券登记结算管理办法》的相关规定，履行证券账户的设立和管理、证券集中登记、存管等职能，并以结算参与人为单位，提供多边净额和全额等多种结算服务。

3. 上海清算所

上海清算所成立于 2009 年 11 月 28 日，主要为场外金融市场的现货和衍生品提供登记、托管和结算服务。主要包括为信用风险缓释凭证、超短期融资券、非金融企业资产支持票据等提供登记结算服务。

自上海清算所成立以来，登记托管业务品种和规模稳步扩大。截至 2013 年末，上海清算所已开办信用风险缓释凭证、短期融资券（含超短期融资券和证券公司短融券）、非定向工具、非金融企业资产支持票据、信贷资产支持证券和中期票据等多种托管业务。除公司债券和商业银行债券之外，几乎涵盖银行间市场主要信用产品和衍生金融工具。

4. 期货交易所

我国期货交易所主要有四家，分别是上海期货交易所、郑州商品交易所、大连商品交易所、中国金融期货交易所。

2015 年，上海期货交易所新增镍、锡期货上市交易。期货保证金存管银行首次扩容，存管银行由原来的 5 家增至 12 家。

郑州商品交易所保证金实时测算和模拟结算系统正式上线。对银期通系统升级优化，新增保证金、跨行资金调拨和银行账户实时资金监控等功能。2015 年，郑州期货交易所着手研发国债作为商品期货保证金业务，并引入中央结算公司作为托管机构。

大连商品交易所主要开展大豆、豆粕、玉米等农产品期货交易和铁矿石、焦炭、焦煤、塑料等工业品期货交易。目前共有期货公司会员 152 家，非期货公司会员 16 家，保证金存管银行 13 家，其中 2015 年新增 2 家保证金存管银行。

我国金融期货交易所交易品种主要有股指期货和国债期货。继推出沪深300指数期货和五年期国债期货基础上，2015年，又相继开展国债作为期货保证金业务试点、十年期国债期货挂牌交易、上证50和中证500股指期货上市交易。

2.3 人民币银行结算账户

银行结算账户是社会资金运动的起点和终点，是社会经济主体实现资金收付活动、使用非现金支付工具的基础和源泉。银行账户集中反映整个社会经济活动资金支付结算的起点与终点，也是一切经济活动资金往来的基础。

为规范人民币银行结算账户（以下简称银行结算账户）的开立和使用，加强银行结算账户管理，维护经济金融秩序稳定，根据《中华人民共和国中国人民银行法》和《中华人民共和国商业银行法》等法律法规制定，中国人民银行于2003年颁布实施《人民币银行结算账户管理办法》。

2.3.1 个人银行账户分类管理

2015年12月，中国人民银行发布《关于改进个人银行账户服务 加强账户管理的通知》（本节简称《通知》），要求银行落实个人银行账户实名制、建立银行账户分类管理机制、规范代理开立个人银行账户、强化内部管理和改进银行账户服务。

1. 政策出台背景

银行账户实名制是一项重要的、基础性的金融制度，是金融账户实名制和开展经济活动的基础，是建设惩防体系、打击违法犯罪活动、维护经济金融秩序的重要保障。2000年，国务院发布《个人存款账户实名制规定》，以行政法规的形式正式确立个人银行账户实名制度。近年来，为切实落实银行账户实名制，人民银行会同公安部、中国银监会以及银行业金融机构（以下简称银行）等按照党中央、国务院统一要求和部署，在制度建设、信息系统建设、专项治理检查和宣传教育等方面做了大量艰苦、细致的工作。在各方的共同努力下，我国银行账户实名制工作已经取得了重大进展，银行账户实名制体系基本建立，在保护社会公众资金安全、维护经济金融秩序、促进市场经济健康发展、建立健全惩治及预防腐败体系等方面发挥了重要作用。

取得成绩的同时，也必须清醒地看到，我国银行账户实名制的实施情况仍不容乐观，实施环境有待改善。人民币银行账户管理制度执行不严、开立匿名或假名银行账户等情况仍时有发生，社会公众的风险意识尚未完全形成，银行账户实名制落实不到位的问题依然存在。因此，有必要进一步加强银行账户实名制管理，明确银行客户身份识别责任，强化个人人民币银行结算账户（以下简称个人银行账户）管理。

同时，随着社会经济和互联网的发展，信息技术的日新月异和个人经济活动的丰富多样，对银行账户服务提出了许多新的、更高的要求。例如，依托自助机具和电子渠道开立银行账户，免除柜台排队的困扰；通过各类银行账户办理消费、公用事业缴费等小额支付，便利日常支付；部分特殊群体无法自行前往银行办理业务，希望银行提供安全、便捷的账户服务；支付服务需求日趋多元化、个性化，需要银行不断创新服务产品，更新服务理念，拓展银行账户服务的深度和广度；新型网络银行出现以及部分银行拟将生物特征识别技术引入银行账户开立环节等。这些不仅要求银行提升银行账户服务质量和效率，也需要中央银行改进银行账户管理方法、提高监管水平。

在这样的背景下，《通知》以改进个人银行账户服务和满足社会公众支付服务需求为出发点和落脚点，以落实银行账户实名制和保护存款人合法权益为核心，结合互联网发展的大背景和银行账户服务创新需求，按照支持创新与加强监管相协调的管理思路，从落实个人银行账户实名制、建立银行账户分类管理机制、规范代理开立个人银行账户、强化银行内部管理和改进银行账户服务 5 个方面进行了规范。

2. 主要内容

1）严格落实银行账户实名制

实名制，顾名思义，就是要求社会公众用真实身份参与各类社会活动。银行账户实名制的核心包括核验开户申请人提供身份证件的有效性、开户申请人与身份证件的一致性和开户申请人的真实开户意愿三方面。银行在落实银行账户实名制时应围绕上述核心要素开展工作：一是开户申请人申请开立银行账户，必须向银行提交合法的身份证件和资料；二是银行应利用多种有效手段核验开户申请人提供身份证件的合法性，确保开户申请人与身份证件的一致性；三是核实开户申请人开户意愿的真实性。为此，《通知》对身份证件和辅助身份证明材料重新进行了梳理，明确银行可利用政府部门数据库、本银行数据库、商业化数据库、其他银行账户信息等，采取多种手段对开户申请人身份信息进行多重交叉验证，全方位构建安全可靠的身份信息核验机制。

运用生物特征识别技术能否有效核验存款人身份信息、确保落实银行账户实名制，是生物特征识别技术应用于银行账户开立的关键。目前，我国尚无生物特征识别技术的基础标准，也没有应用于金融领域的国家或行业标准。因此，将生物特征识别技术作为核验存款人身份信息的主要手段的条件尚不成熟。但是，按照“鼓励创新、防范风险、趋利避害、健康发展”原则，为探索生物特征识别技术应用于金融领域的可行性，为未来制定相关标准积累经验，《通知》明确支持有条件的银行将生物特征识别技术应用于开立个人银行账户，将其作为核验存款人身份信息的辅助手段。

2）建立银行账户分类管理机制

长期以来，银行主要通过网点柜台提供银行账户开户服务，监管部门的相关制度也围绕柜台开立的银行账户进行规范管理。随着互联网和信息技术的发展，传统的柜台开户方式已无法有效满足存款人多样化的需求，一些银行也陆续尝试依托远程视频柜员机和智能柜员机等自助机具、网上银行和手机银行等电子渠道提供个人银行账户服务，为存款人开立和使用账户提供了便利。

由于不同渠道的个人开户申请人其身份信息核验手段各异，开立的银行账户风险程度也不尽相同，《通知》基于以下考虑，设计分类管理的安排。一是强化银行账户管理的需要。与柜台开户相比，通过自助机具和电子渠道等非柜面渠道开立银行账户，由于不亲见开户申请人，身份信息核验手段较弱。由于处于业务发展初期，身份信息核验方法有待检验，银行账户实名制落实情况有待评估。但对非柜面渠道开户的管理，依然要坚持银行账户实名制的底线原则，不能因开户申请受理渠道的变化而弱化银行账户实名制的审核，动摇银行账户实名制基础。因此，有必要根据身份信息核验手段和方法对个人银行账户进行分类，实施差异化管理，督促银行切实落实银行账户实名制。二是防范资金风险的需要。通过自助机具和电子渠道等非柜面渠道开立银行账户，由于无法现场核验开户申请人身份信息，开户意愿的核验难度较大，风险较高。特别是在我国公民个人信息保护意识和风险防范意识不强，个人身份信息保护力度不足的情况下，如对非柜面渠道开立的银行账户赋予过多的功能，将增大不法分子利用非柜面渠道假冒他人名义开户的可能性，对存款人资金安全构成威胁。三是满足存款人差异化支付服务需求的需要。例如，通过线上办理消费、公用事业费缴费等支付业务时，由于交易类型较单一、交易金额较低，存款人出于防范风险的需要希望对该类银行账户进行限制。在实际操作中，大部分存款人也设定了线上交易的银行账户功能范围和交易限额。而通过线下办理日常支付时，由于涉及范围比较广，交易类型相对复杂，存款人对此类银行账户的功能和交易金额要求较高。如不对银行账户进行有效区分，不仅无法满足存款人差异化的支付服务需求，还将增加存款人的银行账户管理成本。

鉴于此，《通知》要求银行在切实落实账户实名制的前提下，根据开户申请人身份信息核验方式和风险等级对银行账户进行分类管理，允许银行在现有个人银行账户基础上，增加银行账户种类，将个人银行账户分为Ⅰ类银行账户、Ⅱ类银行账户和Ⅲ类银行账户（以下分别简称Ⅰ类户、Ⅱ类户和Ⅲ类户）。以往通过银行柜面开立的账户划为Ⅰ类户，今后开户申请人可通过柜面、远程视频柜员机和智能柜员机等自助机具、网上银行和手机银行等电子渠道开立Ⅰ类户、Ⅱ类户或Ⅲ类户。客户只要拥有一个Ⅰ类户，即可在任意银行通过自助机具、电子渠道等以更便捷的方式开立Ⅱ类户或Ⅲ类户。

3）确立账户功能与实名制落实程度的关系

Ⅰ类户、Ⅱ类户和Ⅲ类户这种由高级别到低级别的设置，充分反映了不同主体不同级别账户在功能和限额方面的差异，由于Ⅰ类户的开立，无论通过柜面还是自助机具提出申请，必须经过柜面的严格核验，账户实名制落实相对而言最为严格，相关风险较低，因此赋予了该账户较多的功能，即Ⅰ类户为全功能的银行结算账户，存款人可通过Ⅰ类户办理存款、购买投资理财产品等金融产品、支取现金、转账、消费及缴费支付等。

通过自助渠道或电子渠道开立的Ⅱ类户和Ⅲ类户，由于未经过现场核验，账户实名制落实程度与Ⅰ类户相比较低，潜在风险较大，因此账户功能受到了一些限置：存款人可通过Ⅱ类户办理存款、购买投资理财产品等金融产品、办理限定金额的消费和缴费支付等，存款人可通过Ⅲ类户办理小额消费和缴费支付。Ⅱ类户与Ⅰ类户最大的区别是前者不能存取现金、不能向非绑定账户转账。Ⅲ类户与Ⅱ类户最大的区别是前者仅能办理小额消费及缴费支付，不得办理其他业务。

在限定账户金额方面，《通知》对Ⅱ类户设置了 10 000 元单日支付限额、Ⅲ类户设置了 1000 元账户余额，这样的政策考虑是兼顾效率与安全，在满足客户个性化需求和电子商务交易需要，适当提高灵活性和便利性的同时，有效控制客户资金风险。由于通过电子渠道开立的个人银行账户，核实手段相对单一，开户申请人开户意愿的核验难度较大，不法分子利用此渠道假冒他人名义开户的风险较高。如不设置单日支付限额或限额过高，一旦发生不法分子冒名开户的风险事件，有可能给其带来较大的资金损失。尤其是Ⅲ类户只需从客户同名Ⅰ类户向Ⅲ类户转入任意金额激活账户，验证与Ⅰ类户是同一开户申请人即可开立，风险较大，更应对其存款额度作出严格限制。因此，有必要设置限额，将资金风险控制在一定范围。

4）规范代理开立个人银行账户行为

《个人存款账户实名制规定》第六条规定：代理他人在金融机构开立个人存款账户的，代理人应当出示被代理人和代理人的身份证件，明确了存款人可以采取代理方式开立银行账户。实践中，存款人也存在代理开户、代办业务的现实需求，如代发工资、行动不便的个人办理相关银行业务等。这些均要求银行提供代理开户服务，提高账户服务的可获得性。但是，长期以来，由于未形成明确、统一、全面的代理开户制度规定，导致银行在办理代理开户业务时无所适从，所以有必要明确代理开户的相关要求。

为顺应存款人代理开户、代办业务的现实需求，有效指导银行办理代理开户业务，构建多层次、广覆盖的银行账户服务体系，《通知》明确了代理开户的主要情形：存款人开立代发工资、教育、社会保障、公共管理等特殊用途银行账户，无民事行为能力或限制民事行为能力的存款人，可以代理开户；同时，对于身患重病、行动不便、无自理能力等无法自行前往银行的特殊群体，办理挂失、密码重置、销户等业务时，银行可采取上门服务方式办理，也可由配偶、父母或成年子女代理办理。实际操作中，银行应兼顾原则性和灵活性，在切实落实银行账户实名制的前提下，根据存款人的实际情况自行确定代理开户的具体操作。

5）强化管理改进服务

在严格落实银行账户实名制、切实保障存款人合法权益的基础上，《通知》要求银行从以下方面加强内部管理，改进账户服务，最大限度地为存款人提供快捷、便利的账户服务。一是要求银行细化银行账户业务操作规程、实行限额管理、检查存款人身份信息核验方式、合理确定存款人开立的个人银行账户数量等方面强化内部管理，切实保障银行账户实名制贯彻落实；二是鼓励银行积极利用新技术创新支付服务产品，为存款人提供低成本或免费的支付结算服务；鼓励银行对存款人通过网上银行、手机银行办理的一定金额以下的转账汇款业务免收手续费；三是鼓励银行探索建立风险补偿机制，锁定存款人支付风险，切实保护其合法权益。

实施限额管理，是因为与柜台办理业务相比，存款人通过网上银行、手机银行等非柜面渠道办理业务时，风险较大，不法分子也容易利用非柜面渠道骗取客户资金。为维护存款人资金安全，切实保障存款人合法权益，《通知》要求银行根据存款人风险等级、支付指令验证方式等因素，对存款人通过非柜面渠道办理的业务进行限额管理，并及时向存款人提示交易风险，同时，为充分尊重客户的资金自主支配权，对于存款人本人同名银行账户之间、存款人银行账户向本人同名支付账户的转账业务，存款人采用数字证书或电子签名等安全可靠的支付指令验证方式的，银行不得设置限额，存款人有设置限额意愿的除外。

2.3.2 账户改革全面推进

人民银行立足我国国情，顺应账户业务创新发展需求，启动个人账户制度改革，以落实账户实名制和保护存款人合法权益为核心，以兼顾安全和效率为目标，按照鼓励创新与防范风险相协调的管理思路，启动我国个人账户管理制度的重大改革，构建全新的个人账户体系，有利于强化账户实名制落实，建立个人账户安全保护屏障，深化金融服务创新，强化支付安全监管，对我国个人账户体系发展、银行机构和支付机构业务经营将产生重要而深远的影响。

1. 全面推进个人银行账户分类管理

不断完善个人银行账户分类管理机制。从 2016 年 4 月 1 日起，个人银行结算账户分类管理机制正式实施。按照开户渠道和功能定位，个人银行结算账户分为功能依次递减的Ⅰ、Ⅱ、Ⅲ类银行账户。2016 年 9 月，中国人民银行印发《关于加强支付结算管理 防范电信网络新型违法犯罪有关事项的通知》，规定同一个人在同一家银行只能开立一个Ⅰ类银行账户，全面实施个人银行账户分类管理机制。2016 年 11 月，中国人民银行发布《关于落实个人银行账户分类管理制度的通知》，进一步规范了个人Ⅱ、Ⅲ类银行账户的开立和使用，促进网络支付和移动支付发展，满足社会公众多样化的支付需求。

启动全国集中账户管理系统建设工作。2016 年 11 月，组织开展全国集中银行账户管理系统个人银行账户数据报送联调测试工作，从系统建设方面为个人银行账户分类管理机制的实施奠定基础。

2. 扎实推进个人支付账户分类管理

2016 年 7 月 1 日，《非银行支付机构网络支付业务管理办法》开始实施，个人支付账户分类管理机制正式确立。根据开户申请人身份信息核验方式和风险等级，个人支付账户分为功能依次递增的Ⅰ、Ⅱ、Ⅲ类账户。为落实好《非银行支付机构网络支付业务管理办法》，2016 年 4 月，中国人民银行组织全面开展个人支付账户实名比例核查，督促支付机构切实履行客户身份核实义务，保障支付账户实名制落实。2016 年 9 月，中国人民银行印发《关于加强支付结算管理 防范电信网络新型违法犯罪有关事项的通知》，规定同一个人在同一家支付机构只能开立一个Ⅲ类账户。

2.4 非现金支付工具

2.4.1 非现金支付概述

1. 分类

按照国际清算银行支付结算体系委员会的统计口径，非现金支付方式主要有支票、银行卡、直接转账（贷记转账与直接借记）和电子货币。在我国，目前使用的非现金支付方式主要包括票据、银行卡、汇兑、定期借贷记、委托收款、托收承付以及网络支付。按照是否具有信用功能，非现金支付方式可以进一步细分为不具有信用功能的转账支付方式（如汇兑、托收承付、委托收款）和具有信用功能的信用支付方式（如支票、汇票、本票、信用卡）。按照载体物理特征，可分为纸质支付方式（如票据）、卡基支付方式（如银行卡）和电子支付方式（如互联网支付）。

2. 影响和作用

随着经济发展和社会进步，非现金支付工具已成为商品经济中实现货币所有权转移的重要载体，其流动性和便利性影响着货币流通速度，是各国中央银行制定货币政策时考虑的重要因素之一。包括票据、银行卡和电子支付在内的非现金支付工具体系并不是简单的货币转移媒介，其发展对经济金融有着重要影响。

例如，票据是货币市场中一种重要的金融产品，票据市场在资金配置、流动性管理、风险分散、货币政策传导以及缓解中小企业融资瓶颈问题中发挥重要作用，而票据再贴现是各国中央银行重要的货币政策工具之一，银行卡不仅丰富了支付手段，而且对于改善流通环境、规范金融服务、发展个人消费信贷、促进相关产业发展具有重要作用。基于计算机网络和现代信息技术的网络支付代表支付方式的发展方向，其推广使用不仅会促进银行业务创新、推动新兴支付服务组织的发展，而且会对经济金融发展产生重大影响。

非现金支付工具的推广使用，为人们提供了多元化选择，满足了人民群众日益增长的多样化、差异化的支付需要，方便了人们的生产生活，同时，增强了支付方式间的可替代性，降低了交易成本，随着非现金支付工具的推广使用，人们的支付偏好逐渐改变，减少了现金流通。

2.4.2　票据

2004 年，为适应支付结算业务的发展和创新，中国人民银行发布《关于调整票据、结算凭证种类和格式的通知》，对票据和结算凭证的种类和格式进行调整，较好地适应了商业银行支付手段创新的需要，降低了印制和管理票证的成本，符合票据业务处理电子化的发展方向。2010 年，为提高票据凭证的防伪性能，保证票据的流通和安全使用，中国人民银行发布《关于启用 2010 版银行票据凭证的通知》，提升票据凭证的印制标准和防伪技术，同时调整了票据凭证格式和要素内容。2013 年，为进一步加强银行票据的印制管理，中国人民银行制定发布了《银行票据凭证印制管理办法》，有效地保障了银行票据凭证的印制安全。

1. 汇票

汇票是出票人签发的，委托付款人在见票时或者在指定日期无条件支付确定的金额给收款人或者持票人的票据。汇票是票据的典型代表，它最能反映票据的特征，最能集中地体现票据所具有的信用、支付和融资等各种经济功能。按照出票人的不同，汇票可以分为商业汇票和银行汇票。

1）商业汇票

商业汇票是一种远期付款工具，兼具支付和融资功能。它不仅是社会经济主体常使用的非现金支付工具，是商业银行的重要利润增长点，更是货币市场重要的交易品种，是企业的融资工具，是传导金融宏观调控政策的重要载体。商业汇票是企事业单位等签发的，委托付款人在指定日期无条件支付确定金额给收款人或者持票人的一种汇票，适用于企业单位先发货后付款或双方约定延期付款的商品交易，购销双方可以根据需要商定不超过6个月的付款期限。

商业汇票可以在出票时向付款人提示承兑后使用，也可以在出票后先使用再向付款人提示承兑。承兑是商业汇票特有的法律行为。经承兑的商业汇票的付款人为承兑人，承兑人是商业汇票的主债务人，承担到期无条件支付汇票金额的票据责任。按照承兑人的不同，商业汇票分为商业承兑汇票和银行承兑汇票，由银行承兑的汇票为银行承兑汇票，由银行以外的企事业单位等承兑的汇票为商业承兑汇票。

2）银行汇票

银行汇票是我国多年票据实践经验的总结，是为方便交易活动的开展，满足企事业单位、个人异地采购的需要而创设的一种支付工具。通俗地说，银行汇票就是银行应汇款人的请求，在汇款人按规定履行手续并交足保证金后，签发给汇款人，由汇款人交付收款人的一种汇票。

单位和个人各种款项结算，都可使用银行汇票。这与商业汇票有很大不同，商业汇票不允许自然人使用。银行汇票可以用于转账，填明“现金”字样的银行汇票也可以用于支取现金，但现金银行汇票仅限于申请人和收款人都是个人的情况，如果申请人或收款人是单位的，不能申请签发现金银行汇票。

银行汇票具有方便灵活、票随人走、人到款到、兑付性强等特点。说其方便灵活，是因为银行汇票具有较强的流通性，可以将汇票通过背书转让给债权人，有利于单位和个人的急需用款和及时采购。同时，银行汇票设计了实际结算金额，这是我国银行汇票的特点，是为便利交易结算和钱货两清而创设的。申请人可以根据交易的实际数额，在汇票金额以内任意确定结算金额。银行汇票在背书转让时，以实际结算金额为准。未填写实际结算金额或实际结算金额超过汇票金额的银行汇票不能够背书转让。说其兑付性强，是因为银行汇票的付款人是出票银行，银行信用较好，一般不存在到期不正常支付的情况。近年来，银行汇票业务量持续下降。

2. 本票

本票是出票人签发的，承诺自己在见票时无条件支付确定的金额给收款人或者持票人的票据。在我国本票仅指银行本票。银行本票就是银行签发的，承诺在见票时无条件支付票据金额给收款人或持票人的票据。

从定义可以看出，银行本票有两个重要特征：一是银行本票的出票人在资格上是有限制的，仅限于银行签发。银行以外的法人、非法人单位或者个人都不能签发银行本票；

二是银行本票仅限于见票即付，属于即期票据，是一种支付证券而不是信用证券。任何银行都不能签发远期本票。

3. 支票

支票是出票人签发的，委托办理支票存款业务的银行在见票时无条件支付确定的金额给收款人或者持票人的票据。支票分为现金支票、转账支票、普通支票，普通支票目前仅在上海市和广东省使用现金支票上印有“现金”字样，只能用于支取现金；转账支票上印有“转账”字样，只能用于转账；普通支票上没有“现金”或“转账”字样，可用于支取现金，也可以用于转账；在普通支票左上角划两条平行线的，为划线支票，划线支票只能用于转账，不得支取现金。

与其他票据结算方式相比，支票具有使用广泛、手续简便、方便灵活的业务特点和优点：一是具有多项支付用途。它除了可用于个人和企业对商户的支付外，还可用于企业对个人的支付，以及个人对个人的支付；二是相对其他转账方式来说，支票的使用成本较低，而且见票即付、方便灵活，既可支付零售项目，也适用于大额买卖；三是支票清算效率提高，覆盖范围广。2007 年，中国人民银行推广运行全国支票影像交换系统，支票处理实现部分电子化，有效解决了传统支票受地域限制的难题，50 万元以下的支票可以全国通用，缩短了清算时间，提高了结算效率。

2.4.3　银行卡

随着社会经济和信息技术的快速发展，银行卡支付已经走进人们的生活，人们越来越多地享受银行卡支付带来的便捷。

1. 银行卡的概念和分类

银行卡是由银行向社会发行的具有消费信用转账结算、存取现金等全部或部分功能的信用支付工具。根据划分标准的不同，银行卡有很多种分类。

按照银行卡的发行对象不同，银行卡可分为单位卡和个人卡。按照承载银行卡信息的介质不同，银行卡可分为磁条卡和芯片卡。磁条卡的信息都存储在卡背面的磁条里，芯片卡的信息则存储在卡内的芯片中。

按照币种不同，银行卡可分为本币卡、外币卡、双币卡。按照相关联银行卡的权属地位不同，银行卡可分为主卡、附属卡。按照银行卡的发卡主体不同，银行卡可分为商业银行单独发行的银行卡、联名卡和认同卡。

2. 银行卡的主要功能

（1）消费支付功能。持有银行卡可以在特定营业场所内通过 POS 刷卡或者通过互联网进行购物消费，这是银行卡的主要功能。

（2）存取款功能。持卡人可在银行网点柜台或自助机上存取现金，方便持卡人灵活管理卡内资金。其中，贷记卡取现称为预借现金。由于贷记卡的核心特征是信用销售和循环信贷，为防范风险银行往往会收取一定比例的日利息，以及高额的提现费，并相应限制贷记卡取现额度。

（3）信贷功能。信用卡能在发卡银行授予的贷款额度内自由支配资金，帮助客户解决流动资金短缺，提高即期消费能力。根据是否循环使用，又可分为循环信贷功能和非循环信贷功能两类。其中循环信贷是商业银行向持卡人发放循环信用额度，持卡人能在可用信用额度内自由、反复使用已偿还贷款的一种信贷业务；非循环信贷分为分期贷款、一般消费贷款两种。

（4）汇兑功能。银行卡具有转账、汇款和货币兑换等功能。客户可通过柜台、电话、互联网、手机等渠道，办理各种转账汇款业务，还可在境外国家和地区持银行卡，在发卡银行的合作伙伴处兑换当地的货币。

（5）综合服务功能。银行卡具有代收代付功能，能方便客户自助或自动缴纳水、电、煤气费等各类费用，方便客户工作生活和降低成本；具有增值服务功能，能享受积分、奖励、折扣等优惠服务，增加持卡人实质性利益；具有预订旅游产品等功能，能方便持卡人以较低价格拿到相关产品和服务，确保及时、舒心享受有关服务等。

3. 银行卡业务主要参与主体

随着经济社会的发展和社会分工的不断细化，银行卡业务的参与主体越来越多。目前，银行卡业务参与主体主要包括发卡银行、持卡人、特约商户、银行卡收单机构以及银行卡清算组织等。

发卡银行和持卡人分别是银行卡的发行主体和发行对象。特约商户是与收单机构签订银行卡受理协议、按约定受理银行卡并委托收单机构为其完成交易资金结算的企事业单位、个体工商户或其他组织，以及按照国家工商行政管理机关有关规定，开展网络商品交易等经营活动的自然人。特约商户可以分为实体特约商户和网络特约商户。实体特约商户是指通过实体经营场所提供商品或服务的特约商户。网络特约商户是指基于公共网络信息系统提供商品或服务的特约商户。

银行卡收单机构是与特约商户签订银行卡受理协议，在特约商户按约定受理银行卡并与持卡人达成交易后，为特约商户提供交易资金结算服务的机构，包括从事银行卡收单业务的银行业金融机构，获得银行卡收单业务许可、为实体特约商户提供银行卡受理并完成资金结算服务的支付机构，以及获得网络支付业务许可、为网络特约商户提供银行卡受理并完成资金结算服务的支付机构。

银行卡清算组织是提供银行卡跨行信息交换和清算服务的法人，通过建立和维护跨行信息交换网络，向会员银行提供支付信息交换和清算服务，协助会员银行进行风险控制和反欺诈。目前中国银行卡清算组织是中国银联。

4. 中国银行卡业务发展历程

20 世纪 70 年代末，银行卡业务传入我国，我国银行卡业务早期的发展是从代理国外信用卡开始的。1978 年，中国银行广州分行首先同香港东亚银行签订协议，开始代理国外信用卡业务。不久，上海、南京、北京、抚顺等地的中国银行分行也先后分别同香港东亚银行、汇丰银行、麦加银行和美国运通公司等国外信用卡发卡银行和公司签订了代理协议。

国内银行正式发行信用卡始于20世纪80年代中期。1985年3月1日，中国银行珠海分行在国内率先发行人民币“珠江卡”。1986年，中国银行北京分行发行人民币“长城卡”。之后，中国银行确定“长城卡”为中国银行系统的信用卡，在全国各分行发行。1987年中国银行加入了MasterCard国际组织和VISA国际组织，并于1988年发行了第一张外汇长城万事达卡。此后，中国工商银行、中国农业银行、中国建设银行也相继发行了各自的银行卡，我国银行卡业务呈现出百花齐放的发展态势。

20世纪90年代，银行卡产业开始蓬勃发展。1994年，国务院信息化协调领导小组将以银行卡为主体的金卡工程列为国家信息化工程之一。金卡工程的建设目标是建设全国统一的银行卡信息交换系统，实现银行卡跨行使用，最终达到“一卡在手，走遍全国”。金卡工程率先在12个城市进行试点，试点工作主要包括建设银行卡跨行信息交换系统，实现各发卡行的业务联营以及技术标准的统一。1997年，中国人民银行又组织各商业银行组建了全国银行卡信息交换总中心；1997年底金卡工程12个试点城市银行卡信息交换中心已全部开通。同时，全国银行卡总中心的建设正抓紧进行，于1998年底完成试运行。

进入21世纪，逐步完善的监管政策有效地促进和保障了银行卡产业的健康快速发展。2002～2006年，中国人民银行先后发布多个规范性文件，要求各商业银行坚定业务联合的发展方向并着重POS网络的联合，在政策的大力推动下，银行卡产业取得了快速发展。银行卡业务的高速增长也带来了日益突出的风险，银行卡欺诈案件频发，信用卡信用风险上升较快。2006年开始，监管机构为打击银行卡犯罪、降低信用风险等专门出台具体监管规定。针对银行卡的滥发卡、利用信用卡套现等现象，提出发卡机构在发卡环节严格审批，收单机构加强对特约商户的管理，中国银联做好有关信用卡套现等违法行为的风险防控工作等。2013年，中国人民银行发布实施《银行卡收单业务管理办法》，为规范收单机构经营行为、培育良好的银行卡市场环境奠定了制度基础，进一步规范了银行卡受理市场，促进银行卡产业的健康持续发展。

5. 中国银行卡业务的发展成就

在政策的支持推动以及产业各方的共同努力下，中国银行卡产业快速发展，产业链条不断延伸、规模日益扩大，中国已经成为全球增长最快、最具潜力的新兴银行卡大国。伴随着银行卡产业的蓬勃发展，国内支付环境不断改善，居民用卡消费习惯已经形成，银行卡已成为中国个人使用最为广泛的非现金支付方式，在国民经济、社会民生发展中发挥着越来越显著的作用。

中国银联发布的《中国银行卡产业发展报告（2019）》显示，2018年中国银联网络转接交易金额占全球银行卡清算市场份额进一步提高，并继续保持全球第一。同时，银行卡发卡和受理规模进一步扩大，银联卡全球发行累计超过75.9亿张。报告显示，银联卡全球受理网络已延伸到174个国家和地区，覆盖超过5370万家商户和286万台ATM，用卡增值服务不断丰富。其中，境内非接受理环境显著改善，行业解决方案与场景持续深度结合，受理市场建设也随着移动支付便民工程的持续推进向二级市场下沉。银行卡产业的创新发展态势不仅促进了银行业金融机构和非银行支付机构的各类支付业务发展，还支撑了支付业态、支付场景和业务功能的各类创新。

近年来，我国以银行卡为基础的支付产业继续保持稳步创新发展。产业各方扩大金融科技在支付创新中的应用，自主支付技术发展与我国支付产品在境外市场的本地化发展不断取得突破。同时，行业监管规范趋严，国内支付清算市场开放步伐加快，支付市场呈现多元融合发展格局。相关监管政策的进一步落实、国内支付清算市场开放进程的稳步推动，以及新技术、新模式的快速迭代及应用，推动产业发展步入合规、竞争、创新的新阶段。

2.4.4 结算方式

贷记转账在其他结算方式中所占的比重进一步上升。2016 年，全国共发生贷记转账、直接借记、托收承付、国内信用证等其他业务 93.44 亿笔，金额 2757.63 万亿元。其中，贷记转账业务 79.00 亿笔，金额 2675.18 万亿元，分别占贷记转账、直接借记、托收承付以及国内信用证结算业务总量的 84.55%和 97.01%，比上年分别提高 11.44 个百分点和 2.16 个百分点。

1. 汇兑

1）汇兑的概念和历史沿革

汇兑是汇款人委托银行将款项汇给收款人的结算方式，长期以来一直是银行异地汇划资金的主要结算方式。在民国时期，银行办理的异地结算主要使用汇兑结算方式。汇兑分票汇、信汇、电汇和押汇四种方式。1951 年 4 月开始实施的《中国人民银行国内汇兑章程》，在全国范围内对汇兑作了统一规定，但基本沿袭了民国时期银行的做法。在传统的汇兑结算方式下，支付指令的传递完全依靠面对面的手工处理和邮政、电信部门的委托传递，存在结算成本高、凭证传递时间长、在途资金占压大、资金周转慢等问题。

我国电子支付网络体系的逐步建成和不断完善，为经济交易活动提供了快速高效、安全可靠的资金支付和清算渠道，彻底改变了传统的依靠函件、电报、传真等通信手段进行资金汇划的处理方式。通过电子支付网络体系，单位之间、单位与个人之间、个人之间的资金汇划可以通过计算机及网络瞬时完成，进而缩短了银行之间支付指令的传递时间，并减少了在途资金的占压。为此，传统的信汇和通过电报、电传等方式向收款人开户银行发送支付指令的电汇基本被淘汰，通过计算机联网系统向收款人开户银行发送电子支付指令的电汇因到账速度更加快捷而被单位和个人广泛使用。

2）汇兑的种类和特点

汇兑根据划转款项的不同方法以及传递方式的不同可以分为信汇和电汇两种，由汇款人自行选择。

信汇是汇款人向银行提出申请，同时交存一定金额及手续费，汇出行将信汇委托书以邮寄方式寄给汇入行，授权汇入行向收款人解付一定金额的一种汇兑结算方式。电汇是汇款人将一定款项交存汇款银行，汇款银行通过电报、电传或者信息网络给目的地的分行或代理行（汇入行），指示汇入行向收款人支付一定金额的一种汇款方式。

汇兑结算具有适用范围大、服务面广、手续简便等特点。无论是信汇还是电汇，既没有金额起点的限制，也没有区域的限制，不管金额大小、同城、异地均可使用。汇兑是付款人主动付款的一种结算方式，与票据不同，汇兑无须向收款人交付凭证，在贸易过程中，款项支付和货物发运存在着一定的时间差，无法满足“银货两讫”的要求，完全依托交易双方的信用。因此，汇兑的汇款人和收款人之间应该建立有良好的互信机制和长期稳定的贸易合作关系，如果对交易对手缺乏足够的了解，应该谨慎使用汇兑。汇兑凭证填制及签章手续简便易行，无须拥有过多的专业知识。汇兑的这些特点决定了汇兑尤其适用于系统内（总分行之间、总分公司之间等）、长期稳定的贸易伙伴之间、个人与单位之间（如个人向知名公司邮购商品、网上购物，单位向个人支付工资、稿酬、派发红利等）以及亲友之间各类款项划拨。

2. 托收承付

1）托收承付的概念和历史沿革

托收承付是根据购销合同由收款人发货后委托银行向异地付款人收取款项，由付款人向银行承认付款的结算方式。托收承付自 1953 年实行以来，在较长的计划经济时期内成为企业间异地资金汇划的主要结算方式，对企业收回货款发挥了重要作用。

中华人民共和国成立初期的托收承付，适用于公私合营企业之间的商品交易和由此引起的垫付费用等的结算。1974 年，中国人民银行出台了《异地托收承付结算办法》，对提货收据和集体单位办理托收承付作了一些限制性的规定。1977 年 11 月，中国人民银行公布了《中国人民银行结算办法》，取消了凭提货收据办理托收的规定，明确了托收承付适用范围为国有企业、事业、机关、团以上部队、团体、学校、供销合作社等单位之间的商品交易以及由此引起的劳务供应。1983 年 12 月，中国人民银行对《异地托收承付结算办法》进行了修订，强调收付款单位必须订有符合《经济合同法》规定的经济合同，明确了托收承付适用于计划性较强、遵守合同和信用好的单位之间的商品交易。

1988 年 12 月，中国人民银行出台了新的《银行结算办法》，新的《银行结算办法》取消了异地托收承付结算，旨在更好地适应计划经济和市场调节相结合的经济体制，加强购销双方的信誉，实现商业信用与银行信用的分开。但是，取消异地托收承付后，购销双方的合法权益得不到应有的保障，拖欠货款现象日益严重，在一定程度上影响了生产和商品流通的正常进行。同时考虑到全国范围“三角债”清理的需要，异地托收承付于 1990 年 4 月 1 日起又恢复办理。恢复办理后，会计核算仍沿用 1983 年修订的《异地托收承付结算办法》的有关规定，但银行代收款单位扣款期限调整为三个月。

1994 年 10 月，中国人民银行对《异地托收承付结算办法》进行了第二次修订。1995 年 1 月，中国人民银行补充通知规定，新华书店系统的托收额起点为 1000 元。1997 年 12 月 1 日施行的《支付结算办法》，明确托收承付为银行三种结算方式之一，核算上变化不大主要是结算金额起点统一为 10000 元。

2）托收承付的种类和特点

根据款项划回方式的不同，托收承付分为邮划和电划两种，由收款人根据需要选择使用。托收承付结算具有适用范围狭窄、监督严格和信用度较高的特点。使用托收承付结算的收付款双方，必须是国有企业供销合作社以及经营管理较好，并经开户银行审查同意的城乡集体所有制工业企业。办理托收承付结算的款项，必须是商品交易，以及因商品交易而产生的劳务供应的款项，其他性质的单位和其他款项结算不能使用托收承付结算。托收承付结算的监督较为严格，从收款单位发出托收到付款单位承付款项，每一个环节都置于银行的严格监督之下。

3. 委托收款

1）委托收款的概念和历史沿革

委托收款是收款人委托银行向付款人收取款项的结算方式。为弥补托收承付结算的局限，适应经济体制改革的需要，中国人民银行于 1980 年增设了异地委托收款结算。在银行或其他金融机构开立账户的单位和个体经济户，只要提供有效的收款依据，不受金额起点的限制均可办理，但开户银行或金融机构不承担审查拒付理由和代收款单位分次扣收款项的责任。

委托收款施行初期，委托的范围局限于异地，同城不能办理。付款单位的付款期限为三天，期满后无足够的资金支付款项，允许延期五天；若付款单位无款支付，逾期未退回有关单证的，开户银行按每笔委托收款业务，每天收取罚金 0.5 元。1989 年 4 月 1 日，新的银行结算办法开始实施，对委托收款结算的部分规定作了修改，规定不受地域限制，同城异地均可使用。取消付款期限满后五天的延付期；对付款单位无款支付、逾期未退回有关结算单证的行为，每日按委托收款金额的万分之五但不低于五元的标准处以罚款；增加了“三方交易、直达结算”和“代办发货和代理收货委托收款”业务。

随着改革开放的深入，经济格局的变化，为严肃结算纪律、整顿结算秩序，增强对付款单位的约束力，1994 年 4 月，中国人民银行对收款单位提交开户银行办理委托收款的依据作了硬性规定，各企事业单位委托收款必须凭已承兑的商业汇票、债券、存单等付款人的债务证明办理。1997 年 12 月 1 日施行的支付结算办法，对委托收款的付款方式做了重大改变，取消了三天的付款期。目前，委托收款在商业汇票的提示付款业务中应用较为普遍。

2）委托收款的种类和特点

按款项划回方式，委托收款分邮划和电汇两种，由收款人根据需要选择使用。

委托收款的业务处理流程和账务处理手续，与托收承付基本相同。但委托收款比托收承付适用面更广，更加灵活。委托收款不受金额起点限制，同城、异地均可使用，单位和个人只要提供已承兑的商业汇票、债券、存单、国内信用证等付款人债务证明，银行即可代为收款，不受单位性质、结算种类，以及是否具有经济合同之类的条件限制，银行也不承担分期付款和审查拒付的责任。委托收款是一种建立在商业信用基础上的结算方式，即由收款人先发货或提供劳务，然后通过银行收款，银行不参与监督，结算中发生争议由双方自行协商解决。因此其付款保证性较差，收款单位在选用此种结算方式时应慎重，必须充分了解付款人的资信状况，以免发货或提供劳务后不能及时收回款项。

4. 国内信用证

信用证是指由银行（开证行）依照（申请人的）要求和指示或自己主动，在符合信用证条款的条件下，凭规定单据向第三者（受益人）或其指定方进行付款的书面文件。即信用证是一种银行开立的有条件的承诺付款的书面文件。

1）国内信用证的概念和业务发展

国内信用证是开证银行应申请人要求开出的、凭符合信用证条款的单据支付的付款承诺，是适用于国内企业之间商品交易的信用证结算。与传统商业汇票等结算方式相比，国内信用证具有银行信用和商业信用有机结合的特点，它能够规避传统结算方式的信用风险问题，有效解决陌生交易对手之间互不信任的矛盾，降低交易风险，提高交易效率，并满足交易双方的授信需求。信用证可以有效解决交易双方在交易空间上的单据控制风险和交易时间上的信息不对称风险，既适用于相互了解的双方，也适用于相互不了解的双方；既适合本地交易，又适合异地交易。即无论是否信任交易对手的履约能力或付款承诺，交易双方均可利用国内信用证从银行获得信用服务，控制交易风险。

国内信用证在中国国内贸易中的应用较少，1997 年，中国人民银行出台《国内信用证结算办法》，引导和规范国内信用证业务，但国内信用证业务仍遭遇市场的冷落。目前，中国银行和招商银行国内信用证业务形成了一定规模。招商银行 2001 年将国内信用证与网上银行相结合，首创网上（电开）国内信用证，将国内信用证作为银行承兑汇票的替代品应用于企业供应链的支付结算，其安全、快捷、高效的特点得到许多拥有大量经销商的家电厂商和汽车厂商的认可。总体来看，国内信用证在国内贸易结算份额仍然较小，没有形成银行间的市场。

2）国内信用证的特点

（1）强调商品交易合同履行的真实性。国内信用证的很多条款是根据合同条款缮制的，如对货物的品质、数量、包装、装运期限以及代表物权单据的要求等。国内信用证采用单款对流方式卖方凭单交货，买方凭单付款。当事人需完全履行合同后，将货物提单、商业发票等全部单据交给银行，才能办理托收或议付，获得信用证项下的款项。

（2）具有较高的安全性。国内信用证是银行信用，且不可撤销、不可转让。开证行根据买方申请开出国内信用证后，直接交给受益人开户银行（通知行），其后国内信用证也始终在银行体系内流转，能够有效地避免国内信用证及相关单据被篡改或变造的风险，从而保证资金安全。

（3）具有较强的灵活性。国内信用证可以在交易双方协商一致的情况下，对包括原开证金额在内的条款进行修改。交易双方可以在不超过信用证金额的范围内结清交易款项，给交易双方带来极大的便利。

（4）具有融资功能。对于买方来说，开证行在开立信用证时，可以不执行全额保证金，而是授信开证，或在收到受益人交寄的相符单据后对买方进行出口押汇。对受益人而言，银行可在信用证项下对其提供打包贷款、议付或出口押汇等方式的融资。

2.4.5　网络支付

2010 年，中国人民银行网上支付跨行清算系统建成运行，从业务管理的角度来看，网上支付跨行清算系统是小额支付系统在网上支付的延伸，从系统管理角度来看，网上支付跨行清算系统是与大、小额支付系统并行的人民币跨行清算系统。网上支付跨行清算系统投入使用后，实现了网银跨行支付的直通式处理，满足网银用户全天候的支付需求，有效支持电子商务的发展。支持符合条件的非银行支付服务组织接入，为其业务发展和创新提供公共清算平台。

2.5　我国支付清算系统

我国支付清算体系是以中国人民银行现代化支付系统为核心，银行业金融机构行内支付系统为基础，票据支付系统、银行卡支付系统和外币支付系统为重要组成。具体包括中国人民银行大小额支付系统、全国支票影像交换系统、网上支付跨行清算系统、境内外币支付系统、同城票据交换系统、人民币跨境支付系统、银行卡跨行交易清算系统等。

2.5.1　支付清算系统概述

1. 支付清算系统基本概念

支付清算系统（payment and clearing system），也称支付系统（payment system），是一个国家或地区对交易者之间的债权债务关系进行清偿的系统。具体来讲，它是由提供支付服务的中介机构、管理货币转移的规则、实现支付指令传递及资金清算的专业技术手段共同组成的，用以实现债权债务清偿及资金转移的一系列组织和安排。

我国支付清算系统建设的目标是建立以中国现代化支付系统为核心，各商业银行行内系统为基础，票据交换系统、卡基支付系统等并存的支付清算系统。各类支付系统包括中国人民银行大小额支付系统、全国支票影像交换系统、网上支付跨行清算系统、境内外币支付系统、同城票据交换系统、人民币跨境支付系统、银行业金融机构行内支付系统、银行卡跨行交易清算系统、城市商业银行汇票处理系统和支付清算系统、农信银支付清算系统。

2. 我国支付清算系统发展历程

我国的支付清算系统经历了手工联行、电子联行到中国现代化支付系统等多种支付清算系统并存的跨越性发展。

1）手工联行

1949 年 3 月，中国人民银行决定北平等 6 个分行开始联汇，由总行集中清算汇差、调度资金，这成为联行清算体系建设的开端。“联汇”采取“统一领导，分级管理，集中监督，分别核算”的办法，设置全国联行往来、分行辖内往来、支行辖内往来三级管理体制。中华人民共和国成立初期，为全面开展国内资金汇划，促进生产运销，促进城乡物资交流，1949 年 11 月，中国人民银行第一届全国会计会议决定建立统一的联行制度，联行采取“直接往来、分行开户记账、集中清算调拨”的办法。这是中华人民共和国出现最早的支付清算制度，基本上适应了国民经济恢复时期银行业务发展的需要，但随着国家建设的发展，这种联行制度开始暴露出业务脱节、与结算脱节、监督不严的缺点。

1955 年 1 月，在借鉴苏联经验的基础上，结合我国现实情况，开始实行新的联行往来制度，建立了“全国大联行”的三级手工联行清算体制：一是全国联行往来，适用于异省间行处的往来，由总行负责监督结清；二是分行辖内往来，适用于省（自治区、直辖市）内各级行处间的往来，由省级分行负责监督结清；三是支行辖内往来，适用于支行所辖处所间的往来，由支行负责监督结清。联行汇差自动形成联行资金占用或资金上存，各级行无须关心汇差的变化，也无须对营运资金和经营成果负责。银行信贷收支由中国人民银行总行集中管理，统收统支。全国联行往来制度较好地适应了当时以及以后相当长一段时期的需要。

2）电子联行

为切实提高清算效率、减少在途资金、减少对客户资金的挤占挪用，规范业务标准，1989 年，中国人民银行决定建设运用卫星通信网的电子联行系统，主要处理跨行资金汇划款项和同一银行内的大额汇划款项。电子联行系统于 1991 年 4 月 1 日投入试运行，初步实现我国异地跨行支付清算业务处理电子化。

20 世纪 90 年代中期，中国人民银行电子联行业务到县的建设工作基本完成，即通过地面通信网络把中国人民银行县级支行与地市级卫星小站连接起来。各商业银行也积极加强行内电子资金汇兑系统的建设，改变了各行“先汇划、后清算”的清算体制，促进了异地汇兑业务的开展，提高了资金汇划的效率。1995 年 5 月，中国人民银行组织实施电子联行“天地对接”工程，即电子联行系统在各城市与中国人民银行会计核算系统、商业银行业务处理系统无须人工干预地对接，以解决电子联行“天上三秒，地上三天”的突出问题，提高电子联行系统处理速度。电子联行系统所覆盖区域的商业银行系统内 50 万元以上的大额汇划业务和跨系统 10 万元以上汇划业务，全部纳入中国人民银行电子联行处理，资金在途时间由 7～10 天减少到 2～3 天，到 1999 年底该系统覆盖了全国所有省、自治区和直辖市。

3）我国现代化支付清算系统

中国人民银行电子联行系统对改进金融服务、加速社会资金周转发挥了重要作用，但随着社会主义市场经济的快速发展，到 20 世纪 90 年代后期，电子联行系统已不能适应社会经济发展对中央银行支付服务的新需求。为更加有效地支持经济金融改革和发展，2000 年 10 月，在学习借鉴国外先进经验基础上，中国人民银行按照“调整定位、借鉴吸收、以我为主、自主开发、边建边用”原则，加快中国现代化支付系统建设。2005 年，大额支付系统在全国推广，逐步取代了电子联行系统。2006 年 6 月，中国人民银行完成小额支付系统在全国的建设推广。大、小额支付系统在全国推广工作的完成，实现了我国异地跨行支付清算从手工联行到电子联行，再到现代化支付系统的跨越式发展和历史性飞跃，成为支付体系改革和发展的重要里程碑。2007 年 6 月，中国人民银行建成运行了基于影像技术，覆盖全国的支票影像交换系统，通过改革支票清算模式，支持支票全国通用。2008 年 4 月，中国人民银行建成运行了境内外币支付系统，提高了企业境内外币支付清算效率，开启了境内外币支付的新时代。2010 年，中国人民银行建成运行了网上支付跨行清算系统，提高了网上支付等新兴电子支付业务跨行清算的处理效率，减少了柜台服务压力，促进了电子商务的快速发展。自 2009 年起，中国人民银行开始启动第二代支付系统建设工作，2013 年完成了国家处理中心、城市处理中心向第二代支付系统切换的工作，2014 年末完成支付系统直接参与者切换为第二代支付系统报文标准工作（图 2.1）。

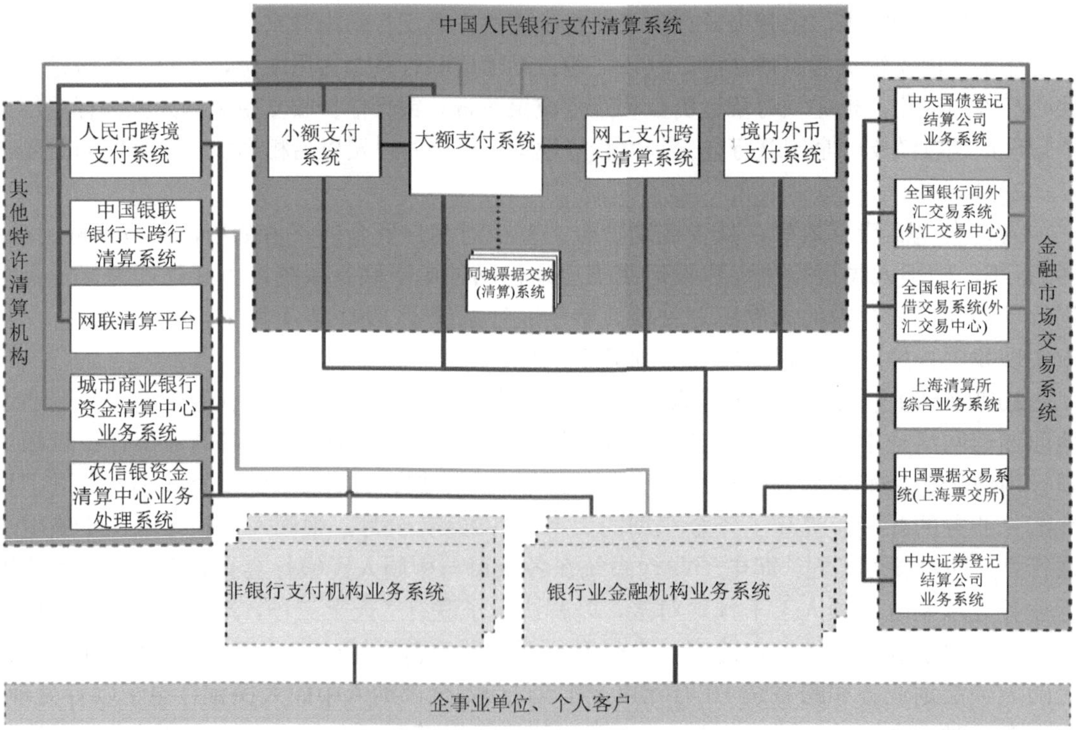

图 2.1　我国支付清算系统架构图

2.5.2　支付清算系统体系

1. 大额实时支付系统

1）大额实时支付系统概述

大额实时支付系统是中国人民银行按照我国支付清算需要，利用现代计算机技术和通信网络开发建设，主要用于处理同城和异地跨行之间和行内的大额贷记及紧急小额贷记支付业务。建立大额支付系统的目的，是给银行和广大企事业单位以及金融市场提供快速、高效、安全的支付清算服务，防范支付风险。

大额实时支付系统 2005 年 6 月在全国成功推广，在我国支付体系中占有重要地位。

2）大额实时支付系统业务

大额支付系统业务范围包括一般大额支付业务、即时转账支付业务和城市商业银行银行汇票业务。

（1）一般大额支付业务：是由发起行发起，逐笔实时发往国家处理中心，国家处理中心清算资金后，实时转发接收行的业务，包括汇兑、委托收款划回、托收承付划回、中央银行和国库部门办理的资金汇划等。

(2) 即时转账支付业务：是由与支付系统国家处理中心直接连接的特许参与者（第三方）发起，通过国家处理中心实时清算资金后，通知被借记行和被贷记行的业务。目前主要由中央债券综合业务系统发起。

(3) 城市商业银行银行汇票业务：是支付系统为支持中小金融机构结算和通汇而专门设计的支持城市商业银行银行汇票资金的移存和兑付的资金清算的业务。

3）大额实时支付系统特点

大额支付系统的“大额”是指规定金额起点以上的业务，目前“大额支付系统”规定的金额起点是 0 元，也就是说所有的贷记支付业务都可以通过大额支付系统处理。

在系统正常运行情况下，一笔支付业务从支付系统发起到支付系统接收行的时间为实时到达。如收款客户的开户行应用大额支付系统，付款客户在营业日当日下午 17：00 前办理的大额支付业务都可实现实时到达收款行。实现了全国支付清算资金的每日零在途，彻底改变了电子联行系统“天上三秒，地上三天”的状况。

大额支付系统按照国家法定工作日运行。8：00～17：00 为其日间业务处理时间。

大额支付系统采用支付指令实时传输，逐笔实时处理，全额清算资金的处理方式。

2. 小额批量支付系统

1）小额批量支付系统概述

小额批量支付系统（以下简称“小额支付系统”）是继大额实时支付系统之后中国人民银行建设运行的又一重要应用系统，是我国现代化支付系统的主要业务子系统和组成部分。它主要处理同城和异地纸凭证截留的借记支付业务和小额贷记支付业务，支付指令批量发送，轧差净额清算资金，旨在为社会提供低成本、大业务量的支付清算服务。小额支付系统实行 7×24 小时连续运行，能支撑多种支付工具的使用，满足社会多样化的支付清算需求，成为银行业金融机构跨行支付清算和业务创新的安全高效的平台。

2）小额支付系统处理的业务

(1) 普通贷记业务：指付款人通过其开户银行办理的主动付款业务，主要包括金额 2 万元以下的汇兑、委托收款（划回）、托收承付（划回）、网上银行支付以及财税库汇划等业务。

(2) 定期贷记业务：指付款人开户银行依据当事各方事先签订的合同（协议），定期向指定的收款人开户银行发起的批量付款业务，如代付工资、养老金、保险金、国库各类款项的批量划拨等。

(3) 普通借记业务：指收款人通过其开户银行向付款人开户银行主动发起的收款业务，包括银行机构间的借记业务、国库借记汇划业务和支票截留业务等。

(4) 定期借记业务：指收款人开户银行依据当事各方事先签订的合同（协议），定期向指定的付款人开户银行发起的批量收款业务，如收款人委托其开户银行收取水、电、煤气等公用事业费用。

(5) 实时贷记业务：指付款人委托其开户银行发起的，将确定款项实时划拨到指定收款人账户的业务，主要包括国库实时缴税、跨行个人储蓄通存（目前北京地区尚未开通）等业务。

（6）实时借记业务：指收款人委托其开户银行发起的，从指定付款人账户实时扣收确定款项的业务，主要包括国库实时扣税、跨行个人储蓄通兑等业务。

3）小额支付系统为社会公众支付带来的便利

（1）支付电子化，安全又高效。小额支付系统实现了不同银行营业网点之间的互联互通和业务指令的电子化处理，大大缩短资金到账时间；同时，小额支付系统具有完备的运行管理机制和安全防范措施，确保资金汇划安全。

（2）服务无时限，支付更方便。小额支付系统实行 7×24 时连续运行，可为广大企事业单位和居民个人提供全天候不间断的支付服务。

（3）收费更便捷，缴费也轻松。收费单位可以仅在一家银行开立账户办理所有收费业务，资金到账时间明显加快；缴费人也可仅在一家银行开立账户办理各种费用的缴纳。跨行收付更加简便易行，省时、省事又省心。

（4）跨行发工资，转账更灵活。企事业单位可以委托开户银行及时向在不同地区、不同银行开户的员工发放工资和养老金等费用，为社会公众的居家生活带来实实在在的便利。

4）小额支付系统收取公用事业费和公益性费用

公用事业收费是指与水、电、煤气、电话等公用事业服务相关费用的收取。公益性收费是指养老保险、失业保险、生育保险、工伤保险和医疗统筹等社会保障资金的收取。这两类收费与百姓日常生活密切相关。

通过小额支付系统办理公用事业收费和公益性收费业务需做好三个方面的准备工作。一是收费单位、付款人和付款人开户银行之间要事先签订委托付款合同（协议），约定各方的权利、义务和责任；二是建立合同（协议）数据库，银行和企事业单位做好定期借记业务合同号的规范、入库和维护工作，这是付款银行准确高效处理定期借记业务的基础，也是银行确认付款和规避法律风险的重要依据；三是做好银企接口开发，企业采取磁介质或联机方式向开户银行提交业务数据，实现业务数据传递的电子化处理，这是提高业务处理效率的重要手段。

业务处理流程为：收款人将收费清单通过磁介质或网络方式送交开户银行，由开户银行通过小额支付系统向不同的付款人开户行发起定期借记业务指令；付款人开户银行接收定期借记业务指令后，根据与付款人签订的委托付款协议办理扣款，并将处理结果形成定期借记业务回执通过小额支付系统返回收款人开户行。

5）如何通过小额支付系统办理工资、津贴和社保资金的发放

付款人通过小额支付系统可以向在不同银行开户的收款人办理工资、津贴和社保资金的发放，有效提高业务处理效率，缩短资金到账时间。

业务处理流程为：付款单位将记载收款人开户银行名称、账户信息和金额的付款清单通过磁介质或网络提交开户行，开户银行借记付款单位账户后，通过小额支付系统向收款人开户银行发起定期贷记业务，收款人开户银行收到已轧差的贷记业务信息即可将款项贷记收款人账户。

6）如何通过小额支付系统办理跨行网银支付业务

随着互联网和信息技术的发展，商业银行网上银行业务因其交易无纸化、操作简便化

和产品个性化等优点，日益受到人们青睐且业务发展迅速。小额支付系统实行 7×24 小时连续运行，能够为跨行网银交易提供全时、安全、高效的支付清算服务，更好地适应社会公众的支付需要。

业务处理流程为：客户通过商业银行网上银行系统向开户行发出转账支付指令；开户银行行内系统收到指令后，通过小额支付系统向收款行发出普通贷记业务；收款行收到贷记指令后，将款项划入收款人账户。

3. 网上跨行清算系统

1）网上跨行清算系统概述

网上跨行清算系统，又称超级网银，是第二代支付系统的核心业务子系统，主要支持网上支付等新兴电子支付业务的跨行（同行）资金汇划处理业务。系统支持商业银行以及经中国人民银行批准的非金融支付服务机构接入，并向客户提供 7×24 小时全天候服务。

2）网上跨行清算系统业务功能

网上跨行清算系统具有以下业务功能：处理网银贷记业务、网银借记业务、第三方贷记业务、跨行账户信息查询业务。其业务运行模式与小额支付系统相似：运行时序为 7×24 小时连续运行，采取定场次清算的模式，设置贷记业务金额上限，与大额支付系统共享同一个清算账户等。从业务管理方面来讲，网上支付跨行清算系统是小额支付系统在网上支付方面的延伸，从系统管理方面来讲，网上支付跨行清算系统是与大、小额支付系统并行的人民币跨行清算系统。

网上跨行清算系统实现网银跨行支付的直通式处理，可以满足网银用户全天候的支付需求，有效地支持了电子商务的发展。支持符合条件的非银行支付服务组织接入，为其业务发展和创新提供公共清算平台。

3）网上跨行清算系统的特点和架构

网上跨行清算系统的功能定位和小额支付系统以及大额实时支付系统的功能定位是不同的，其中小额支付系统主要是对规定金额以下的借贷业务进行处理的，大额实时支付系统主要是对规定金额以上的借贷业务进行处理，而网上跨行清算系统主要用来对跨行账户信息查询和规定金额以下的支付业务进行处理，功能主要定位于零售支付系统。

网上跨行清算系统结构如图 2.2 所示，将非金融支付服务机构和银行使用集中式一点接入的方式和网银系统进行连接，将小额支付系统国家处理中心、大额实时支付国家处理中心和网上支付跨行清算系统处理中心的基础数据进行共享，然后利用账户清算管理系统完成支付指令的清算。将网上支付跨行清算系统与大、小额支付系统对比主要有以下方面的特征：①系统使用了反馈系统机制，该系统可以进行实时反馈、实时轧差逐笔发送等操作，使客户可以实时了解跨行业务的资金到账情况和处理情况，有效地提升客户的体验感；②使用集中一点式接入系统，使所有的法人在系统中有且仅有一个对应的行号信息，在提交支付指令时，只需要对开户对应的法人机构进行确定即可，极大地提升了业务办理的便捷程度；③网上支付跨行清算系统使用了通用性非常强的报文标准，极大地提高了信息传输的效率，报文格式交换也趋于标准化。

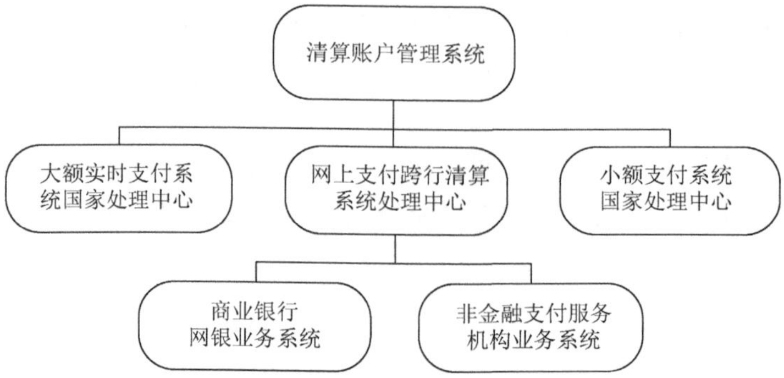

图 2.2　网上跨行清算系统结构

4. 全国支票影像交换系统

1）支票影像交换系统概述

支票影像交换系统是指运用影像技术将实物支票转换为支票影像信息，通过计算机及网络将支票影像信息传递至出票人开户银行，提示其付款的业务处理系统。它是中国人民银行继大、小额支付系统建成后的又一重要金融基础设施，其资金清算由中国人民银行覆盖全国的小额支付系统处理。

2）我国支票影像交换系统业务处理流程

我国支票影像交换系统业务处理流程如图 2.3 所示。

3）关键技术

（1）电子验印。银行客户的印鉴是银行多种业务的重要凭证和依据，其法律基础是 1996 年颁布实施的《中华人民共和国票据法》。传统的印鉴比对方式是人工折角核对，其有两点不足：一是精度低；二是无法实现通存通兑。

电子验印就是利用计算机来实现印鉴的自动识别，其基本原理是：通过摄像机、数码相机或扫描仪等图像采集设备，将客户的预留印鉴图像采集到计算机里面，经过特定的图像处理算法形成电子标准印鉴。电子标准印鉴一般具有含结构信息、高保真和低存储空间等特点，经过预处理、定位、分割、配准和比对等图像处理算法，系统自动进行印鉴真伪鉴别。

（2）票据缩微。银行的票据被要求长期保存，然而，在大量的票据中进行检索是非常困难的。现在利用图像压缩技术，将票据图像压缩存储在大容量硬盘而非早期的光盘塔，检索和保存变得更加方便。

（3）票据图像的采集。将票据图像采集入计算机，大致有以下途径：摄像机、数码相机、平板扫描仪、高速扫描仪和票据清分机等。其中平板扫描仪精度最高，价格最低，一致性好，但是速度较慢，适合于票据量少的场合。对于批量采集或者速度要求高的场合，可以选用摄像机、数码相机和高速扫描仪等。

（4）票据要素识别。票据要素包含金额、账号、票号、日期等，这些要素有些是印刷体，有些是手写体。票据要素有着严格的规范，用模式识别的方法自动地识别票据要素是关键技术之一。

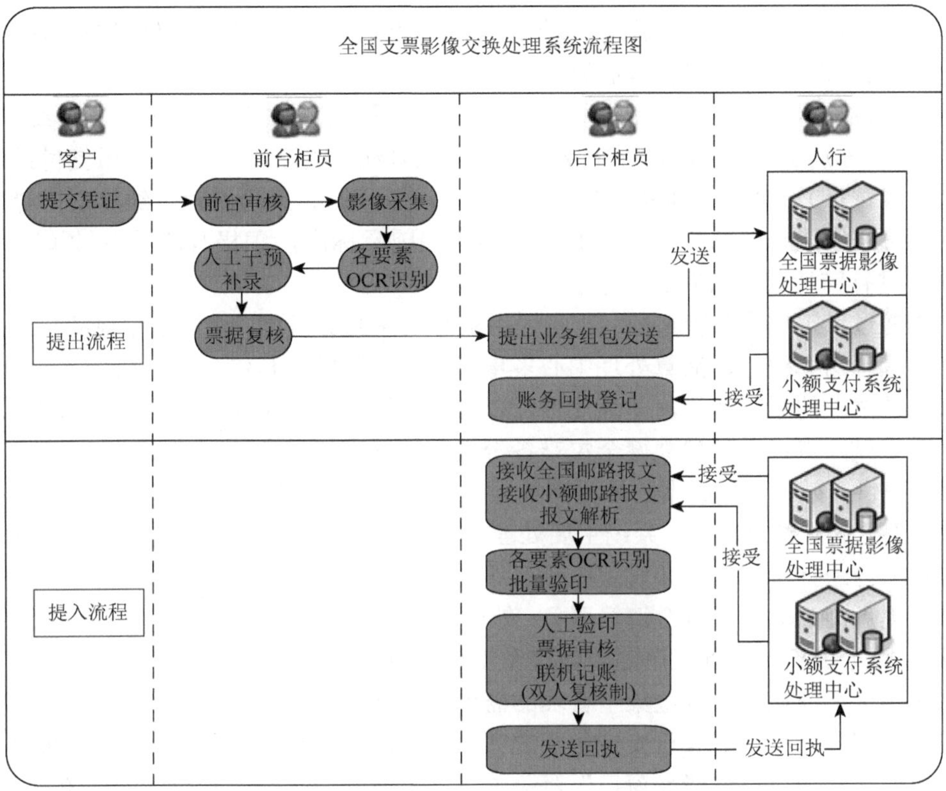

图 2.3　我国支票影像交换处理系统流程图

（5）票据涂改识别。涂改票据是犯罪分子常用的作案手段。人的肉眼分辨率有限，一些细节难以察觉。计算机可以根据纹理、笔画和前后关系等信息，智能地判断票据是否被涂改。

（6）手写签字的计算机辅助识别。《中华人民共和国票据法》规定手写签字和盖章均可作为出票依据。在现行的技术手段下，全自动地识别手写签字是很困难，但是计算机可以做一些辅助工作，如手写签字的存储、网络传递、显示和关键笔画的特征提取等。

（7）支付密码。人民银行发布的《全国支票影像交换系统业务处理办法》指出：提入行可以采用印鉴核验方式或支付密码核验方式对支票影像信息进行付款确认。支付密码也称为变码印鉴，其基本原理是，出票时，银行客户在专有的硬件或者软件上，输入金额、账号、票号、日期等信息，计算出一串数码，填写在票据上作为出票依据。

（8）数字签名。中国人民银行规定，支票影像及其捆绑信息，必须经过数字签名，以确保信息的完整性、安全性和不可抵赖性。

5. 境内外币支付系统

1）境内外币支付系统概述

境内外币支付系统（本节简称系统）由中国人民银行牵头建设，由清算总中心集中运营，由直接参与机构等单一法人集中接入，采用“Y”形信息流结构，由外币清算处理中心负责对支付指令进行接收、清算和转发，由代理结算银行负责对支付指令进行结算。

2）境内外币支付系统提供的服务

（1）提供安全、可靠的外币清算服务。中国人民银行依法对外币系统实行统一管理，并于2008年分别发布了《境内外币支付系统管理办法（试行）》、《境内外币支付系统业务处理规定（试行）》等规章制度，对相关各方在准入规则、风险管理、结算安排等方面的权利和义务进行了全面的规定。同时，遵循有关国际标准，积极与相关发钞国（地区）中央银行进行跨境监管合作。

系统通过以下措施防范风险：一是采用实时全额结算机制，消除信用风险；二是构建参与者、代理结算银行、清算处理中心多重流动性风险防范机制；三是采用“一点接入，一个账户结算”的系统架构，即商业银行以法人或管理行为单位“一点”接入外币系统，减少了系统风险点；四是建立健全灾难备份机制等管理运行风险。

（2）提供高效率、低成本的外币清算服务。系统目前已开通美元、日元等8个结算币种，覆盖主要国际结算币种。系统主要处理支付类业务和信息服务业务，其中支付类业务主要包括境内跨行贷记业务和轧差净额业务。

系统提供高效的外币资金清算服务，外币资金清算时间由以往T＋1～T＋3日缩短到T＋0日。跨行贷记业务到账迅速，最快在1小时内资金到账。

系统实现了商业银行资金集中管理的需求，资金监测、使用效率大为提高；解决了时差和国外节假日与我国清算日安排相互冲突的问题，外币资金清算便捷性大为提高；系统设计的人性化，如“日终清算窗口”避免了“一家透支，全国一起等”的现象。

（3）营造公平的外币结算环境。以往境内中小金融机构外币清算渠道少，费用高，商业秘密得不到有效保护，加剧了客户流失现象。外币支付系统上线后，营造了公平的市场竞争环境，有利于中小金融机构的发展。

（4）适应中国人民银行强化外币资金流动监管的需要。以往，外币清算渠道众多，清算数据分散于各清算渠道中，中国人民银行难以及时、全面地监测外币资金运动的全过程。外币支付系统的运行，有利于中国人民银行及时掌握外币资金流动情况。

6. 同城票据交换系统

1）同城票据交换系统概述

同城票据交换是指同一城市（或区域）范围内，各商业银行之间将相互代收、代付的票据，定时、定点集中相互交换并清算资金存欠的方法。同城票据交换由中国人民银行集中监督并清算资金，票据交换之后的应收款、应付款总额最终通过集中清算交换实现轧差。

2）同城清算系统业务模式

同城清算系统根据业务处理方式不同分为手工、清分机和网络三种模式。

（1）手工模式。手工模式票据交换就是参加同城票据交换的银行机构在规定时间共同到票据交换所，按照规定的业务流程，把受理的跨行票据提交给相应提入行，同时接收他行提交的本行票据，票据交换所当场轧算各提出行、提入行本场票据交换资金清算差额。

（2）清分机模式。清分机是用于处理同城票据交换的集电子、机械、软件于一体的专门系统，即使用清分机专用支票、打码机和磁性墨水将需清算的票据逐张打码后提出，通过清分机自动读码、分拣、计算提入数据，并轧算票据交换资金差额。

（3）网络模式。网络模式就是利用现代计算机技术和通信网络开发建设的，能够高效处理参加同城票据交换的银行机构办理的各类区域内借记、贷记支付业务的支付清算系统。

7. 人民币跨境支付系统

1）人民币跨境支付系统概述

人民币跨境支付系统（Cross-border Interbank Payment System，CIPS）是由中国人民银行组织开发的独立支付系统，旨在进一步整合现有人民币跨境支付结算渠道和资源，提高跨境清算效率，满足各主要时区的人民币业务发展需要，提高交易的安全性，构建公平的市场竞争环境。

2）清算行和代理行模式

在2015年跨境银行间支付系统CIPS运作之前，主要有以下两种模式。

（1）清算行模式。境外人民币清算行通过中国现代化支付系统（China National Advanced Payment System，CNAPS）的大额支付系统与境内行传递清算信息，并通过其开立的人民币结算账户与境内行进行跨境人民币清算结算。由于除中国银行（香港）外其他境外清算行未与CHAPS链接，所以仍需通过中国银行（香港）接入CHAPS系统，在香港以外多个金融中心指定清算中心行，是缺乏跨境清算系统条件下的过渡性选择。

（2）代理行模式。境外人民币业务参加行可在境内代理行开立清算账户，通过全球银行间金融通信协会（Society for Worldwide Interbank Financial Telecommunications，SWIFT）系统跨境传递信息，境外参加行经由境内代理行通过CNAPS完成最终的清算结算。相对而言，代理行模式较为普遍。

3）CIPS系统的建设

我国以美国的联邦储备通信系统（Fedwire）和纽约清算所银行同业支付系统（Clearing House Interbank Payment System，CHIPS）作为参照，于2012年开始建立人民币跨境支付系统，作为人民币跨境银行间支付清算的主渠道。2015年，CIPS（一期）正式运行。该系统启用后，CNAPS主要从事境内清算，境外清算结算则由CIPS完成。境内，中资和外资银行可作为CIPS直接或间接参与者，境外银行可作为间接参与者。截至2018年3月底，CIPS共有31家境内外直接参与者，695家境内外间接参与者，实际业务范围已延伸到148个国家和地区。

4）CIPS系统的特征

不同于由中国人民银行拥有和运作的CNAPS，CIPS是企业拥有和运作的经营性机构，受中国人民银行监管。二者之间的关系和美国Fedwire与CHIPS关系类似。

CIPS直接成员限于境内中资和外资银行。这与CHIPS直接成员限于境内美资和外资银行相同。

CIPS与CNAPS相互独立，境内机构可作为这两个系统的直接参与者，而境外机构将不再与CNAPS直连，只作为CIPS的间接参与者。

两个系统间通过账户紧密联系，由CNAPS为CIPS提供最终清算结算。CIPS在CNAPS

的大额支付系统开立清算账户，账户资金属 CIPS 直接参与者。直接参与者通过大额支付系统向其 CIPS 账户注入清算资金，并在日内调增和调减资金，管理其 CIPS 账户的流动性，确保账户余额充足，日末余额归零。CHIPS 也是通过 Fedwire 在成员账户间贷/借记完成最终结算，CHIPS 成员需通过 Fedwire 账户向 CHIPS 账户注入和增减资金，进行当日支付指令结算，日末资金转回 Fedwire，账户余额归零。

8. 银行卡跨行交易清算系统

1）中国银联银行卡跨行交易清算系统

中国银联银行卡跨行交易清算系统（以下简称银行卡交易清算系统）是中国银联利用计算机技术和通信网络开发建设的专门处理银行卡跨行交易信息转接和交易清算业务的平台。银行卡交易清算系统与各商业银行行内业务系统连接，实现了系统间的互联互通和资源共享，进而使银行卡得以跨行、跨地区和跨境使用。银行卡交易清算系统有借记卡和信用卡、密码方式和签名方式共享系统资源等特点，为境内外人民币银联卡跨行业务的集中、高效处理提供了技术保障，其资金结算通过大额支付系统处理。自 2002 年以来，中国银联先后自主研发上线了第一代和第二代银行卡跨行交易清算系统、收单平台、风险系统等多套业务系统，满足了银行卡跨行交易信息处理、资金清算在交易处理能力和安全性、稳定性等多方面的要求。

（1）第一代银行卡交易清算系统。2004 年 12 月，第一代银行卡信息交换系统正式投入运行。该系统以“集中交换、统一清算”为目标，旨在通过建成一个覆盖区域广泛、业务品种齐全、处理功能强大、稳定高效的一体化银行卡跨行信息交换平台，最终实现国内银行卡信息的跨行交换集中处理，以及全国银行卡业务联网联合通用。

（2）第二代银行卡交易清算系统。中国银联于 2008 年启动第二代银行卡交易清算系统建设，并从 2010 年起陆续投入运营，核心功能仍然是银行卡跨行交易信息处理、资金清算。第二代银行卡交易清算系统具有“核心系统主辅、外围系统集中、运营管理统一、数据整合共享、系统灵活开发”的特点。第二代跨行交易清算系统仍由中国银联自主研发设计，拥有自主知识产权，实现了系统集中运营、资金集中清算和风险集中管理。

与第一代系统相比，第二代系统实现了核心系统主辅、外围系统集中，增强了系统抗灾难能力；网络架构更为标准化并通过整合架构，使应用系统更具灵活性和扩展性，安全措施覆盖面扩大，提高了安全技术保障水平，也进一步提升了运营能力。

2）中国银联业务发展情况

中国银联成立于 2002 年，是包括五大国有商业银行在内的 80 多家国内银行金融机构共同投资组建。经过十多年的飞跃发展，银联从最初同城联网通用、全国联网通用再到国际布局，目前已成为全球发卡量第一、交易量第一的银行卡组织机构，中国银联的成就主要体现在以下四点。

（1）实现了联网通用。在中国银联成立之前，各个银行的银行卡只能在自己的 POS 机上使用，商户“一柜多机”，刷卡成功率低。中国银联用大概两年的时间完成了全国各个银行卡的联网通用。

（2）中国银联统一了银行卡的标准。因为在中国银联成立之前，各家银行发的银行卡都以自己的标准制成。中国银联成立后，统一了我国银行卡技术标准、业务规则等方面，而且中国银联标准现在也逐步推向国外。

（3）拓展了国际网络，让我国的银行卡走出国门。中国银联成立初期并没有银联的品牌，现在这个品牌已经创造起来，并且在全世界推广应用。

（4）中国银联推动了银行卡产业上下游的发展。中国银联不仅极大地推广了银行卡产业链的发展，并不断推陈出新，比如银联手机闪付、银联二维码支付等。

第3章　数 字 货 币

3.1　货币形态演变

随着电子商务在全球迅猛发展，信息技术在支付体系中得到广泛应用，特别是区块链的兴起，使得货币出现了很多新的形态，如电子货币、虚拟货币等。人类科学技术的进步在不断推动货币的形态演变，具体如图3.1所示。

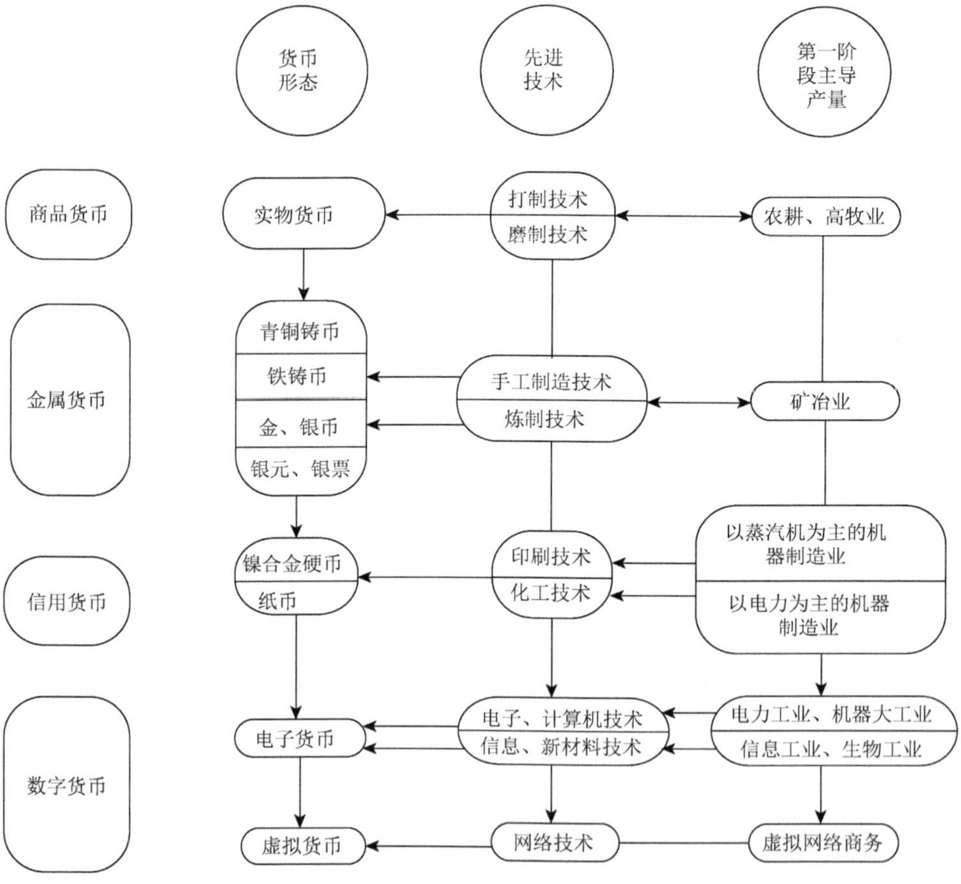

图3.1　货币形态演进与技术进步

3.1.1　实物货币和信用货币

在历史的长河里，货币的形态演变是缓慢的，其经历了实物货币、金属货币、铸币、纸币、法币等几个主要阶段。亚当·斯密认为货币最早的形态是以日常商品为主的实物货币，然后到易于携带、称量、切割、检验的金属货币，再到权威铸造的铸币。马克思认为货币从早期实物商品作为偶然的等价物，发展到金银作为一般等价物，具有历史必然性，金银天然不是货币，但货币天然是金银。凯恩斯区分了三种主要货币形态：商品货币、不兑换纸币和管理货币。

几千年的人类货币发展史，迄今只有两个真正的里程碑，就是实物货币和信用货币。第一个里程碑是实物货币：它是一种商品，本身就具有价值，它是以自身的价值来衡量其他商品的价值，从而充当商品交换的媒介，在历史上，很多商品都充当过货币，如贝壳、白银、黄金等。第二个里程碑是信用货币：信用货币发展历史比较广，真正在全世界广泛流通的信用货币有一百年左右的时间，信用货币本身并没有价值，它是由国家信用支撑和强制流通的货币，因此现代信用货币是以国家的形态和经济形态密切联系在一起的。

3.1.2 实物货币与记账货币

实物货币，早期是能够买卖，具备某种非货币的使用价值的商品，因此，也被称为商品货币。随着交易规模、频率和深度的发展，实物货币的具体形态也不断进化，实物货币的一个重大转变来自不可兑换的纸币的出现。纸币并不因其为“商品”而成为货币，而是因其代表权威的社会属性而由几乎毫无价值的实物变成了“实物货币”。在交换中，实物货币的所有权发生转移，与之相对的是商品所有权的转移。

早在公元前3000多年苏美尔古代文献就记录了人们借贷粮食和金属的活动。在信贷记录中商品和金属的数量只是数字而非实物。凯恩斯的《货币论》开篇就定义了“计算货币是表示债务、物价与一般购买力的货币”，这种对货币的定义是货币理论中的原始概念。

早期的记账货币有两个特点：①“信用”和“借贷”密不可分；②在实际的经济活动中跟实物货币紧密联系。记账货币所采用的单位往往是作为货币的实物的数量单位，如拥有悠久历史的重量单位谢克尔（shekel）成为银和银币的普遍使用的计量单位，并用于记账，在借贷活动中也往往以实物货币作为交割手段。因此，在历史长河中，记账货币主要存在于信贷活动中，并与实物货币关系紧密，而不是普遍使用的、独立的支付手段。

可见，记账货币是人们以数字记录方式确定归属和转移的货币。随着现代银行体系的出现，尤其是信用卡的出现和普及，以及Paypal支付、支付宝等网络支付方式在全球快速普及，最后的实物货币形态——纸币（现金）的使用范围和规模迅速缩小。

3.1.3 记账货币的形态

1. 传统形态

记账货币是以数字记录方式确定归属和转移的货币，记录方式的演变就是其形态的演变，简单说是“账本”的演变。这个演变过程与人类信息载体的演进是一致的。比如，美索不达米亚的记账载体是泥板，古希腊的石碑、古代中国的竹简等也是记账货币的载体。随着造纸术的出现，记账货币普遍以纸质账本为载体。

2. 电子货币

计算机的出现是人类信息记载和传播的革命性变革，也使得记账货币的形态发生根本性改变，实体账本被电子账本取代，记账货币进入电子货币时代。

电子货币时代首先表现为银行记账系统的电子化。1958 年第一台电子计算机在美洲银行用于储蓄业务，20 世纪 60 年代自动取款机开始代替出纳业务。进一步，电子通信开始用于银行间的资金传输与结算。1973 年成立的“全球银行间金融通信协会”成为全球最大的银行间电子结算网络。香港作为全球金融中心之一，20 世纪 80 年代就广泛使用了面向终端用户的电子金融服务系统，用户持有塑料卡片（银行卡、信用卡）不需要亲自到银行，就可以在电子计算机系统上完成转账业务，这种新型货币形态被称为“电子货币”。

互联网的出现是计算机出现之后的又一次信息技术革命，同样也带来记账货币形态的革新。20 世纪 90 年代，互联网开始快速商业化。1994 年 10 月斯坦福大学联邦信用合作社（Stanford Federal Credit Union，SFCU）成为首个在互联网上提供在线银行服务的金融机构。一些基于互联网的电子货币（electronic money）或数字现金（digital cash）相继出现，如后来被 MasterCard 收购的 Mondex 的用户可以通过电子钱包相互转账，Netcash 用户可以通过 Email 相互转账。1997 年可口可乐公司甚至开通了自动售卖机的移动支付。真正推动基于互联网的电子货币系统是 1999 年上线的美国 PayPal，2017 年，其交易次数达 76 亿笔，交易额达 4510 亿美元。尽管中国信息化起步较晚，但得益于互联网浪潮，在金融信息化建设和电子商务发展中，成功弯道超车。

基于互联网的支付系统仍然是通过电子信息记录和转移货币的记账系统，属于广义的电子货币的范畴，但与之前已经被称为“电子货币”的银行系统内部记录和转移的电子货币相比，互联网支付系统更加开放。

3. 数字货币

数字货币，最早由 David Chaum 在 1983 年提出，其利用盲签技术实现了完全匿名的数字货币。自此之后各种基于不同技术手段和密码算法方式的数字货币不断涌现，真正使得大众认识到数字货币的是比特币（Bitcoin），这是由日本人中本聪在 2008 年 11 月设计发布的，比特币是一个分布式的 P2P（peer-to-peer，个人对个人）网络系统，通过预设算法发行，是一种点对点的去中心化数字虚拟货币。据不完全统计，截至 2017 年底，全世界范围内大规模发行的非法定数字货币已达 150 种，比如熟知的比特币、以太币、门罗币、Zcash 等，但这类私人个体发行的货币相比较各国中央银行（政府）发行的货币而言，都存在着价格波动剧烈、安全漏洞大、缺乏有效监管等问题。

数字货币引起了各界广泛关注，也引发了世界各国中央银行对是否需要发行数字货币的研究。2018 年 2 月 2 日，南美洲的委内瑞拉正式开始预售该国发行的“石油币”，这是历史上的第一个由国家发行的法定数字货币。

数字货币的应用与研究正在全球掀起新的浪潮。2019 年 6 月 18 日，Facebook 公布加密货币项目 Libra 白皮书。同年 8 月 10 日，在“第三届中国金融四十人伊春论坛”中，中国人民银行支付结算司副司长穆长春就中国人民银行数字货币的进展做出发言：中国在推行数字货币和支付方面具有显著优势，因为支付宝、微信支付的推广，中国人对无现金支付已经非常熟悉，数字货币已经呼之欲出。

3.2 电子货币与数字货币

3.2.1 电子货币

现代货币的存在形式主要有两种：一种是有形的实物货币，另外一种是无形的电子货币。有形货币主要指金属、纸张、塑料等有形载体记录的货币，如现金。无形货币目前主要是指基于电、光、磁等物理特性的存储单元作为无形载体记录的电子货币。但是关于电子货币，迄今也没有统一的定义，所以对迄今 20 余年有关权威机构的定义进行梳理，有助于对电子货币的理解和诠释。

1. 电子货币的界定

1）巴塞尔银行监管委员会给出的定义

1998 年，巴塞尔银行监管委员会将电子货币界定为：在零售支付机制中，通过销售终端、各类电子设备以及在公开网络上执行支付的储值产品和预支付机制。所谓“储值产品”，是指保存在物理介质中可用来支付的价值，如 Mondex 智能卡等，“预支付机制”则是存在于特定软件或网络中的一组可以传输并可用于支付的电子数据，通常被称为“数字现金”。

2）国际清算银行给出的定义

国际清算银行最早将电子货币分为两类，即储值产品和存取产品，几乎囊括所有电子化支付手段。但是，国际清算银行随后对定义进行了修正，指出电子货币产品是指“储值型”或者“预付型”产品，持有人将可以使用的资金或者价值存储在电子设备上。电子货币主要包括两类：一种是卡基电子货币，货币价值被存储在含有芯片的塑料卡中；另一种是以网络或者软件为基础的电子货币，货币价值被存储在计算机或者软件中。电子货币包括多用途预付卡以及在互联网上使用的预付型或者储值型支付机制。即持有人可以拥有存储在电子设备上的资金或者价值并运用于多种场合的一种储值产品或预付型产品。

3）欧盟中央银行给出的定义

1998 年，欧盟中央银行《电子货币报告》将电子货币定义为一种可以存储货币价值且广泛用于向发行商之外的其他人支付而不必开设银行账户的预付型电子设备。

2000 年，欧盟《电子货币指令》将电子货币定义为持有人拥有的一种货币价值请求权，它存储在电子设备上，收取的资金不少于已经发行的货币价值，并被发行商之外的其他企业接受为支付方式。这是世界上关于电子货币的第一个法定定义。

2008 年，欧盟委员会在修订《电子货币指令》所提交的影响评估中指出，电子货币定义不清晰。“电子货币”定义要求其必须“存储在电子设备上”。因此，该定义被认为技术上只限于一种电子货币形式（特别是卡基电子货币），并不包括市场上在售的各种预付型产品（如“以服务器为基础”的电子货币）。

2014 年，欧盟委员会对电子货币重新下定义，即电子货币是以电子设备或远程终端服务器为介质，以电子数字的形式作为现金替代物的货币。

2. 电子货币的特点

电子货币在使用范围上，与传统通货基本一样，具有交易行为的自主性、交易条件的一致性、交易方式的独立性和交易过程的可持续性等通货应具有的特性。同样电子货币也可被分割、易于携带。电子货币除了具有货币的这些一般属性外，与传统纸币相比，电子货币以其方便、灵活、快捷，集存款、贷款、转账、汇兑于一身而备受人们的青睐。它具有以下特点：

（1）电子货币以计算机技术为基础，进行存储、计算、转账和支付活动；

（2）电子货币可广泛应用于生产、交换、分配和消费等领域；

（3）电子货币集储蓄、信贷、消费和非现金结算等多种功能于一体；

（4）主要以银行卡为载体；

（5）电子货币具有简便、安全、迅速、可靠的特征。

3.2.2 数字货币

1. 数字货币的含义

随着信息社会的发展，货币形态面临革命性变化，电子货币的普及以及数字货币的到来已成为不可阻挡的趋势。从供给侧看，网络、移动通信、密码算法及各种新型技术的成熟为数字货币提供了环境条件与支撑；从需求侧看，数字化时代需要支持数字经济高效交易的硬通货。然而，信息技术在推动货币形态演变的同时，也造成了货币概念上的诸多歧义，容易引起误解，概念层的不统一易造成逻辑层与实践层的混乱。

在现代金融体系中，货币与支付紧密联系。支付工具是货币完成支付功能时的载体与介质，支付要素通常包括渠道、参与方、支付指令及结算账户。当支付业务由计算机处理时，其介质往往被称为“电子货币”，因此其概念覆盖范围最广，它一方面包含了中央银行发行的 CB 储备金和结算账户，另一方面还囊括了银行部门的存款货币及其衍生出来的银行卡、网银、第三方支付工具。

区别于以上已经成熟应用的电子货币，数字货币是指以数字形式存在的货币，纯数字化、不需要物理载体的货币。

但是数字货币迄今仍没有一个权威地定义，这说明数字货币是个处于发展中的新事物。欧洲银行管理局认为数字货币是价值的数字化表示，既非中央银行或公共当局发行，也不与法定货币挂钩，但由于被自然人或法人接受，数字货币可作为支付手段，也可以以电子形式转移、存储或交易。国际货币基金组织的报告指出，数字货币代表价值的数字化表示，且基于电子形式获取，从而实现存储和交易等多种用途。

2. 数字货币的分类

根据发行主体的不同，数字货币可以分为私人数字货币和法定数字货币两种。私人数字货币是由私人发行的货币，而法定数字货币是由一国中央银行发行的数字货币，发行主体为国家，国家进行信用背书，具有法币性质。数字货币得到各国中央银行的重视是从私人数字货币的兴起开始的，私人数字货币的蓬勃发展始于比特币的刺激，此外随着数字货币的发展，逐渐出现了以太币、莱特币、瑞波币等为代表的其他私人数字货币。比特币之后的许多私人数字货币都是参照比特币源码进行设计，有一些对比特币做了一定改进，比如莱特币。

私人数字货币如比特币，在全球现在已经有许多企业接受其进行付款，比如微软、戴尔等大型 IT 企业，Overstock 等百货企业，星巴克等食品饮料企业等，但是其价值波动较大，会给企业带来一定的收入波动，因此微软曾经一度暂停比特币付款选项，后来又重启比特币付款通道。私人数字货币价值近几年一直不太稳定，原因在于其作为一个新事物，刚出生难免有些脆弱，受到法律法规影响较大，另外由于发行方为私人，其信用不如国家，因此用户对于私人数字货币欠缺信任。法定数字货币为法定货币，国家强制力保证其成为法币，因此法定数字货币随出现那天起便具备货币属性，其价值也比较稳定。

3.3　私人数字货币

3.3.1　私人数字货币的内涵

数字货币是指以数字形式存在的货币。私人数字货币是数字货币的重要组成部分，特指私人发行或者没有发行主体的非法定数字货币，通常是依靠密码学、区块链和分布式账本技术产生的一种拥有价值的数据表现形式。

3.3.2　私人数字货币的特点

1. 私人数字货币是去中心化货币

数字货币的基础——区块链的特点就是去中心化。区块链通过一系列数学算法建立一整套自治机制，使得人们可以不需要中介机构的帮助，就可以自由而安全地做到点对点的货币转移，并由参与者自发而公平地完成货币的发行。任何机构都无权利，也无法关闭它，它不受任何国家、政府机构及中央银行的管控。

但实际上以上只是一种理想状态，目前的不少数字货币做不到完全的去中心化，并且在该不该完全去中心化这一点上还存在着不小的争议。有人认为去中心化的效率实在是太低，完全去中心化是混乱的开始，还是需要中心化机构来提高效率；有的人认为，不去中心化的数字货币是没有意义的。

2. 私人数字货币是加密的、匿名的货币

私人数字货币是以密码学的安全通信为基础（也就是非对称加密、数字签名等技术），使用密码学的设计（hash 函数、共识算法）来确保货币流通各个环节的安全性，确保无

法进行双重支付。基于密码学的设计可以使数字货币只能被真实的拥有者转移或支付。

拥有这些货币的唯一凭证就是所掌握的密钥，系统只会对使用者的密钥进行验证而不会获取关于用户的任何信息，任何操作都是匿名的。

3. 私人数字货币是不可篡改，公开透明的货币

私人数字货币的本质是一个互相验证的公开记账系统，这个系统所做的事情，就是记录所有账户发生的所有交易，每个账号的交易都会记录在全网总账本（区块链）中，而且每个人手上都有一份完整的账本，每个人都可以独立统计出比特币有史以来每个账号的所有账目，也能计算出任意账号的当前余额，因此系统里任何人都没有唯一控制权，系统稳定而公平。

数字货币的交易一经确认，将被记录在区块链中，无法改变或撤销。这意味着任何人，不管是不法分子、商家、银行，都不可以通过删除或修改交易记录的方法来进行诈骗，但如果你把数字货币汇给了骗子当然也无法取回。

4. 私人数字货币可以传递价值

互联网的电子货币只能做信息的传递而无法做价值的传递。例如，支付宝对用户银行账户进行操作，实际货币的结算可能是在 24 小时，甚至一个月之后进行的，价值的传递是脱离信息的传递而滞后的，并严重依赖于整个支付体系的运作。

私人数字货币网络中转账，本身就是价值的转移，数字货币本身是完全虚拟的，它代表的是价值的使用权，而转账就是对价值的使用权进行再授权。

3.3.3　私人数字货币的货币属性分析

作为一般等价物的货币有五个职能，但基本职能只有两个，即价值尺度和流通手段，其中价值尺度是其根本。以下就以私人数字货币的典型代表比特币为例分析私人数字货币的货币属性。

1. 价值尺度

私人数字货币的特点使其暂时难以具备价值尺度职能。一方面，纵观全球各国的货币，其所代表的价值无不是由该国的法律所赋予的，并由此具备了价值尺度的职能。而私人数字货币由于其去中心化的特点，缺乏国家信用的支撑，不具有与法定货币等同的法律地位，因此在可预见的将来仍难以充当价值尺度。另一方面，作为价值尺度的货币，其交换价值（或内在价值）必须具有相对的稳定性，否则将无法作为衡量商品价值的尺度。而如比特币等私人数字货币由于其总量有上限及交易匿名性等特点，吸引着大量炒家，使得私人数字货币多具有很强的投机性。大幅波动的数字货币怎能成为货币呢？

2. 流通手段

现实中私人数字货币在有限范围内执行着流通手段职能。当货币被用来作为商品流通或商品交易的媒介时，它便执行着流通手段的职能。私人数字货币由于不是法定货币，不具有法定货币所具有的法定价值，在商品交易中不具有法偿性和强制性，但它的确在一定的范围内流通，起着流通手段或交易媒介的作用。例如，许多面向科技玩家的网站以及比特币交易平台都接受比特币交易；许多比特币交易平台还提供比特币兑换美元、欧元等服务。在现实世界中，个别商家已开始接受比特币支付，消费者只需将一定数量的比特币转账到商家账户，即可完成支付。更有甚者，2013 年 10 月，世界首台比特币自动提款机在加拿大温哥华启用，用户可以通过该提款机，从自己的比特币账户中取出按比值对应的加拿大元现金，也可将现金存入比特币账户，打通了比特币与现金的互换通道。由此看来，比特币在一定程度上执行流通手段的职能。

3. 价值贮藏作用

私人数字货币虽不是法定货币，但却可以在有限范围内充当流通媒介，这是因为私人数字货币在一定程度上具有价值贮藏作用。在私人数字货币的持有者中，绝大多数持有者都认为私人数字货币总量有上限、未来有升值空间，他们持有私人数字货币，目的是等待将来获利（而不是为了购物所需），相当于“囤积待售”。也正因为如此，私人数字货币只在现实世界中很小的范围内充当了支付手段和世界货币，现实中绝大多数交易仍然需要依靠法定货币来完成。也就是说，私人数字货币仅在一定程度上具备了货币性，但因为其程度很弱，还远远不是完全意义上的货币。

贮藏手段、支付手段和世界货币只是货币的附属职能，具备了货币附属职能的物品并非必然是货币。如有些非货币金融资产和实物资产都可以在一定程度上起到价值贮藏功效，但由于它们不具备货币的两个基本职能，尤其是价值尺度职能，因而不是货币；支付手段和世界货币这两个附属职能亦如此。私人数字货币之所以具有有限的货币性，也正是因为它只在有限范围内具有流通手段这一货币基本职能，显然它不是真正意义上的货币。

3.3.4 私人数字货币的典型案例——比特币

1. 比特币简介

比特币是一种 P2P 形式的虚拟的加密数字货币。点对点的传输意味着一个去中心化的支付系统。

与传统的货币不同，比特币不依靠特定货币机构发行，它依据特定算法，通过大量的计算产生。比特币使用整个 P2P 网络中众多节点构成的分布式数据库来确认并记录所有的交易行为，并使用密码学的设计来确保货币流通各个环节的安全性。P2P 的去中心化特性与算法本身可以确保无法通过大量制造比特币来人为操控币值。基于密码学的设计可以使比特币只能被真实的拥有者转移或支付，这同样确保了货币所有权与流通交易的匿名性。比特币与其他虚拟货币最大的不同，是其总数量非常有限，具有极强的稀缺性。

2. 比特币运行原理

比特币的本质其实就是一堆复杂算法所生成的特解。特解是指方程组所能得到有限个解中的一组，而每一个特解只能解开一个对应的方程。以钞票来比喻的话，比特币就是钞票的冠字号码，你知道了某张钞票上的冠字号码，你就拥有了这张钞票。而挖矿的过程就是通过庞大的计算量不断地去寻求这个方程组的特解，这个方程组被设计成了只有 2100 万个特解，所以比特币的上限就是 2100 万个。

要挖掘比特币可以下载专用的比特币运算工具，然后注册各种合作网站，把注册来的用户名和密码填入计算程序中，再单击运算就正式开始。完成比特币客户端安装后，可以直接获得一个比特币地址，当别人付钱的时候，只需要自己把地址贴给别人，就能通过同样的客户端进行付款。在安装好比特币客户端后，它将会分配一个私钥和一个公钥。需要备份保管好包含私钥的钱包数据，才能保证财产不丢失。如果不幸完全格式化硬盘，个人的比特币将会完全丢失。

3. 比特币交易方式

比特币是类似电子邮件的电子现金，交易双方需要具备类似电子邮箱的“比特币钱包”和类似电邮地址的“比特币地址”。和收发电子邮件一样，汇款方通过电脑或智能手机，按收款方地址将比特币直接付给对方。

比特币地址是 34 位长的、由字母和数字构成的一串字符，总是由 1 或 3 开头，例如"1GyQZPCGYMTmqY7NFhdWUrScyadRdz8WJD"。比特币软件可以自动生成地址，生成地址时也不需要联网交换信息，可以离线进行。

比特币地址和私钥是成对出现的，其关系就像银行卡号和密码。比特币地址就像银行卡号一样用来记录在该地址上存有的比特币数。用户可以随意地生成比特币地址来存放比特币。每个比特币地址在生成时，都会有一个相对应的该地址的私钥被生成出来。这个私钥可以证明用户对该地址上的比特币具有所有权。可以简单地把比特币地址理解成为银行卡号，该地址的私钥理解成为所对应银行卡号的密码。正如只有在知道银行密码的情况下才能使用银行卡号上的钱，在使用比特币钱包时必须保存好地址和私钥。

比特币的交易数据被打包到一个“数据块”或“区块”(block) 中后，交易就算初步确认了。当区块链接到前一个区块之后，交易会得到进一步的确认。在连续得到 6 个区块确认之后，这笔交易基本上就不可逆转地得到确认了。比特币对等网络将所有的交易历史都储存在“区块链”(block chain) 中。区块链在持续延长，而且新区块一旦加入区块链中，就不会再被移走。区块链实际上是一群分散的用户端节点，并由所有参与者组成的分布式数据库，是对所有比特币交易历史的记录。

中本聪预计，当数据量增大之后，用户端希望这些数据并不全部储存自己的节点中。为了实现这一目标，他采用引入散列函数机制。这样用户端将能够自动剔除掉那些自己永远用不到的部分，比方说极为早期的一些比特币交易记录。

3.3.5 私人数字货币的发展趋势——稳定币

1. 稳定币的定义

从数字货币近几年发展情况来看，数字货币虽有安全的一面，但存在规避监管的问题，易成为洗钱和恐怖融资工具，尤其是数字货币具有极大投机风险，价值波动很大。为应对潜在风险，近来数字货币领域出现了“数字稳定币”（stable coin，也称稳定币）的概念。稳定币，顾名思义，即币值稳定的数字货币。

2. 稳定币的发展概括

2015年Tether公司发行了USDT（Tether USD），2017年MakerDAO发行了去中心化抵押稳定币DAI。USDT宣称与美元挂钩，并提供1∶1的兑换服务；DAI的发行由不同种类的数字资产构成的抵押池作为发行保证。这两种稳定币在币值稳定方面作出了一些尝试，但运作仍然不透明，且缺乏监管。

2018年9月，美国交易所Gemini和区块链创业公司Paxos同时获得了美国纽约金融服务局的批准，可以在受政府监管的情况下发行锚定美元的数字货币 GUSD 和 PAX。GUSD与美元1∶1锚定，用户可将交易所Gemini账户内的美元兑换为GUSD，并将GUSD充值到指定的以太坊地址内，同时也可以反向操作将GUSD兑换回美元，PAX与其类似。两者都是基于以太坊ERC-20智能合约发行，并且每月都要进行账户审计，如果产生风险，执法部门可以通过执法手段进行冻结等操作。

3. 稳定币的特点

GUSD、PAX和USDT都是由私人企业基于足额美元抵押而发行的。由于USDT的抵押资产缺乏监管且不透明，业界普遍怀疑其存在超发可能。而GUSD和PAX获得了正规金融机构的支持和监管认可，资产的质量更有保障，持有风险较低，逐步替代了一部分对 USDT 的需求。但它们仍然是由私人发行方来保证信用，一旦抵押资产出现损失，存款保险机构只承担有限赔偿，与法定货币相比信用风险依然很大。

4. 稳定币的发展趋势

1）稳定币Libra简介

稳定币的真正代表无疑是2019年6月18日Facebook宣布将推出的加密货币Libra。

Facebook在白皮书中宣称，推出Libra是为了打造一个新的去中心化区块链、一种低波动性加密货币和一个智能合约平台。目前全球仍有17亿成年人未接触到金融系统，无法享受传统银行提供的金融服务，而在这之中，有10亿人拥有手机，近5亿人可以上网；同时，现有的加密货币在保值和交换媒介方面均表现欠佳。Facebook将携手金融部门进行合作和创新，共同建立更低成本、更易进入、联系更紧密的全球金融系统。

Facebook还表示Libra的目标是成为一种稳定的数字加密货币，将全部使用真实资产储备（称为“Libra储备”）作为担保，并由买卖Libra并存在竞争关系的交易平台网络提供支持。Libra并不与单一货币“挂钩”，也不会使用黄金作为支持，而是将采用一系列低波动性资产（比如，由稳定且信誉良好的中央银行提供的现金和政府证券）进行抵押。

2）稳定币Libra特点

稳定币Libra的十大要点，如下。

（1）“低波动性”加密货币。Libra 由 Association 的本地智能合约区块链平台 Libra

Blockchain 提供支持，该平台设计为“安全，可扩展且可靠。”它主要致力于解决加密货币的两个问题，为全球无银行账户和促进低费用资金转账提供银行服务。

（2）由非营利组织管理。Libra 的管理机构 Libra Association 是一家位于日内瓦的非营利组织，最终将拥有 100 名地域多元化的创始成员。目前的创始成员包括 Uber，PayPal，VISA 和硅谷投资巨头 Andreessen Horowitz 等。该协会称，没有任何成员将控制超过 1% 的区块链网络。

（3）计划过渡到无权限。Libra 正在开始获得许可的区块链，这意味着（与比特币不同）只有创始成员才能访问网络。但随着时间的推移，Libra 有计划过渡到一个无权限的网络，这意味着“任何一方都无法单方面改变网络规则”。

（4）伪匿名交易。Libra 的所有非监管交易都是伪匿名的。这意味着加密货币的交易金额、时间戳和公共区块链地址仅对网络上的成员可见，不会保存使用区块链的人的个人数据。托管钱包等产品可以完成离线交易，并可能要求客户遵守“了解客户”（KYC）规定。

（5）Libra 的储备。Libra 的储备将包括一系列“低波动性”资产，如银行存款和来自稳定中央银行的货币（如美元、英镑、欧元和日元）和政府证券。Libra“没有与单一货币挂钩，也没有任何现实货币的固定价值”。

（6）证券型代币发行（security token offering，STOL）。Libra 还将发布一种安全令牌，作为资助激励计划和支付运营成本的一种方式。作为证券，它们仅供认可投资者使用。持有人可以从储备利息中获得潜在利润。

（7）运行节点的成本。作为验证者节点的企业必须对该协会颁发的价值 1000 万美元的 Libra 投资代币进行初始最低投资。协会估计运行验证器节点将产生约 280 000 美元的年度成本。非政府组织、多边组织、社会影响合作伙伴（SIP）和大学不需要投资加入该协会，但他们必须支持其节点的运行。

（8）FinCEN 注册实体。Facebook 创建了 Calibra，以确保“社会和财务数据之间的分离，并在 Libra 网络上代表它建立和运营服务”。Calibra 在 FinCEN 注册为货币服务商（MSB）并于 2019 年 2 月获得在美国所有 50 个州以及 9 个联邦和地区开展业务的许可。Calibra 的 MSB 注册号是 31000141265767。

（9）监管。以 Libra Blockchain 为基础的开发商将有责任遵守其运营所在辖区的法律法规。Libra 区块链本身不受监管。

（10）2020 年启动。Libra 加密货币和底层区块链网络于 2020 年推出。测试网将在近期发布。开发人员将能够阅读，构建，提供反馈，并参与 bug 赏金计划。

3.4　法定数字货币

数字货币按照发行主体的性质不同可以分为法定数字货币和私人数字货币，法定数字货币是国家中央银行对公众发行的数字货币。在法定数字货币方面，虽然塞内加尔、突尼斯等非洲国家已率先进入民众应用状态，但由于这些国家非主流货币国身份的限制，实际示范效果很小。法定数字货币因为是各国中央银行发行，所以又多称为中央银行数字货币。

3.4.1　中央银行数字货币的定义

国际上关于中央银行数字货币（central bank digital currency，CBDC）的研究已有多年，但是迄今对中央银行数字货币还没有一个权威的定义。国际清算银行在 2018 年度报告中将 CBDC 解释为“与实物现金或中央银行储备/结算账户不同的中央银行资金的新变体”，并提出了一个“货币之花”的概念模型（图 3.2），从四个方面对数字货币进行分类与定义：发行人（中央银行或非中央银行）、货币形态（数字或实物）、可获取性（广泛或受限）及实现技术（基于账户或基于代币）。

在国际清算银行“货币之花”中，中央银行数字货币堪称“花蕊”（对应深灰阴影区域），它是一种数字化的货币形态，其发行人是中央银行。其实这种形式可以是基于账户的中央银行数字货币；也可不基于账户，是记于名下的一串由特定密码学与算法构成的数字，可以称为基于价值（Value）或基于令牌（Token）的中央银行数字货币。根据应用场景不同，又可分为批发端和零售端中央银行数字货币。前者应用于银行间支付清算、金融交易结算等；后者流通于社会公众。所以，中央银行数字货币可以分为三部分：结算账户（通用）、数字令牌（通用）与数字令牌（批发模式）。当前，中国人民银行将正在研发的中央银行数字货币界定为 M0 级别数字货币（即现金），因此可对应“货币之花”中的中央银行储备与结算账户（通用）和中央银行数字令牌（通用）两块区域。

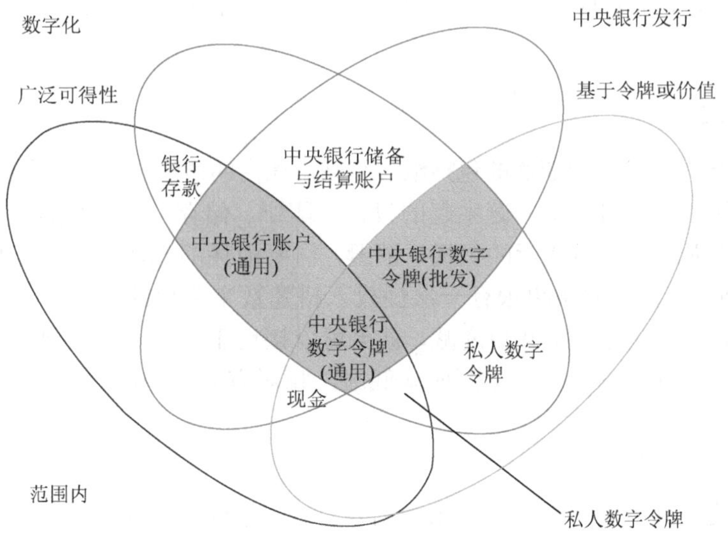

图 3.2　货币之花——数字货币分类

3.4.2　中央银行数字货币的特点

1. 法偿性

货币的法偿性是指货币在一国境内由法律明确规定，国家强制力保证其流通，任何人不得以任何理由拒绝接受以此种货币进行支付或是偿还债务，否则将面临法律制裁的属性。主权国家的法定货币均具备此属性，在我国，人民币是法定货币，而法定数字货币与纸钞、硬币一样同为人民币的一种形式，自然也具备法偿性的特征。未来我国发行法定数字货币，也应当由法律明确其法偿性。

2. 便捷性

“支付即结算”是法定数字货币的显著特征。法定数字货币是法币的完全数字化，人们不需要像电子货币一样借助第三方而是通过数字账户实现所有的资金往来活动。实体货币的携带、银行烦琐手续的办理、金融票据的开兑、货币真伪的检验都不再需要，取而代之的只是简单的数字账户与电子终端设备。人类将进入真正意义上的无现金社会，人们的生活将十分便捷简单。

3. 币值相对稳定

法定数字货币是由一国中央银行（政府）发行的法定货币，是主权货币一种新的形态，其代表的是国家信用，具有和主权货币一样的法偿性和强制性，法定数字货币不像比特币、以太币等私人发行的数字货币，由于这些货币发行数量的有限性和受众面的局限性，从本质上来讲这些所谓的“货币”都不算是货币，只是数字投资资产的一种，其价格往往直接由供给的数量和市场的接受程度所影响，币值波动反复无常，需要不断对这些私人发行的货币进行实时定价，而政府发行的法定数字货币相对更稳定，受众面更广，社会接受程度更高。

4. 低成本性

据统计，每年在我国境内流通的包括纸钞与硬币在内的传统实体货币大约有60000亿元，这样庞大的实体货币存量，从其诞生起的设计、印刷、储存，到发行后的运输、流转、管理，再到意外破损或升级换代后的更换、销毁，需要消耗的成本就达到千亿级别。而数字货币从理论上来讲，只需要中央银行一次性投入搭建数字货币的运行和管理平台的沉没成本，此后数字货币的发行成本逐步递减，甚至可以接近于零。且数字货币不依赖于实体网点和人工服务，基础设施和人力资源成本低廉，相对有着较少的物力和人力投入。

5. 监管更加全面有效

由于法定数字货币由一国的中央银行所发行，所有的支付清算业务都可以直接由中央银行所建立的支付结算系统所管理，不仅简便了交易环节，而且提升了经济交易活动的透明度，中央银行可以更好地控制货币供给和货币流通。从监管方面的角度来讲，只要在技术可行的条件下，在法律允许的范围之内政府完全可以掌握每笔使用法定数字货币进行交易的经济活动，并根据经济运行情况，制定相应的货币政策，更好地调控市场，以提升中央银行的监管能力，除此之外，也可以对法定数字货币在市场上流通的数量进行计算，并根据数据实时调整相应的监管政策。

3.4.3 中央银行数字货币建设思路

中央银行的账户向社会公众开放，允许社会公众像在商业银行一样在中央银行开户，相当于中央银行开发了一个“超级支付宝”，面向所有的C端客户服务。国际清算银行认为这样形成的中央银行货币是数字货币，将其称为基于账户（account）的中央银行数字货币。

另一种可能的数字货币是中央银行以比特币这种技术发行的代币，可称为基于代币（Token）的中央银行数字货币（central bank crypto currency，CBCC），这类货币既可以面向批发，也可以面向零售。基于账户还是基于代币，代表了两种不同的技术路线。

在技术架构上，中央银行数字货币体系可分为两类：一元体系和二元体系。一元体系是指中央银行以类似于“超级支付宝”的方式直接为客户提供服务，但世界大多数中央银行并不认可这一方式，不愿意直接向公众提供数字货币服务，而是希望复用传统金融体系，与金融机构合作，将中央银行置于后端，前端的服务则交由金融机构提供。中国人民银行提出的二元体系即这一思路，国际上称为双重架构，这一思路正逐渐成为各国的共识。无论是一元体系还是二元体系，都是数字货币在金融体系内展开的思路。

当前，中国人民银行正在开展数字货币研发试验。由于第三方支付的异军突起，中国的账户体系走在全世界前列。但实际上，许多人认为，真正代表未来技术发展方向的数字货币应是基于加密货币技术的中央银行数字货币，即CBCC。目前学界和业界均在积极开展CBCC模式的探索，许多人认为，CBCC可以让客户真正自主管理自己的钱，而不是交给第三方，真正赋予客户自由的权利。虽然尚不能肯定它就是将来的方向，但至少目前来看，这是最热门的前沿焦点。

3.4.4 中央银行数字货币发展现状

截至2019年，推出中央银行数字货币的国家已有6个，分别是厄瓜多尔、突尼斯、塞内加尔、马绍尔群岛、乌拉圭、委内瑞拉。

日本也在计划推出自己的全国通用数字货币“J COIN”，这种数字货币将由瑞穗金融集团和日本邮政银行牵头的银行财团进行规划和推出，这两家银行都已获得日本银行和金融监管当局的支持。这种新的数字货币设想是普通大众将可通过智能手机支付和转账。

伊朗与委内瑞拉一样，既是石油出口大国，又需要应对美国的经济制裁，也打算发主权数字货币。2018年2月23日，伊朗政府有官员对外表示，伊朗国营的邮政银行正开发一种加密数字货币。

遭遇货币贬值困扰的瑞典也正在计划开发数字货币“ekrona”。

2017年12月，路透社报道称，以色列中央银行为创建一个更为快捷的支付系统和减少现金量，正考虑推出官方数字货币。

关于是否发行法定数字货币，国外各个中央银行的态度差异较大，2018年时任美国财政部长的努钦就表示，现在没有必要发行国家数字货币。在欧洲地区，英格兰银行行长在 2018 年 3 月的苏格兰经济会议上提道：对于中央银行数字货币的前景，英格兰银行持开放态度，并正全力加以研究。德国中央银行认为首要的目标是保持价格稳定，中央银行发行数字货币的法律效力并不包括发行数字货币产品，主张让市场主体来决定哪一种支付方式更便捷，让竞争机制发挥作用，并不直接干预市场，也不对某一种支付方式做推广和支持。挪威银行于 2018 年 5 月 18 日发布工作文件称：正在考虑开发自己的数字货币作为现金的补充，以确保民众对货币和货币体系充满信心。俄罗斯中央银行副主席表示俄罗斯正在进行大量的数字货币实验，旨在研发一种国家数字货币。她认为国家级的加密货币就是未来，全世界所有国家接受及使用国家数字货币只是时间问题。

3.5 中国人民银行数字货币

3.5.1 中国人民银行数字货币的定义和特点

1. 中国人民银行数字货币的定义

2018 年 3 月 9 日，时任中国人民银行行长周小川在十三届全国人大一次会议记者会上对我国法定数字货币概念做出诠释：中国人民银行发行的法定数字货币叫作数字货币/电子支付（digital currency/electronic payment，DC/EP），是融合加密技术的数字化人民币，其本身性质就是货币，目的是逐渐取代现金，与现有货币和支付方式共同发展。

2. 中国人民银行数字货币的特点

1）采取双层运营体系

中国人民银行数字货币设计了双层的运营投放体系而不是由人民银行直接对公众发行数字货币的单层运营体系。在双层运营体系下，上层是中国人民银行，由中国人民银行对发行的法定数字货币做信用担保，因此中国人民银行的数字货币与人民币一样具有无限的法偿性；运营投放体系的下一层由不同的商业银行构成，商业银行等机构负责面向公众发行数字货币的同时，需要向中国人民银行缴纳全额准备金，以保证数字货币不超发。

2）注重 M0（现金）的替代

中国人民银行数字货币本质上是区块链版的“人民币”，保持了现钞的属性和主要特征，也满足了便携和匿名的需求。保证交易双方是匿名的同时保证三反（反洗钱、反恐怖融资、反逃税）。中国人民银行数字货币的匿名非真匿名，只是保证了交易双方的匿名而已，就是我把钱转给你，你不知道我是谁。但中国人民银行在区块链系统里是看得明明白白，中国人民银行可以知道你的钱从哪来，是不是非法的收入，洗钱行为将彻底暴露在阳光之下。逃税就更难了，你的所有收入将被精准统计。货币的归属和流动将被完全监测。

3）中国人民银行负债

为了保证中国人民银行数字货币不超发，商业机构向中国人民银行全额、100%缴纳准备金，数字货币依然是中国人民银行负债，由中国人民银行信用担保，具有无限法偿性。

4）坚持中心化管理模式

采取中心化的模式，因为纯区块链结构无法满足高并发，其次中国人民银行本身代表了国家信用，不存在信任问题，中国人民银行数字货币加强了宏观审慎和货币调控职能，进一步巩固了其中心化地位。

3.5.2 中国人民银行数字货币发展历程

以 2014 年时任中国人民银行行长周小川提出进行法定数字货币研发为起点，在过去的六年，中国人民银行以数字货币研究院为核心，联合数家商业银行，从数字货币方案原型、数字票据等多维度研究数字货币的可行性，并取得 74 项相关专利。

2019 年 8 月 2 日，中国人民银行召开 2019 年下半年工作电视会议，明确指出下半年要加快推进我国法定数字货币（DC/EP）的研发步伐，并及时跟踪国内外虚拟货币发展趋势。

3.5.3 中国人民银行数字货币运营模式探究

1. 双层运营投放体系的考量

1）降低中国人民银行的运营压力

我国幅员辽阔、人口众多、经济结构复杂，在我国发行数字货币是一项极其复杂的系统工程。单层的数字货币运营投放体系将让中国人民银行独自面对所有公众，给中国人民银行的运营工作带来极大的挑战。

2）充分应用商业银行资源

商业银行等机构已经发展出了比较成熟的 IT 技术设施和服务体系，在金融科技的运用和相关人才储备等方面已经积累了一定的经验，采用双层运营体系可以充分发挥商业银行等机构在资源、人才和技术等方面的优势。

3）降低运营风险

中国人民银行发行的数字货币面向的用户是十几亿公众，系统规模庞大，想要保证稳定高效地运行非常不容易，面临诸多风险。双层的运营体系有助于化解风险，避免风险过度集中。

4）有利于稳定金融秩序

在单层的数字货币运营投放体系下，可能会导致金融脱媒。中国人民银行面向公众直接投放的数字货币在信用等级上要高于商业银行的存款货币，可能会对商业银行存款产生挤出效应，进而影响商业银行的贷款投放能力。

2. 双层运营投放体系的影响

1）不改变流通中货币的债权债务关系

中国人民银行发行数字货币不改变流通中货币的债权债务关系。货币是中央银行对公众的负债，当国家凭借国家信用强制规定法定货币而不再依赖黄金储备时，这种信用关系和负债关系也没有改变。从这种角度来说，所有流通中的货币包括发行的数字货币也都是中国人民银行的负债。

2）不改变现有的货币投放体系和二元账户结构

中国人民银行发行数字货币并不改变现有的货币投放体系和二元账户结构。以 1994 年 10 月中国人民银行出台的《银行账户管理办法》为起点，经过 20 多年的发展，我国已经基本形成了由二元账户结构支撑的货币投放体系。中国人民银行的数字货币也采用了与二元账户结构相似的双层投放运营体系，如图 3.3 所示。

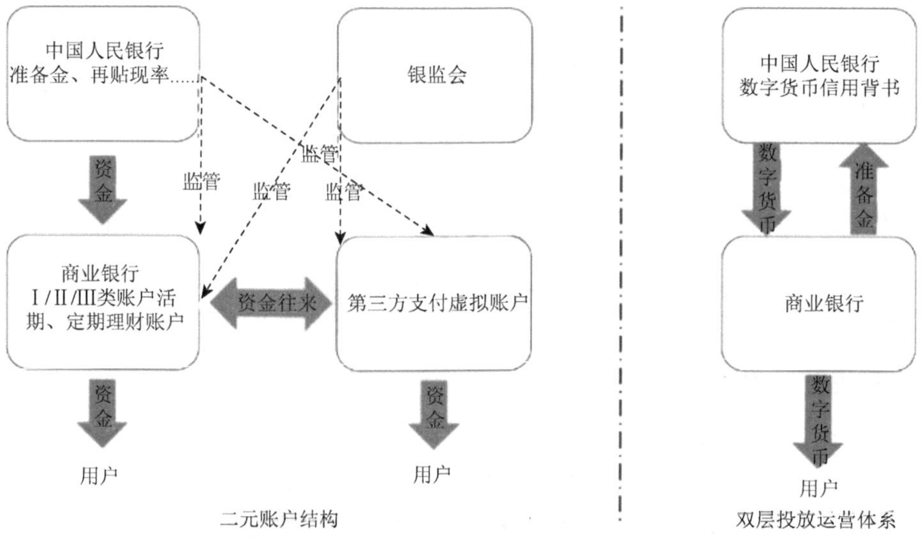

图 3.3　二元账户结构与双层投放运营体系的比较

3）不会强化顺经济周期效应

经济增长一般会经历萧条、复苏、繁荣、危机完成一个完整的周期，在经济繁荣时，扩张的货币政策便是顺周期政策，在经济萧条时又变成逆周期政策；类似地，紧缩的货币政策在经济繁荣时是逆周期政策，而在经济萧条时是顺周期政策。经济繁荣时扩张的货币政策会加大通货膨胀的压力，经济萧条时紧缩的货币政策会加大通货紧缩的压力，为顺周期效应。中国人民银行发行的数字货币并不对现有的货币政策传导机制产生影响，因此与顺周期效应天然隔绝。

3.5.4　中心化管理模式

中国人民银行数字货币采用了中心化的管理模式，这与以比特币为代表的去中心化数字货币有着本质区别，包括以下几点。

（1）中国人民银行数字货币仍然是中央银行对社会公众的负债，这种债权债务关系并没有随着货币形态的变化而改变。

（2）为了保证并加强中国人民银行的宏观审慎和货币调控职能，需要继续坚持中心化的管理模式。

（3）中国人民银行数字货币的双层运营投放体系下由指定的机构进行货币的兑换，这需要中心化的管理以避免指定运营机构的货币出现超发。

（4）只要二元账户结构和原有的货币政策传导机制没有改变，中国人民银行的中心管理模式和地位也就不会改变。

3.5.5 体系架构

中国人民银行数字货币曾考虑过如图 3.4 所示的体系架构，核心要素可抽象为“一币、两库、三中心”。“一币”是指，由中国人民银行担保并签名发行的代表具体金额的加密数字串。“两库”是指数字货币发行库和数字货币商业银行库，前者是中国人民银行在数字货币私有云上存放数字货币发行基金的数据库，后者是商业银行存放数字货币的数据库。“三中心”是指认证中心、登记中心和数据中心。认证中心意味着中国人民银行对数字货币机构及用户身份信息进行集中管理。登记中心则负责数字货币用户权属登记和数字货币流水记录。认证中心和登记中心之间必须有“防火墙”制度，以保障合法持币用户的隐私，这一分离机制就是“前台自愿、后台实名”的基础。数据中心是指中国人民银行可以运用大数据深入分析货币的发行、流通、储藏等，为货币政策、宏观审慎监管和金融稳定性分析等干预需求提供数据支持。

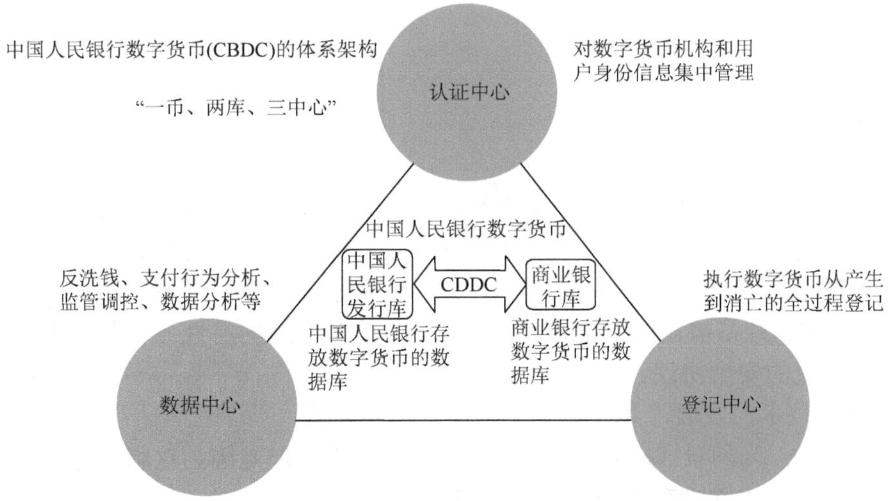

图 3.4 数字货币“一币、两库、三中心”体系架构图

数据来源：中国人民银行数字货币研究所

第 4 章　网上支付安全

电子商务的产生和发展极大地改变了人们的生活方式，随着互联网的技术飞速发展，如今人们越来越多地进行网上购物，然而网络购物需要进行网络支付。众所周知，Internet 是一个开放的网络，任何一台计算机都可以接入、发布互联网信息等，进行各种互联网商业活动。同时也给予一些别有用心的组织与个人提供各种破坏互联网交易的行为，如窃取银行账号、密码等。所以，网络支付安全十分重要，它包含了物理硬件到人员管理的各个方面，任何一个方面的缺陷都将会影响到整个电子商务系统的安全性。

4.1　网络安全 SSL 协议

由于网络技术发展的局限和互联网本身的开放性，网上的交易面临着各式各样的安全威胁，其中电子商务的安全问题尤为突出。电子商务发展的核心问题就是网上交易的安全性，这是网络交易的基础，也是技术难点。所以针对电子商务存在的安全问题，目前电子商务安全采用了一系列的安全技术来实现。常用的技术有计算机网络安全技术、加密技术、认证技术以及电子商务安全协议。典型的电子商务安全协议有安全套接层（secure socket layer，SSL）和安全电子交易（secure electronic transaction，SET）协议，本节主要介绍 SSL 协议。

4.1.1　SSL 协议的概述

SSL 协议位于 TCP/IP 层与应用层之间，主要是为高层协议提供安全服务，其目标是保证应用之间的通信保密性与可靠性。到目前为止，SSL 已经成为互联网上保密通信的工业标准，现在市面上通用的 Web 浏览器基本上都是将 SSL 技术和 HTTP 技术相结合。与此同时，SSL 技术经常被应用到电子商务领域，其简单易用的特性已使其成为电子商务方面应用最为广泛的安全协议。

纵观 SSL 技术的发展，其经历了 3 个版本，分别是。

（1）SSL1.0：为网景（Netscape）公司的内部应用，但是因为该版本存在严重的漏洞与缺陷，所以该版本并没有发行被广泛使用。

（2）SSL2.0：该版本使得 SSL 技术真正地发展起来，网景将 SSL2.0 正式投放入市场并收到奇效，不久之后各个公司相继在自己的产品中加入 SSL 技术，渐渐地 SSL2.0 技术成为了实际上的工业标准。

（3）SSL3.0：1996 年，网景公司改进了 SSL2.0 中相应的技术缺陷，同时对原有的技术进行了较大范围的更改并推出了 SSL3.0 版本，其支持更多种的加密算法，同时安全性进一步提高。不久后 SSL3.0 被国际互联网工程任务组（Internet Engineering Task Force，IETF）采纳。

1996 年，IETF 授权传输层安全工作组制定相应的传输层安全协议（TLSP），其目标是在互联网上统一 SSL 的标准版本。TSL WG 就利用当时存在的 SSL2.0 与 3.0、PCT1.0（私人通信技术）和 SSH2.0 编写 TLSP 协议的请求评论文档 RFCs。该文档与 1996 年 12 月被作为 Internet 草案发行。TLSP1.0 被列入 RFC2246 标准文件，实质上 TLSP 和 SSL3.0 相同，它们之间有很多相似之处，同时 TLSP1.0 兼容 SSL3.0。

SSL 提供以下三方面的服务：①用户和服务器的合法性认证，使得用户和服务器能够确认数据将被送到指定且正确的客户机和服务器上，为了验证用户的合法性，相应的客户机与服务器都有各自的识别号，SSL 协议将在握手交换数据中进行数字认证。②隐藏被传送的数据，即加密相应的数据，使数据在传送过程中外界不可见。其采用对称密钥或公开密钥进行加密，具体来说即在数据交换之前，先交换初始的握手信息，在握手信息中有着各种加密技术，从而保证数据传输过程中的机密性和安全性，同时经过数字认证防止数据被非法破译。③保护数据的完整性，SSL 协议采用了散列函数和机密共享的技术在数据传输过程中为用户提供细腻完整性服务，通常其作业于客户机与服务器之间的安全通道，所有经过协议处理过的数据都可以完整且准确无误地到达相应的目标机器。

4.1.2　SSL 协议体系结构

SSL 协议位于 TCP/IP 协议模型的网络层和应用层之间，其与应用层的协议无关，许多更高层级的应用层协议（如 HTTP、TELNET、FTP 协议等）都是建立在 SSL 协议之上的。其使用 TCP 来提供一种可靠的端到端的安全服务，它使客户/服务器应用之间的通信不被攻击窃听，并且始终对服务器进行认证，还可以选择对客户进行认证。SSL 协议在应用层通信之前就已经完成加密算法、通信密钥的协商，以及服务器认证工作，在此之后，应用层协议所传送的数据都被加密。SSL 协议的体系结构如表 4.1 所示。

表 4.1　SSL 协议的体系结构

<table>
<tr><td colspan="6">高层的应用层协议（HTTPS、IMAPS、IRCS、FTPS 等）</td></tr>
<tr><td colspan="2">SSL 握手协议</td><td colspan="2">SSL 修改密文协议</td><td colspan="2">SSL 报警协议</td></tr>
<tr><td colspan="6">SSL 记录协议</td></tr>
<tr><td colspan="3">用户数据报协议（UDP）</td><td colspan="3">传输控制协议（TCP）</td></tr>
<tr><td colspan="6">网际协议（IP）</td></tr>
</table>

（1）SSL 记录协议（SSL record protocol）：建立在可靠的传输协议（如 TCP）之上，为高层协议提供数据封装、压缩、加密等基本功能的支持。

（2）SSL 握手协议（SSL handshake protocol）：建立在 SSL 记录协议之上，用于在实际的数据传输开始前，通信双方进行身份认证、协商加密算法、交换加密密钥等。SSL 协议实际上是 SSL 握手协议、SSL 修改密文协议、SSL 警告协议和 SSL 记录协议组成的一个协议族。

SSL 协议中定义了两个通信主题：客户和服务器，其中客户是协议的发起者。同时 SSL 协议有两个重要的概念：会话与连接。会话表示用户和服务器间的关联；而连接是提供一种合适的服务传输，SSL 连接都是瞬时的，每个 SSL 连接都与一个 SSL 会话相关联。

4.1.3 SSL 记录协议

SSL 记录协议为 SSL 连接提供了两种服务：①机密性服务，在握手协议中，其为 SSL 提供两种行之有效的常规密码定义共享的保密密钥；②消息的完整性服务，在握手协议中必然会生成相应的 MAC，从而定义共享保密密钥。在 SSL 协议中，所有的传输数据都被封装在记录中。记录是由记录头和长度不为 0 的记录数据组成的。

SSL 记录协议位于 SSL 协议的底层，用于定义传输数据的格式，加密/解密、压缩/解压缩、MAC 计算等操作。SSL 记录协议将高层的协议数据分成较小的单元，并对它进行压缩、附加消息认证码 MAC、加密、附加 SSL 记录头，然后通过低层的传输层协议发送，其过程接收消息的过程正好与发送消息的过程相反，即解密、验证、解压、拼装，然后送给高层协议，如图 4.1 所示。

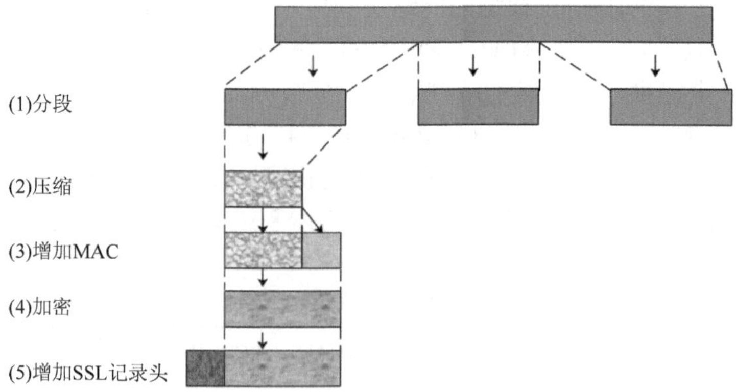

图 4.1　SSL 记录协议的操作流程

（1）分段。把上层传送来的数据信息块切分为小于或等于 2^{14} 字节的 SSL 明文记录。记录中包含类型、版本号、长度和数据字段。

（2）压缩。使用当前会话状态中定义的压缩算法对被切分后的记录块进行压缩。压缩算法将 SSL 明文记录转化为 SSL 压缩记录。压缩是可选的，且必须是无损压缩，同时需对原文长度的增加不能超过 1024 字节。

（3）增加 MAC。在压缩数据上计算消息认证 MAC。所有的记录均采用在当前的加密约定中定义的加密算法和报文验证 MAC 算法加以保护。当握手结束后，参与双方共享一个用于加密记录和计算消息认证码 MAC 的公开密钥。

（4）加密。对压缩数据及 MAC 进行加密。加密和消息认证码（MAC）函数将 SSL 压缩记录加密转换为 SSL 密文记录。传输时将包含一序列号，这样即使包丢失、被改变或包被重复收到时也可以及时发现。

（5）增加 SSL 记录头。SSL 记录头：由 5 个字节组成，第一个字节说明使用 SSL 记录协议的高层协议类型，如 20 表示更改密码说明协议、21 表示报警协议、22 表示握手协议、23 表示应用数据协议；第二个字节表示主要版本号，如对于 SSLv3.0，值为 3；第三个字节表示次要版本号，如对于 SSLv3.0，值为 0；第四、第五个字节表示明文数据（如果选用压缩则是压缩数据）的长度，如表 4.2 所示。

表 4.2　SSL 记录协议字段

内容类型	主要版本	次要版本	压缩长度
明文（压缩可选）			
MAC（0，16 或 20 位）			

注：明文、MAC 为加密部分

从上层传来的信息进行分组形成不超过规定长度的明文数据，填充到数据结构 SSLPlaintext 中，针对每一个明文数据结构，采用事先协商好（握手协议）的压缩算法进行压缩。压缩好的数据将利用在握手协议中协商好的加密算法和 MAC 算法进行加密和保护，最终形成 SSLCiphertext 密文数据结构进行传输。

4.1.4　SSL 握手协议

握手协议是位于 SSL 记录协议纸上的最重要的子协议，且是 SSL 协议中最复杂的部分。该协议是客户机与服务器的相互验证，通过协商进行加密和保密密钥以及 MAC 算法，由此来保护 SSL 记录中传输的数据。握手协议须在应用程序进行数据传输之前使用。

1. 握手协议中的消息

握手协议中存在一系列有服务器与客户机的交换消息组成，每个消息有 3 个字段。

（1）类型（1 个字节）：表示消息的类型，在握手协议中规定了 10 种消息。

（2）长度（3 个字节）：消息的字节长度。

（3）内容（大于或等于 1 字节）：与本条消息相关的参数。

SSL 握手协议中规定了 10 种消息类型，表 4.3 中列出了各种消息的参数。

表 4.3 各种消息的参数

消息类型	参数
Hello Request	Null
Client Hello	Version、Random、Sessionld、CipherSuite、Compression Methods
Server Hello	Version、Random、Sessionld、CipherSuite、Compression Methods
Certificate	X.509 v3 证书
Server Key Exchange	Parameters、Signature
Certificate Request	Type、Authorities
Sever Hello Done	Null
Certificate Verify	Signature
Client Key Exchange	Parameters、Signature
Finished	Hash Value

（1）Hello Request。利用 Hello Request 消息可以在客户端和服务器端之间交换设计安全的属性内容。当一个新的会话开始时，加密规则中的加密算法、散列算法以及压缩算法均初始化为空。

（2）Client Hello。客户端发送给服务器的第一个信息，该消息也可能是在初始化的同时发送，其目的是为一个已存在的连接设置相应的安全属性。该消息包括它所支持的密码组，密码组中有密码算法和钥匙大小。

（3）Server Hello。服务器选择客户和服务器都支持的密码组发送到客户端，该消息可能有两种结果：连接错误或返回服务器 Hello 消息。

（4）Certificate。服务器发送一个证书或一个证书链到客户端，一个证书链开始于服务器公共钥匙证书并结束于证明权威的根证书。这个消息是可选的，但服务器需要证书时，必须使用它。

（5）Server Key Exchange。服务器当发送来的公共钥匙对钥匙交换不是很充分时，发送一个服务器钥匙交换消息。

（6）Certificate Request。若服务器没有证书或一个仅用于签名的 RSA 证书时，它将发送服务器密钥交换消息，如为匿名、短暂的 Diffie-Hellman 或仅用于签名的 RSA 证书等。如果服务器用固定的 Diffie-Hellman 参数已经发送了证书或未用到 RSA 交换则不需要此消息。

（7）Server Hello Done。服务器告诉客户完成它的初始化流通消息。

（8）Certificate Verify。在网络程序中，它主要是用来允许服务器结束对客户的鉴别处理。当用这个消息时，客户发送用密码函数的数字签名的信息到服务端，当服务端用公共钥匙解密这个消息时，服务器能够鉴别客户。

（9）Client Key Exchange。客户产生用于对称算法的一个钥匙。对 RSA 客户用服务器公共钥匙加密这个钥匙信息并把它送到服务器。

（10）Finished。客户端与服务器向对方告知已准备好安全数据通信，这是 Client-Server 握手协议最后一步。

2. 握手协议的工作过程

一般情况下，将客户端与服务器之间的信息交换分为四个阶段：建立安全能力、认证服务器与密钥交换、认证客户与密钥交换、结束。握手过程如图 4.2，握手协议的四个阶段如下所示。

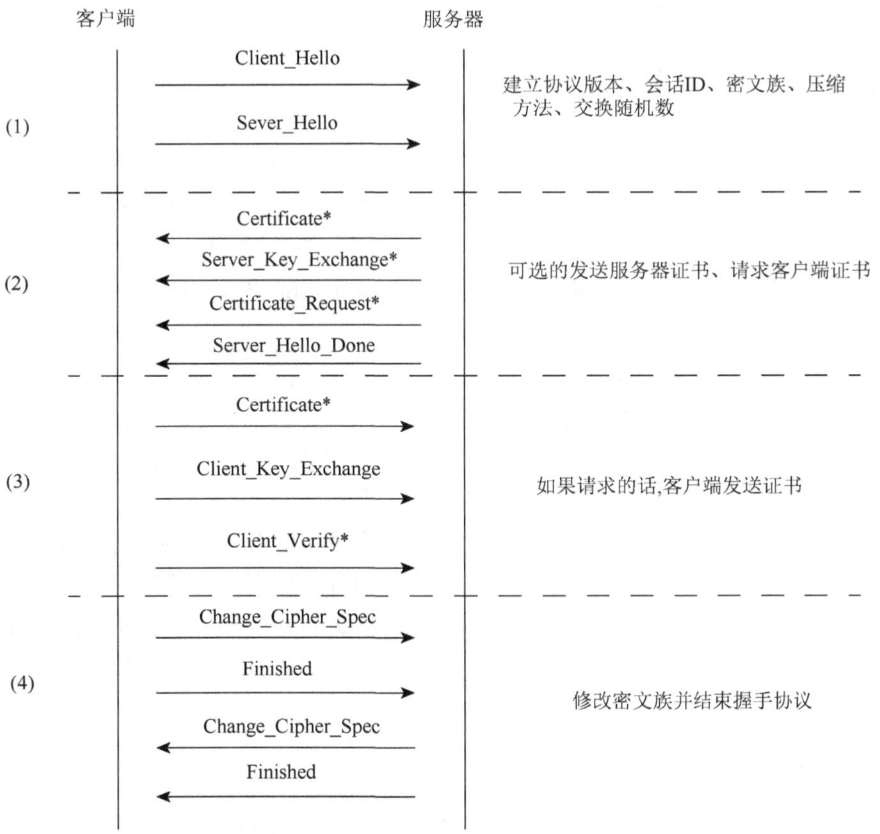

注：带*的传输是可选的,或者与站点相关的,并不总是发送的报文。

图 4.2　握手协议的过程

1）建立安全能力

客户机向服务器发送 Client Hello 报文，服务器向客户机回应 Server Hello 报文，建立如下的安全属性：协议版本、会话 ID、密文族、压缩方法，同时生成并交换用于防止重放攻击的随机数。密文族参数包括密钥交换方法（Deffie_Hellman 密钥交换算法、基于 RSA 的密钥交换和另一种实现在 Fortezza chip 上的密钥交换）、加密算法（DES、RC4、RC2、3DES 等）、MAC 算法 CMD5 或 SHA-1、加密类型（流或分组）等内容。

2）认证服务器和密钥交换

在 hello 报文之后，如果服务器需要被认证，服务器将发送其证书。如果需要，服务器还要发送 Server Key Exchange。然后，服务器可以向客户发送 Certificate Request 请求证书。服务器总是发送 Sever Hello Done 报文，指示服务器的 hello 阶段结束。

3）认证客户和密钥交换

客户一旦收到服务器的 Server Hello Done 报文，客户将检查服务器证书的合法性（如果服务器要求），如果服务器向客户请求了证书，客户必须发送客户证书，然后发送 Client Key Exchange 报文，报文的内容依赖于 Client Hello 与 Server Hello 定义的密钥交换的类型。最后，客户可能发送 Client Verify 报文来校验客户发送的证书，这个报文只能在具有签名作用的客户证书之后发送。

4）结束

客户发送 Change Cipher Spec 报文并将挂起的 Cipher Spec 复制到当前的 Cipher Spec。这个报文使用的是改变密码格式协议。然后，客户在新的算法、对称密钥和 MAC 秘密之下立即发送 Finished 报文。也让 shed 报文验证密钥交换和鉴别过程是成功的。

服务器对这两个报文响应，发送自己的 Change Cipher Spec 报文、Finished 报文。握手结束，客户与服务器即可发送应用层数据。

当客户从服务器端传送的证书中获得相关信息时，需要检查以下内容来完成对服务器的认证；时间是否在证书的合法期限内；签发证书的机关是否是客户端信任的；签发证书的公钥是否符合签发者的数字签名；证书中的服务器域名是否符合服务器自己真正的域名。服务器被验证成功后，客户继续进行握手过程。

同样地，服务器从客户传送的证书中获得相关信息认证客户的身份时，需要检查；用户的公钥是否符合用户的数字签名；时间是否在证书的合法期限内；签发证书的机关是否是服务器信任的；用户的证书是否被列在服务器的轻量级目录访问协议（lightweight directory access protocol，LDAP）里用户的信息中；得到验证的用户是否仍然有权限访问请求服务器资源。

3. 恢复对话

当恢复一个已存在的会话时，握手协议的流程将会被简化。这个过程是：客户端发送 Client Hello 消息，其中的 SessionID 是要回复的会话 ID。服务器检查当前状态中是否有符合该 ID 的会话，如果有服务器将在相应的状态下建立一个新的连接，服务器会紧接着发送一个含有相同的 SessionID 的 Sever Hello 消息；如果服务器没有找到符合 SessionID 的会话，则需要生成一个新的 SessionID，建立新的会话。接下来双方都发送 Change Cipher Spec 和 Finished 消息，一旦握手完成，双方开始交换数据。

当通过恢复一个会话建立连接时，这一新的链接继承该会话状态下的压缩算法、CipherSpec（密码规格）和 Master Secret（主密钥）。但在这个新链接中，客户端和服务器均会产生新的随机数（包括在 Client Hello 和 Server Hello），新的随机数和当前会话中的主密钥一起用来生成此链接使用的密钥、MAC 密钥和初始向量等。

4.1.5　SSL 的其他协议

SSL 协议还包括另外两个协议，分别为 SSL 更改密码规格协议和 SSL 警告协议。

SSL 更改密码规格协议是由 Change Cipher Spec 组成的只包含一个字节的单个消息，该消息的作用是将预生效的密码规范复制为现行的密码规范，并且将其更新进当前的密码组。本质上来说就是将预备状态复制到当前状态，通知对方此消息之后发送的消息采用了新的参数。

对于客户和服务器来说，它们都存在两种状态：读状态（read state）和写状态（write state）。读状态即解密、解压缩等过程；写状态是压缩、加密等过程。在 SSL 中定义了两种状态。

（1）当前操作状态包含了记录层正在实施的压缩、加密、计算 MAC 算法和密钥等操作。

（2）未决状态包括了与握手协议协商好的压缩、加密、计算 MAC 算法以及密钥等操作。

在客户或者服务器接收到该消息时，会立即把待定的读/写状态中的内容复制到当前的读/写状态中去。

SSL 警告协议，也称 SSL 告警协议、SSL 报警协议，是用来为对等实体传递 SSL 的相关警告。如果在通信过程中某一方发现任何异常，就需要给对方发送一条警示消息通告。该协议报文是由严重级别和警告代码两部分组成。同时，该协议的每条消息有两个字节，第一个字节为两个值：1 或 2，分别代表警告（warning）和错误（fatal），表达消息的严重性。其中，Fatal 级报警即致命级报警，它要求通信双方都要采取紧急措施，并终止会话，如在数据传输过程中，发现有错误的 MAC，双方就需要立即中断会话，同时消除自己缓冲区相应的会话记录；而对 Warning 级报警即警告级报警的处理，通常是通信双方都只进行日志记录，它对通信过程不造成影响，以下是一些警告信息。

•unexpected_message：接收了不合适的报文。
•bad_record_mac：收到了不正确的 MAC。
•decompression_failure：解压缩函数收到不适当的输入。
•illegal_parameter：握手报文中的一个字段超出范围或与其他字段不兼容。
•certificate_revoked：证书已经被废弃。
•bad_certificate：收到的证书是错误的。
•certificate_expired：证书已经过期。
•handshake_failer：握手过程失败。

4.1.6　SSL 的认证与加密算法

1. 加密算法和会话密钥

无论是 SSL2.0 还是 SSL3.0，都支持相应额加密算法有：RC2、RC4、IDEA 和 DES。加密算法主要用的是由 MD5 散列函数产生的主密码。同时，RSA 定义了 RC2 和 RC4，

RC2 是用于块加密，RC4 主要用于流加密。

利用安全密钥交换生成的临时主密码，可分为以下两步。

（1）交换 pre_master_secret，其交换有两种可能性。

•RSA：客户端生成 48 字节的 pre_master_secret，利用服务器的公共 RSA 密钥加密后，发送到服务器中去，然后服务器利用私钥解密密码再恢复为原先的 pre_master_secret。

•Diffie Hellman 客户端和服务器端都生成相应的 Diffie Hellman 公钥，在其交换后，双方再用该算法生成共享的 pre_master_secret。

（2）通信双方计算 master_secret。客户端和服务器端双方的 master_secret 的计算如下：

master_secret＝MD5 （pre_master_secret||SHA （'A'||pre_master_secret||ClientHello.random|| ServerHelllo.random））||MD5（pre_master_secret|| SHA（'BB'||pre_master_secret|| ClientHello.random|| ServerHello.random））||MD5 （pre_master_secret||SHA （'CCC'|| pre_master_secret|| ClientHello.random|| ServerHello.random））

其中，ClientHello.random 与 ServerHello.random 是初始化 Hello 消息中的两个临时交换值。

2. 认证算法

SSL 中采用的认证算法为 X.509 公钥证书，通过 DSS 或 RSA 算法进行数字签名来实现。其中包括客户认证、服务器认证两方面。

客户认证是利用正确的客户方私钥加密的内容才能够被服务器方的公钥解开。当客户方收到服务器发出的 Request Certificate 消息时，将回应相应的 Certificate Verify 消息，同时在消息中客户使用 MD5 散列函数来计算消息的摘要，然后利用私钥对摘要进行加密，并形成相应的数字签名，等待服务器认证身份。

服务器认证是处于握手协议的服务器和密钥交换阶段，服务器发送到客户端的 Server Key Exchange 消息含有私钥加密的数字签名。具体加密步骤是：首先，计算散列值 hash（ClientHello.random || ServerHello.random || SeverParams）。在这些散列值中不但有 Diffie Hellman 或 RSA 参数，同时也包括相应的随机数，从而提升了其安全性能。利用 DSS 签名时，是采用 SHA-1 散列算法；利用 RSS 签名时，是采用 MD5 或 SHA-1 算法。

4.2 电子商务安全支付协议 SET

4.2.1 SET 协议概述

1. SET 的产生

SET 协议是指为了实现更加完善的即时电子支付应运而生的。SET（secure electronic transaction）协议，被称为安全电子交易协议，是由 Master Card 和 VISA 联合网景、微软等公司，于 1997 年 6 月 1 日推出的一种新的电子支付模型。SET 协议是

B2C（business-to-customer）上基于信用卡支付模式而设计的，它保证了开放网络上使用信用卡进行在线购物的安全。SET 主要是为了解决用户、商家、银行之间通过信用卡的交易而设计的，它具有保证交易数据的完整性，交易的不可抵赖性等优点，因此它成为目前公认的信用卡网上交易的国际标准。

电子商务在提供机遇和便利的同时，也面临着一个最大的挑战，即交易的安全问题。在网上购物的环境中，持卡人希望在交易中保密自己的账户信息，使之不被人盗用；商家则希望客户的订单不可抵赖，并且，在交易过程中，交易各方都希望验明其他方的身份，以防止被欺骗。针对这种情况，由美国 Visa 和 MasterCard 两大信用卡组织联合国际上多家科技机构，共同制定了应用于 Internet 上的以银行卡为基础进行在线交易的安全标准，这就是 SET。它采用公钥密码体制和 X.509 数字证书标准，主要应用于保障网上购物信息的安全性。

由于 SET 提供了消费者、商家和银行之间的认证，确保了交易数据的安全性、完整可靠性和交易的不可否认性，特别是保证不将消费者银行卡号暴露给商家等优点。因此，至 2012 年，它成为公认的信用卡/借记卡的网上交易的国际安全标准。

SET 主要应用于 B2C 模式中保障支付信息的安全性。SET 协议本身比较复杂，设计比较严格，安全性高，它能保证信息传输的机密性、真实性、完整性和不可否认性。

2. SET 的主要目标

SET 协议要达到的五个目标。

（1）保证电子商务参与者信息的相互隔离。客户的资料加密或打包后经过商家到达银行，但是商家并不能看到客户的账户和密码信息。

（2）保证信息在 Internet 上安全传输，防止数据被黑客或被内部人员窃取。

（3）解决多方认证问题，不仅要对消费者的信用卡认证，而且要对在线商店的信誉程度认证，同时还有消费者、在线商店与银行间的认证。

（4）保证了网上交易的实时性，使所有的支付过程都是在线的。

（5）规范协议和消息格式，促使不同厂家开发的软件具有兼容性和互操作功能，并且可以运行在不同的硬件和操作系统平台上。

3. SET 提供的安全服务

为了保证用户网上交易的安全性，SET 协议为电子交易提供了许多保证安全的措施。它能保证电子交易的机密性、数据完整性、交易行为的不可否认性和身份的合法性。

1）保证客户交易信息的机密性和数据完整性

SET 协议采用了双重签名技术对 SET 交易过程中消费者的支付信息和订单信息分别签名，使得商家看不到支付信息，只能接收用户的订单信息；而金融机构看不到交易内容，只能接收到用户支付信息和账户信息，从而充分保证了消费者账户和定购信息的安全性。

2）确保商家和客户交易行为的不可否认性

SET 协议的重点就是确保商家和客户的身份认证和交易行为的不可否认性。其理论基础就是不可否认机制，采用的核心技术包括 X.509 电子证书标准，数字签名，报文摘要，双重签名等技术。

3）确保商家和客户身份的合法性

SET 协议使用数字证书对交易各方的合法性进行验证。通过数字证书的验证，可以确保交易中的商家和客户都是合法的，可信赖的。

4. SET 的参与者

SET 的参与者主要包括以下几种：持卡人、商家、支付网关、认证机构、发卡银行、收款银行。其中，持卡人是消费者，即发卡银行发行的支付卡的授权持有者；商家是提供销售或服务，Web 商城需安装一套符合 SET 标准的网关软件，在收款银行开有自己的收款账户，并从认证机构获取一张数字证书；支付网关为收款银行所有，是连接银行专用网络与 Internet 的一组服务器，主要完成通信、协议转换和数据加解密功能，从而使支付网络在 SET 和银行卡支付网络之间完成授权和支付功能；认证机构是一个为持卡人、商家、支付网关发行 X.509v3 数字证书的可信实体，为每个参与交易的参与者生成一个数字证书并安装一套符合 SET 标准的 CA 软件；发卡银行是授权与清算操作的主要参与者，为持卡人建立一个银行账号，同时发行一张信用卡或借记卡，在符合银行规则的前提下，持卡人可使用信用卡进行交易；收款银行是授权与清算操作的主要参与者，其应为 SET 商户开一个银行账户，并为持卡人处理信用卡的授权与清算。

5. SET 的交易流程

SET 交易过程中需要对商家，客户，支付网关等交易各方进行多方身份认证，因此它的交易过程相对复杂，下面是基于 SET 的一个完整的交易流程。

（1）客户在网上商店选中商品后，和商家进行协商与洽谈，然后发出请求购买信息。

（2）商家要求客户利用电子钱包付款。

（3）电子钱包提示客户输入口令后与商家交换握手信息，确认商家和客户两端均合法。

（4）客户的电子钱包形成一个包含订购信息与支付指令的报文发送给商家。

（5）商家将含有客户支付指令的信息发送给支付网关。

（6）支付网关在确认客户信用卡信息之后，向商家发送一个授权响应的报文。

（7）商家向客户的电子钱包发送一个确认信息。

（8）将款项从客户账号转到商家账号，然后向顾客送货，交易结束。

从以上的交易购物流程可以看出，SET 交易过程十分复杂，在完成一次 SET 协议交易过程中，需验证电子证书九次，验证数字签名六次，传递证书七次，进行签名五次，四次对称加密和非对称加密。通常完成一个 SET 协议交易过程大约要花费 1.5～2 分钟，由于各地网络设施的质量和设备数量参差不齐，完成一个 SET 协议的交易过程可能需要耗费更长的时间。

4.2.2　SET 的安全机制

SET 采用数字签名、消息摘要、数字信封、X.509 数字证书标准、双重签名等安全机制，如使用数字证书对交易多方进行身份核验，使用数字签名技术可以确保数据的完整性和不可否认性。SET 规范通过制定相应的标准以及制定一系列的技术手段，从而解决困扰电子商务发展的安全问题，在电子商务交易环节上提供了更大的信任度、更完整的交易信息和更高的安全性。

1. SET 的加解密及认证过程

SET 协议中采用的加解密及认证机制主要是利用对称密钥和非对称密钥体制，其过程如图 4.3 所示。

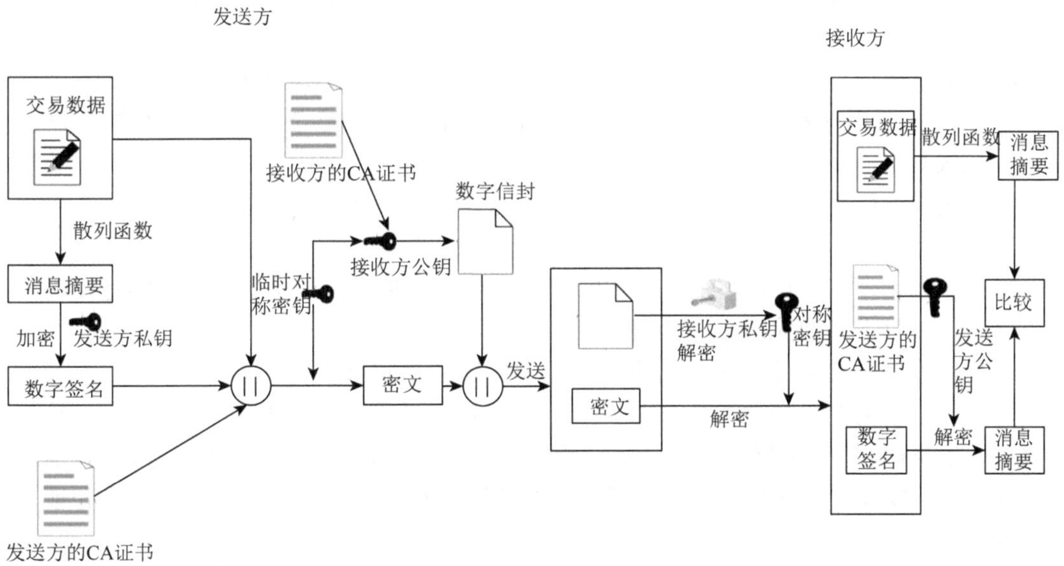

图 4.3　SET 加解密及认证过程

消息的发送过程如下：①发送方首先对交易数据做散列运算，形成相应的信息摘要；②发送方用自己的私钥加密消息摘要，生成数字签名；③利用临时对称密钥加密交易数据、数字签名和发送方的 CA（Certificate authority，认证机构）证书，形成密文；④接收方的 CA 证书提供接收方的公钥，形成对称密钥，生成数字信封；⑤数字信封和密文由发送方传给接收方。

消息的接受过程如下：①接收方接收到消息后，利用自己的私钥解密数字信封，获得解密秘文的对称密钥；②利用对称密钥解密密文，得到实时的交易数据、发送方的 CA 证书和数字签名；③从发送方的 CA 证书中获取发送方的公钥，解密数字签名，得到消息摘要；④利用散列函数对加以数据进行散列运算，形成新的交易摘要；⑤比较消息摘要的值，如果一致，则消息是完全无误的。具体的加密解密以及认证过程见下文。

1）加密过程

首先，发送方要产生一个数字签名来向接收方证明信息确实是他发出的，即需要执行以下步骤。

（1）将所发送信息通过哈希算法，形成信息摘要。

（2）使用 RSA 算法，用私人签名密钥加密信息摘要，形成数字签名。

其次，发送方需要加密信息，使之在网上传输时不被其他人获取。

（3）发送方通过软件，随机生成对称密钥，作大信息量加密之用，SET 缺省的对称密钥算法是 DES。

（4）发送方用对称密钥加密所要发送的信息（即明文）、数字签名和证书。发送证书的目的是接收方可从证书中得到公开签名密钥，以解开发送方的数字签名。

（5）到目前为止，发送方可安全地发送信息了，同时也证明了他的身份。但为了使接收方能读懂这些信息，发送方还需将对称密钥送给接收方。发送方用接收方的公开密钥加密该对称密钥，形成所谓的数字信封。最后发送方将数字信封和加密信息一同发给接收方。

2）解密过程

（1）接收方用自己的私人密钥交换密钥将数字信封打开，取出对称密钥。

（2）接收方用对称密钥解密信息，得到明文信息、数字签名和发送方的公开签名密钥（从发送方的证书中获得）。

（3）接收方用发送方的公开签名密钥解密数字签名，得到信息摘要。

3）验证过程

到目前为止，接收方并不知道收到的信息是否确实来自发送方，为了证实是发送方发送的信息，接收方还要完成以下步骤。

（1）将得到的明文信息进行哈希运算，得到新的信息摘要。

（2）比较新的信息摘要和原信息摘要（上述解密过程中得到的），如果两者一致，说明收到的信息确实来自拥有与证书中公开签名密钥成对的私人签名密钥一方，而且信息是完整的。一旦接收方将证书送到发证机构 CA 认证，就可确定发送方的真实身份和证书是否有效。

2. 双重签名

数字签名在 SET 协议中一个重要的应用就是双重签名。在交易中持卡人发往银行的支付指令是通过商家转发的，为了避免在交易的过程中商家窃取持卡人的信用卡信息，以及避免银行跟踪持卡人的行为，侵犯消费者隐私，但同时又不能影响商家和银行对持卡人所发信息的合理的验证，只有当商家同意持卡人的购买请求后，才会让银行给商家付费。SET 协议在通信过程中，存在两个关键信息的传递，即支付信息（payment information，PI）和订购信息（order information，OI）。

持卡人不想让银行看到订单信息 OI，也不想让商家看到付款指示 PI 信息。可是，购买请求报文中的购买订单信息 OI 和付款指示 PI 信息又不能分开。一个双重签名是通过计算两个消息的消息摘要产生的，并将两个摘要连接在一起，用持卡人的私有密钥对消息摘要加密。双重签名的产生过程如图 4.4 所示。

（1）持卡人产生订单信息 OI 和付款指示 PI 的消息摘要 H（OI）和 H（PI）；

（2）连接消息摘要 H（OI）和 H（PI）得到消息 OP；

（3）生成 OP 的消息摘要 H（OP）；

（4）用持卡人的私有密钥加密 H（OP）得到双重签名 Sign（H（OP）），持卡人将双重签名 Sign（H（OP））包含在消息中以保证接收者能够验证。持卡人发送给商家的消息为（OI，H（PI），Sign（H（OP）），即订单信息，付款指示摘要和双重签名；持卡人发送给银行的消息为（PI，H（OI），Sign（H（OP）），即付款指示，订单消息摘要和双重签名。

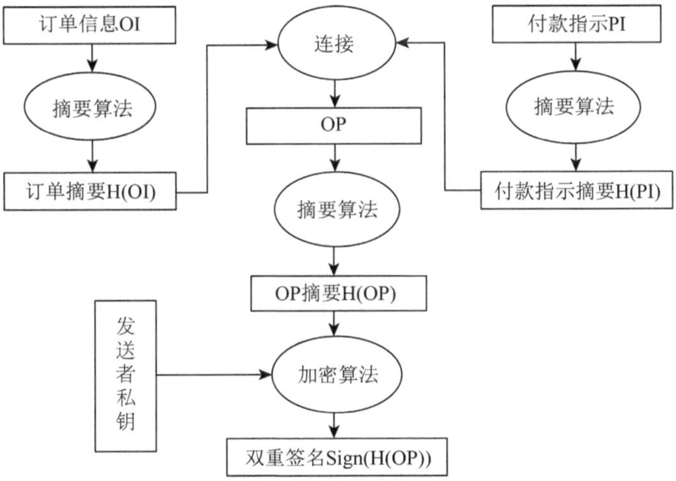

图 4.4　双重签名的产生过程

商家所能看到的信息有订单信息 OI、付款指示 PI 的消息摘要 H（PI）、订单信息 OI 和付款指示 PI 的双重签名 Sign（H（OP））；银行所能看到的信息有付款指示 PI、订单信息 OI 的消息摘要 H（OI）、订单信息 OI 和付款指示 PI 的双重签名 Sign（H（OP））。在安全交易过程中，持卡人只与商家打交道。付款指示 PI 由持卡人发送给商家，再由商家转发给支付网关，付款指示 PI 由持卡人使用支付网关的公钥加密，只有支付网关才能用自己的私钥解密。为了便于商家验证持卡人付款指示 PI 的真实性，商家所能看到的只是付款指示 PI 的消息摘要 H（PI），而不是付款指示 PI 本身。双重签名的认证过程如图 4.5 所示。

用一个案例说明双重签名的整个过程，假设持卡人 C 从商家 M 购买商品，他不希望商家看到他的信用卡信息，也不希望银行 B 看到他有关商品的信息，于是采用双重签名。

首先 C 产生发往 M 的订购信息 OI 和发往 B 的支付指令 PI，并分别产生 OI，PI 的摘要 H（OI），H（PI）。其中摘要由一个单向哈希函数作用于消息产生，它是一个唯一对应此消息的值，其他任何消息用哈希函数作用都不能产生此值，因此用消息摘要可以检查消息在中途是否被篡改。连接 H（OI）和 H（PI）得到 OP，再生成 OP 的摘要 H（OP），用 C 的 RSA 私钥签名 H（OP），得 sign[H（OP）]，称为双重签名。C 将消息{OI，H（PI），sign[H（OP）]}发给 M，将{PI，H（OI），sign[H（OP）]}发给 B。

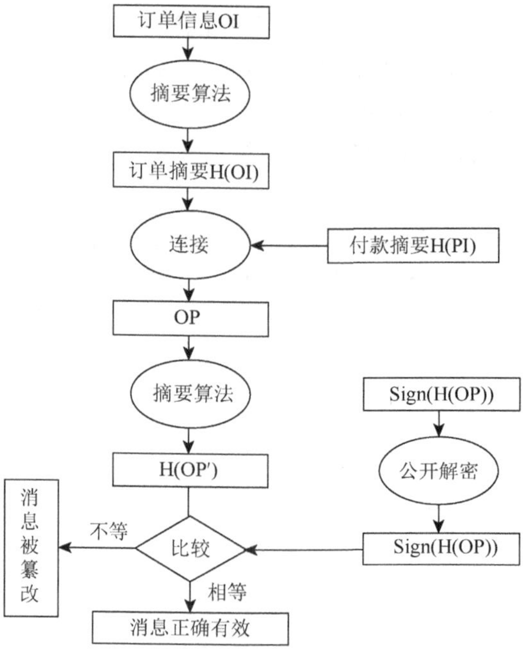

图 4.5　双重签名的验证过程

在验证双重签名时，接受者分别创建消息摘要，M 生成 H（OI），B 生成 H（PI），再分别将 H（OI）/H（PI）与另一接收到的摘要 H（PI）/H（OI）连接，生成 OP 及其摘要 H（OP）'，接受者 M/B 用 C 的 RSA 公钥解开 sign[H（OP）]，得到 H（OP），比较 H（OP）'与 H（OP）是否相同，如果相同，则表示数据完整且未被篡改，如果不同，则丢弃数据。

4.2.3　SET 的支付过程

SET 的支付过程主要分为五个阶段：持卡人注册、商家注册、购买请求、支付授权和扣款获取。

1. 持卡人注册

向 CA 申请证书即持卡人注册，该证书包括：持卡人的账号、有效期等信用卡信息，用以证明持卡人身份和信用卡的有效性，持卡人注册的流程如图 4.6 所示。

持卡人首先向 CA 发出请求，要求注册，CA 给予响应；持卡人获得响应，并申请注册表格；CA 处理请求，发出注册表格；持卡人收到表格并请求证书，CA 处理请求并生成证书，发给持卡人，最后持卡人收到证书。

2. 商家注册

商家注册即商家向 CA 申请证书，其申请过程与持卡人注册的申请过程大致相同，但因为商家的数量远低于持卡人的数量，同时对商家审核非常严格，所以一般采用离线的方式进行申请证书。

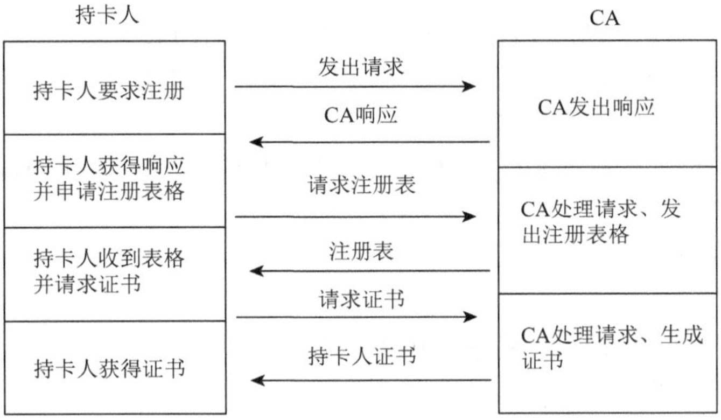

图 4.6　持卡人注册申请证书流程

3. 购买请求

持卡人完成了浏览、选择和订购商品之后，就需要进行购买请求交换，当商家对用户发送完整的订单后，交易就进行到了购买请求阶段。其包括 4 条信息：初始请求、初始响应、购买请求以及购买响应。购买请求的流程如图 4.7 所示。

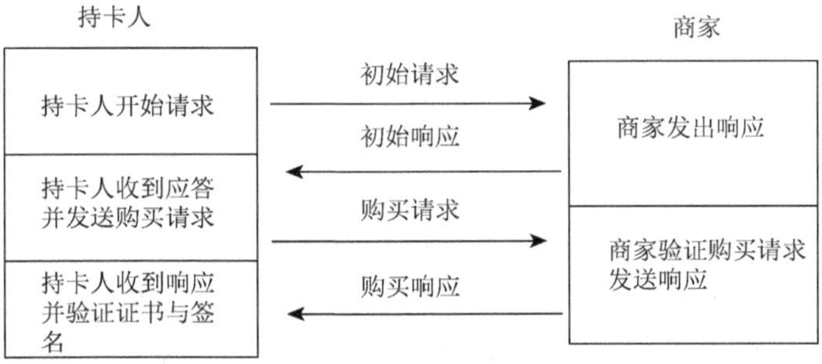

图 4.7　购买请求的流程

1）初始请求

为了给商家发送购买请求消息，持卡人必须拥有商家和支付网关的证书。持卡人在发送给商家的初始请求消息中请求证书，该消息包括持卡人的信用卡类型、持卡人的请求或响应的 ID 等。

2）初始响应

商家产生相应的响应，并利用私钥进行数字签名，该响应包括持卡人的临时值、本次交易的 ID、持卡人下一条消息的回应的临时值、商家和支付网关证书等。

3）购买

持卡人通过各自的数字签名验证商家和支付网关证书，同时生成 OI 和 PI。有商家分配的交易 ID 只放于 OI 和 PI 中。OI 含有一个订单引用，即是在第一条 SET 消息之前由商家与客户之间的信息交互产生的，但 OI 不包括显示的订购信息（如物品数量和价格）。购买请求消息包括以下三点。

（1）支付相关信息，包括 PI、双重签名 DS、OI 的信息摘要（OIMD）、数字信封。其中，OI 的信息摘要保证这部分信息对商家不可见，同时也是消费者加过密的；数字信封是利用支付网关的公钥加密形成的。

（2）订购相关信息，包括 OI、双重签名 DS、PI 消息摘要（PIMD），此部分信息也是商家所需要的信息。

（3）持卡人证书。

4）购买响应

当商家接收到购买请求时，将进行以下一系列活动。

（1）通过持卡人的 CA 签名验证持卡人的证书。

（2）用持卡人公钥验证双重签名，确保在订单传输过程中没有丢失或破坏，并利用持卡人私钥签名。

（3）处理订单，并将支付信息传输给支付网关。

（4）发送购买响应给持卡人。

当持卡人客户端接收到购买响应时，就开始验证商家的证书，紧接着验证响应组签名。最后根据响应所提供的消息采用相应的行动，如更新订购状态数据，向用户显示订购状态的消息等。

4. 支付授权

商家在向持卡人给出所购商品或服务前，先向支付网关发出扣款授权指令，查询持卡人是否有足够的支付能力。支付授权流程如图 4.8 所示。

1）商家请求授权

商家处理持卡人订单时，会产生含需授权的商品或服务总数及其他信息的授权请求消息。接着，商家产生授权请求信息的消息摘要，并用其私钥产生数字签名；随机产生的对称密钥对授权请求信息加密后，用支付网关的公钥加密对称密钥成数字信封；之后商家把加密后的授权请求消息及持卡人购买请求中经加密的 PI 信息都发给支付网关。

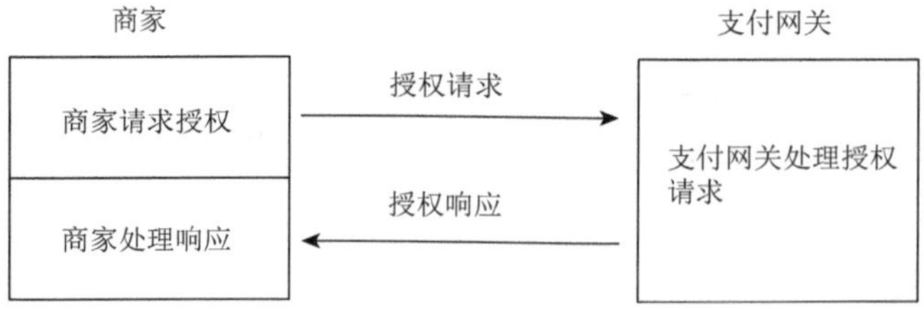

图 4.8　支付授权流程

2）支付网关处理授权请求

支付网关收到授权请求后进行如下处理。

（1）先打开数字信封取得对称密钥，用其对请求消息解密，接着借助证书链检验商家签名证书，并检查证书是否过期；同时，用商家公钥校验私钥签名的请求信息。

（2）支付网关打开装有付款指令的数字信封得到对称密钥和账号信息，用对称密钥解开 PI 信息，接着由证书信任链校验持卡人签名证书查看证书过期与否；用持卡人公钥和 OI 消息的摘要核查数字签名来保证 OI 信息在传输中未被篡改。

（3）支付网关比较授权请求消息中的事务处理标识符与持卡人付款指令中的标识符，该响应由新生成的对称密钥加密后再用商家的公钥加密，然后发给商家。

3）商家处理响应

商家按确认的订单内容向持卡人给出相应数量的商品或服务，至此商家完成一项订单。

5. 扣款获取

购物过程完成后，商家为得到货款要向支付网关发出扣款请求。支付网关通过金融网络将货款从持卡人账户转入商家所在的收单银行账户，从而完成了一次扣款过程，如图 4.9 所示。

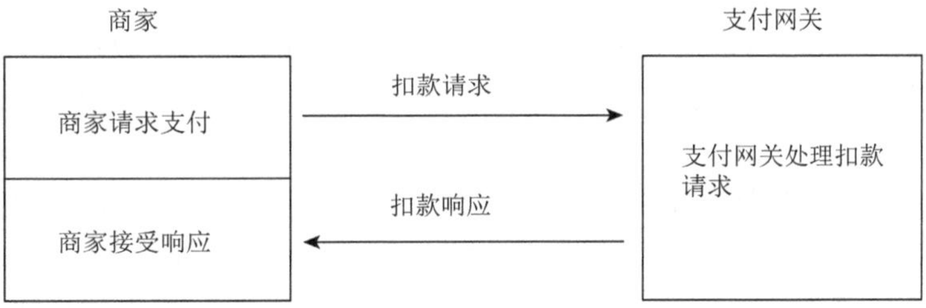

图 4.9　扣款获取流程

（1）商家请求支付：处理完一个订单后，商家请求支付。在请求授权消息和付款消息间有一个时间差。首先，商家软件产生一个含订购数量和事务处理标识符的扣款请求；接着对扣款请求顺次产生消息摘要、数字签名和信封，并把加密后的信息发给支付网关。

（2）网关处理扣款请求：通过已有的信用卡处理系统扣款后，支付网关产生并加密响应消息，然后发给商家。

（3）商家接收响应：商家收到扣款响应后，经过一系列的解密后把响应消息存起来，它们将用在商家和收单银行间的转账和对账处理。

以上五个步骤讲的是 SET 协议的电子商务销售流程。实际上持卡人和商家在证书有效期内只需进行一次证书申请过程，因此销售过程通常包括购买请求、付款授权、获取扣款三个步骤，虽然 SET 有严密的加密机制和复杂的消息传递过程，但这些复杂的操作是由相应的软件产品来提供和实现的，用户只需经过简单的购买过程便可得到所需商品或服务。

4.2.4　SET 的认证

电子商务的大环境是依托于开放的 Internet，因此在开放的环境中会产生各式各样的安全问题，为了保障电子交易的安全性，防范交易以及支付过程中的欺诈行为，我们除了在信息传输过程中采用相应的加密措施意外，还须在网上搭建一种信任以及信任验证机制，从而使交易双方可以相互确认对方身份。因此数字证书应运而生，其是网上各个实体（客户、商家、银行等）在网上进行交易以及信息互换的身份证明，数字证书在实现网上交易的各个步骤中都需要验证其有效性，从而解决了互联网上的信任问题。

数字证书的主要内容是各个实体的公钥的数字签名，其是由工整、受各方信任的认证机构（certificate authority，CA）进行颁发和管理。CA 负责产生、分配并管理各方在进行网上交易时所需的数字证书，每一份数字证书都与上一级的数字签名相关，最终通过安全链追溯到一个已知和公认安全、权威且足以信任的机构——根认证机构（根 CA）。下面将详细介绍 SET 安全协议的认证机制。

1. SET 的数字证书

数字证书是指 CA 机构发行的一种电子文档，是一串能够表明网络用户身份信息的数字，提供了一种在计算机网络上验证网络用户身份的方式，因此数字证书又称为数字标识。数字证书对网络用户在计算机网络交流中的信息和数据等以加密或解密的形式保证了信息和数据的完整性和安全性。在 SET 中最主要的数字证书是持卡人证书和商家证书。

（1）持卡人证书。持卡人证书实际上是支付卡的一种电子化的表示。由于它是由金融机构以数字化形式签发的，不能随意改变。持卡人证书并不包括账号和终止日期信息，取而代之的是用一计算算法根据账号、截止日期生成的一个码。如果知道账号、截止日期、密码值，即可导出这个码值，反之不行。

（2）商家证书。商家证书就用来记录商家可以结算卡类型，也是由金融机构签发的，不能被第三方改变。在 SET 环境中，一个商家至少应有一对证书。与一个银行打交道，一个商家也可以有多对证书，表示它与多个银行有合作关系，可以接受多种付款方法。

除了持卡人证书和商家证书以外，还有支付网关证书、银行证书和发卡机构证书。

2. SET 认证体系机构

SET 认证体系结构就是符合 SET 标准的 CA 认证体系。1997 年 2 月 19 日，由 MasterCard 和 Visa 发起成立 SETCO 公司，被授权作为 SET 根认证机构。从 SET 协议中可以看出，由于采用公开密钥加密算法，认证中心 CA 就成为整个 SET 系统的安全核心。在 SETCA 中 CA 的层次结构依次为：根 CA（RCA）、品牌 CA（BCA）、地区 CA（GCA），C-CA 下设持卡人 CA（CCA）、商家 CA（MCA）、支付网关 CA（PCA）。在 SET 中，CA 所颁发的数字证书主要有持卡人证书、商家证书和支付网关证书。在证书中，利用 X.500 来识别、确定 SET 交易中所涉及各参与方，SET 认证体系是一套严密的认证体系，可保证 B2C 类型的电子商务安全顺利地进行。在 SET 协议中，规定了如图 4.10 所示的认证体系结构。按照这样的层次结构，全世界 Internet 用户就可以互相验证对方的身份，进行安全的网上交易。

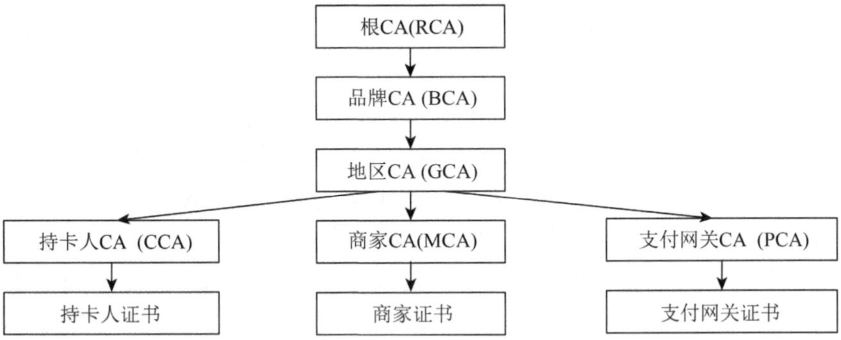

图 4.10　SET 的认证体系结构

如图 4.10 所示，为持卡人颁发证书的是 CCA（一般由发卡银行来担任），为商家颁发证书的是 MCA（一般由收单银行来担任），为支付网关颁发证书的是 PCA，而 CCA、MCA、PCA 的证书由其高一级的 GCA 来颁发，各地区的 GCA 的证书由再高一级的 BCA 来颁发，各 BCA 的证书则由最高级的 RCA 来颁发。这里的品牌指的是信用卡的品牌，有名的国际信用卡品牌有 VISA、MasterCard 等，国内信用卡品牌有牡丹卡、长城卡等。

SET 证书的申请与发放都是在网上进行的，参加网上交易的持卡人、商家和支付网关都必须在自己的计算机里安装一套网上交易专用软件，这套软件包含了申请证书的功能。用户将交易软件安装完成后，就可以上网向 CA 申请证书了。其过程是：持卡人首先生成一对密钥将私人密钥保存在安全的地方。将公开密钥连同自己的基本情况表格一起发送给 CA；然后 CA 根据持卡人所填表格，与发卡银行联系，对持卡人进行认证，生成持卡人的数字证书，并将持卡人送来的公开密钥放入数字证书中；然后对证书进行哈希运算，生成消息摘要；再用 CA 的私人密钥对消息摘要加密，即对证书进行数字签名；最后将带有 CA 数字签名的证书发给持卡人。对于商家、支付网关以及各级 CA 的证书申请过程和持卡人的证书申请过程差不多。在实际过程中，只有当各级 CA 自己有了证书，才能为下一级 CA 或用户颁发证书。

SET 证书的发证和验证过程 CA 在发证书给用户时，都要用 CA 的私人密钥对所发的证书进行数字签名，然后 CA 将用户的证书和 CA 自己的证书一起发给用户，由于 CA 的证书里有 CA 的公开密钥，就可以对用户证书中 CA 的数字签名解密，来证明签名确实是 CA 的。但是由于交易双方的 CA 往不是同一机构，所以在收到对方的证书及对方 CA 的证书后，还必须有对方 CA 的所有上级 CA，直到根 CA 的证书。在 SET 交易中，实际的发证及验证过程如下。

发证过程如下。

（1）由根 CA 生成一对密钥，并生成一个根证书，这个根证书中含有根 CA 的公开密钥，并用根 CA 的私人密钥签名，叫作自身签名证书。

（2）各品牌 CA 生成一对密钥，将公开密钥交给根 CA，由根 CA 生成各品牌 CA 的证书，并用根 CA 的私人密钥签名。

（3）各品牌的地区 CA 生成一对密钥，将公开密钥交给品牌 CA，由品牌 CA 生成各地区 CA 的证书，并用品牌 CA 的私人密钥签名。

（4）各持卡人 CA 生成一对密钥，将公开密钥交给地区 CA，由地区 CA 生成持卡人 CA 的证书，并用地区 CA 的私人密钥签名。

（5）各商家 CA 和支付网关 CA 与持卡人 CA 的处理相同，得到各自的证书。

（6）持卡人向 CCA 申请证书，商家向 MCA 申请证书，支付网关向 PCA 申请证书。这些最终用户必须先生成一对密钥，将公开密钥交给各自的 CA，由 CA 生成数字证书，并用 CA 的私人密钥签名，发给用户。同时，CA 将自己的证书及上级 CA 的证书一起发给用户。各级证书一般通过网络得到，最上级的根 CA 证书则通过安全的渠道得到。

验证过程用户在收到对方信息的同时，还收到了对方的证书及对方各级 CA 的所有证书，用根 CA 的证书对证书进行验证。

如商家收到持卡人的信息后，首先验证持卡人的证书内容，包括是否过期等。然后通过持卡人证书找到 CCA 的证书，用 CCA 证书对持卡人证书上的签名解密，确认数字签名确实是 CCA 的。然后，再验证 CCA 的证书，同样先验证证书的内容，再通过证书找到 GCA 的证书，用 GCA 的证书对 CCA 证书上的签名解密，确认 CCA 证书上的签名确实是 GCA 的。再对 GCA 证书进行验证，并用 BCA 的证书证明证书上的签名是 BCA 的。最后用根证书来验证 BCA 的证书确实是由根 CA 发的。这些验证做完后，就可以确定持卡人的证书是真实的，从而可以确认持卡人的身份，确定信息确实是由持卡人本人发来的。持卡人也可用同样方法来验证商家的数字证书。持卡人与支付网关之间，商家与支付网关之间，也是用同样方法来验证对方证书的。

4.2.5　SSL 与 SET 的比较

SSL 和 SET 是当前在电子商务中应用最为广泛的安全协议，它们同样提供电子安全交易机制，但是运行机制有区别，两者的差别主要体现在以下几个方面。

1. 认证机制

早期的 SSL 并没有提供商家身份认证机制，虽然在 SSL3.0 中可以通过数字签名和数字证书实现浏览器和 Web 服务器双方的身份验证，但仍不能实现多方认证；相比之下，SET 的安全要求较高，所有参与 SET 交易的成员（持卡人、商家、发卡行、收单行和支付网关）都必须申请数字证书来进行身份识别，较好地解决了客户与银行、客户与商家、商家与银行之间的多方认证问题。

2. 安全性

SET 协议由于采用了非对称加密、消息摘要和数字签名，能够保证信息的机密性、认证性、完整性和不可否认性，特别是 SET 协议采用了双重签名技术来保证各参与方信息的相互隔离，使商家只能看到持卡人的订单信息，而银行只能取得持卡人的信用卡信息。另外 SET 协议规范了整个商务活动的流程，从持卡人到商家，到支付网关，到认证中心以及信用卡结算中心之间的信息流走向和必须采用的加密、认证都制定了严密的标准，从而最大限度地保证了商务性、服务性、协调性和集成性。而 SSL 协议虽也采用了公钥加密和信息摘要等技术，也可以提供机密性、完整性和一定程度的身份验证功能，但缺乏一套完整的认证体系，不能提供电子商务交易活动中非常重要的不可否认性证明。另外 SSL 只对持卡人与商店端的信息交换进行加密保护，可以看作用于传输的那部分的技术规范。从电子商务特性来看，它并不具备商务性、服务性、协调性和集成性。因此 SET 的安全性比 SSL 高。

3. 网络层协议位置

SSL 是基于传输层的通用安全协议，应用层和传输层之间，高层的应用层协议（如 HTTP、FTP、TELNET 等）能透明地建立于 SSL 协议之上。而 SET 位于应用层，对网络上其他各层也有涉及。

4. 应用领域

SSL 主要是和 Web 应用一起工作，大部分时候是服务 B2B 电子商务，而 SET 是为信用卡交易提供安全，大部分时候是服务 B2C 电子商务；因此如果电子商务应用只是通过 Web 或是电子邮件，则可以不要 SET。但如果电子商务应用是一个涉及多方交易的过程，则使用 SET 更安全、更通用些。

5. 运行效率

SET 协议非常复杂，庞大，运行速度慢。一个典型的 SET 交易过程需验证电子证书 9 次、验证数字签名 6 次、传递证书 7 次、进行 5 次签名、4 次对称加密和 4 次非对称加密，整个交易过程非常耗时；而 SSL 协议则简单很多，运行效率也比 SET 协议高。

6. 部署成本

SSL 协议已被大部分的浏览器和 WEB 服务器内置，无须安装专门软件；而 SET 协议中客户端要安装专门的电子钱包软件，在商家服务器和银行网络上也需安装相应的软件，部署成本高。

SSL 和 SET 协议是当前应用最为广泛的电子商务安全协议。由于 SSL 协议的成本低、速度快、使用简单，对现有网络系统不需进行大的修改，因而目前取得了广泛的应用。但随着电子商务规模的扩大，网络欺诈的风险性也在提高，在未来的电子商务中 SET 协议将会逐步占据主导地位。表 4.4 是二者具体的不同。

表 4.4　SSL 与 SET 的不同

比较项目	SSL	SET
认证机制	商店端	所有 SET 参与成员
安全性	较低	较高
网络协议层位置	传输层	应用层
应用领域	B2B	B2C
运行效率	较高	较低
部署成本	较低	较高

4.3 密码体系

密码体系也叫密码系统，是指能完整地解决信息安全中的机密性、数据完整性、认证、身份识别、可控性及不可抵赖性等问题中的一个或几个的一个系统。对一个密码体系的正确描述，需要用数学方法清楚地描述其中的各种对象、参数、解决问题所使用的算法等。密码体系是完成加密和解密的算法。通常，数据的加密和解密过程是通过密码体制、密钥来控制的。密码体系必须易于使用，特别是应当可以在微型计算机上使用。密码体系的安全性依赖于密钥的安全性，现代密码学不追求加密算法的保密性，而是追求加密算法的完备，就是使攻击者在不知道密钥的情况下，没有办法从算法找到突破口。

4.3.1 对称密钥加密体制

对称加密算法是应用较早的加密算法，技术成熟。在对称加密算法中，数据发信方将明文（原始数据）和加密密钥一起经过特殊加密算法处理后，使其变成复杂的加密密文发送出去。收信方收到密文后，若想解读原文，则需要使用加密用过的密钥及相同算法的逆算法对密文进行解密，才能使其恢复成可读明文。在对称加密算法中，使用的密钥只有一个，发收信双方都使用这个密钥对数据进行加密和解密，这就要求解密方事先必须知道加密密钥。对称加密算法的特点是算法公开、计算量小、加密速度快、加密效率高。不足之处是，交易双方都使用同样钥匙，安全性得不到保证。此外，每对用户每次使用对称加密算法时，都需要使用其他人不知道的唯一钥匙，这会使得发收信双方所拥有的钥匙数量呈几何级数增长，密钥管理成为用户的负担。对称加密算法在分布式网络系统上使用较为困难，主要是因为密钥管理困难，使用成本较高。在计算机专网系统中广泛使用的对称加密算法有 DES（data encryption standard）、IDEA（international data encryption algorithm）和 AES（advanced encryption standard）。

传统的 DES 由于只有 56 位的密钥，已经不适应当今分布式开放网络对数据加密安全性的要求。1997 年 RSA 数据安全公司发起了一项“DES 挑战赛”的活动，志愿者分别 4 次用 4 个月、41 天、56 个小时和 22 个小时破解了其用 56 位密钥 DES 算法加密的密文。这说明 DES 加密算法在计算机速度提升后的今天被认为是不安全的。

AES 是美国联邦政府采用的商业及政府数据加密标准，预计将在未来几十年里代替 DES 在各个领域中得到广泛应用。AES 提供 128 位密钥，因此，128 位 AES 的加密强度是 56 位 DES 加密强度的 1024 倍还多。假设可以制造一部可以在 1 秒内破解 DES 密码的机器，那么使用这台机器破解一个 128 位 AES 密码需要大约 149 亿万年的时间（更深一步比较而言，宇宙一般被认为存在了还不到 200 亿年）。因此可以预计，美国国家标准局倡导的 AES 即将作为新标准取代 DES。

对称密钥加密过程主要由五个部分组成：明文、加密算法、密钥、密文、解密算法。发送方用对称密钥 K 和加密算法 E 对明文 P 进行加密，得到密文 C，然后传输密文 C。接收方用对称密钥 K 和解密算法 D 对密文进行解密，具体流程如图 4.11 所示。

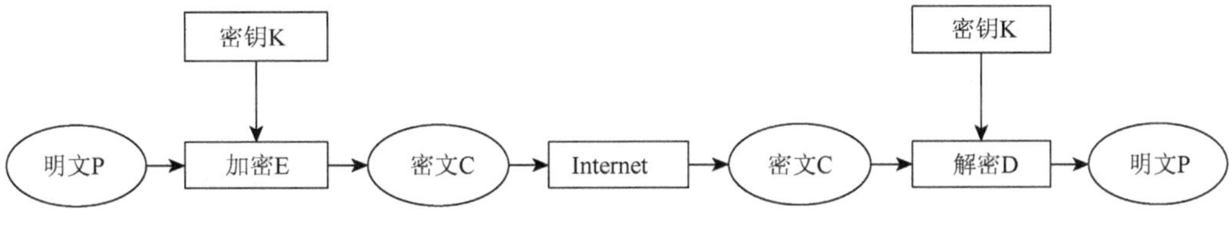

图 4.11　对称加密体制的工作过程

4.3.2　非对称密钥加密体制

非对称加密算法使用两把完全不同但又是完全匹配的一对钥匙：公钥和私钥。在使用不对称加密算法加密文件时，只有使用匹配的一对公钥和私钥，才能完成对明文的加密和解密过程。加密明文时采用公钥加密，解密密文时使用私钥才能完成，而且发信方（加密者）知道收信方的公钥，只有收信方（解密者）才是唯一知道自己私钥的人。不对称加密算法的基本原理是，如果发信方想发送只有收信方才能解读的加密信息，发信方必须首先知道收信方的公钥，然后利用收信方的公钥来加密原文；收信方收到加密密文后，使用自己的私钥才能解密密文。显然，采用不对称加密算法，收发信双方在通信之前，收信方必须将自己早已随机生成的公钥送给发信方，而自己保留私钥。由于不对称算法拥有两个密钥，特别适用于分布式系统中的数据加密。广泛应用的不对称加密算法有 RSA 算法和美国国家标准局提出的 DSA。以不对称加密算法为基础的加密技术应用非常广泛。

非对称加密体制使用对方的公开密钥进行加密，只有对应的私密密钥才能够破解加密后的密文。非对称加密体制的过程是由明文、加密算法、公钥、私钥、密文、解密算法六个部分组成。其过程为：发送方用接受方的公钥和加密算法对明文 P 加密，得到密文 C，然后传输密文 C。接收方用自己的私钥和解密算法 D 对秘文解密，得到原来的明文 P。使用这种公开密钥的密码机制可以与任何对象秘密通信。具体的流程如图 4.12 所示。

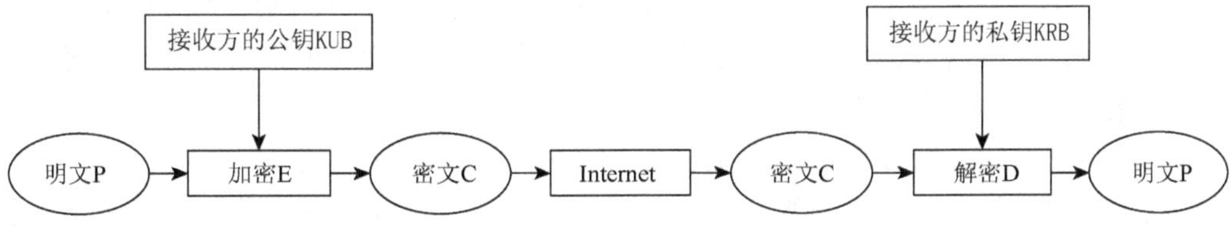

图 4.12　非对称加密体制的工作过程

4.4　数字证书系统

数字证书是指 CA 机构发行的一种电子文档，是一串能够表明网络用户身份信息的数字，它提供了一种在计算机网络上验证网络用户身份的方式，因此数字证书又称为数字标识。数字证书对网络用户在计算机网络交流中的信息和数据等以加密或解密的形式保证了信息和数据的完整性和安全性。

4.4.1 数字证书的概述

数字证书这一名词并非是我国原有，而是来自英文 digital certificate 的翻译。数字证书从本质上来说是一种电子文档，是由电子商务认证中心（以下简称为 CA 中心）所颁发的一种较为权威与公正的证书，对电子商务活动有重要影响，例如我们在各种电子商务平台进行购物消费时，必须要在电脑上安装数字证书来确保资金的安全性。

CA 中心采用的是以数字加密技术为核心的数字证书认证技术，通过数字证书，CA 中心可以对互联网上所传输的各种信息进行加密、解密、数字签名与签名认证等各种处理，同时也能保障在数字传输的过程中不被不法分子所侵入，或者即使受到侵入也无法查看其中的内容。如果用户在电子商务的活动过程中安装了数字证书，那么即使其账户或者密码等个人信息被盗取，其账户中的信息与资金安全仍然能得到有效的保障。数字证书就相当于社会中的身份证，用户在进行电子商务活动时可以通过数字证书来证明自己的身份，并识别对方的身份，在数字证书的应用过程中 CA 中心具有关键性的作用，作为第三方机构，必须要保证其具有一定的权威性与公平性，当前阶段我国的 CA 中心的从业资格是由工业和信息化部所颁发，全国范围内只有约 30 家企业具有数字认证的从业资格。

4.4.2 数字证书的原理

数字证书的基本架构是公开密钥（pubilc key infrasture）PKI，即利用一对密钥实施加密和解密。其中密钥包括私钥和公钥，私钥主要用于签名和解密，由用户自定义，只有用户自己知道；公钥用于签名验证和加密，可被多个用户共享。

数字证书的基本工作原理主要体现在。

（1）发送方在发送信息前，需先与接收方联系，同时利用公钥加密信息，信息在进行传输的过程当中一直是密文状态，包括接收方接收后也是加密的，确保了信息传输的单一性，若信息被窃取或截取，也必须利用接收方的私钥才可解读数据，而无法更改数据，这也有利于保障信息的完整性和安全性。

（2）数字证书的数据签名类似于加密过程，数据在实施加密后，只有接收方才可打开或更改数据信息，并加上自己的签名后再传输至发送方，而接收方的私钥具唯一性和私密性，这也保证了签名的真实性和可靠性，进而保障信息的安全性。

数字证书有很多格式版本，主要有 X.509v3（1997）、X509v4（1997）、X.509v1（1988）等。比较常用的版本是 TUTrec.x.509V3，由国际电信联盟制定，内容包括证书序列号、证书有效期和公开密钥等信息。不论是哪一个版本的数字证书，只要获得数字证书，用户就可以将其应用于网络安全中。

4.4.3 数字证书的特征

数字证书也有相应的特征，其主要具有以下三方面的特征。

（1）安全性。用户申请证书时会有两份不同证书，分别用于工作计算机以及用于验证用户的信息交互，若所使用电脑不同，用户就需重新获取用于验证用户所使用电脑的证书，而无法进行备份，这样即使他人窃取了证书，也无法获取用户的账户信息，保障了账户信息。

（2）唯一性。数字证书依用户身份不同给予其相应的访问权限，若换电脑进行账户登录，而用户无证书备份，其是无法实施操作的，只能查看账户信息，数字证书就犹如“钥匙”一般，所谓“一把钥匙只开一把锁”，就是其唯一性的体现。

（3）便利性。用户可即时申请、开通并使用数字证书，且可依用户需求选择相应的数字证书保障技术。用户不需要掌握加密技术或原理，就能够直接通过数字证书来进行安全防护，十分便捷高效。数字证书是由 CA 中心所签发的，CA 中心是一个具权威性、依赖度极高的第三方，其资格证书经国家颁发，可有效保障网络数据信息的安全性，使数据信息处国家掌握当中。用户在浏览网络数据信息或进行网上交易时，利用数字证书可保障信息传输及交易的安全性。

4.4.4　数字证书应用

数字证书的应用主要有：安全电子邮件、代码签名保护、身份授权管理、可信网站服务以及安全终端保护 5 个方面的内容。

（1）安全电子邮件。电子邮件中使用数字证书可以建构安全电子邮件证书，主要用户加密电子邮件的传输，保护电子邮件在传输和接收过程中的安全。安全电子邮件证书主要有证书持有者的 CA 机构的签名、电子邮件地址和公开密钥这些信息。一方面，数字证书与电子邮件结合后，就可以在安全电子邮件证书的加密和数字签名技术的保护下，实现电子邮件的安全传输和接收，保证了电子邮件的安全性和完整度。同时，也保证了电子邮件传输方和接收方信息的真实性。另一方面，安全电子邮件证书中包括公开密钥这一信息，就能够确保电子邮件不被更改，因为只有知道公开密钥才能使用电子邮件。

（2）代码签名保护。网络信息推广对很多用户来说，便捷又经济，但对软件的安全是不确定的。比如，用户对软件进行分享时，软件的接收和使用过程中存在着很多不安全因素，即使软件供应商能够保证软件自身的安全性，但也无法抵制盗版软件和网络本身存在的不安全因素带来的不利影响。

（3）身份授权管理。身份授权管理系统是信息系统安全的重要内容，对用户和程序提供相对应的授权服务，授权访问和应用的方法，而数字证书必须通过计算机网络的身份授权管理后才能被应用。因此，要保证身份授权管理工具的安全性。当系统双方相互认同时，身份授权系统的工作才能展开。同时，正确使用数字证书，适当授权，完成系统的用户认证，才能切实保护身份授权管理系统的安全性。

（4）可信网站服务。我国网站的数量伴随着计算机网络技术的发展呈现出日益增长的趋势，其中的恶意网站、钓鱼网站和假冒网站也越来越多，这就增加了用户对它们识别的难度，一不小心就会将自身的数据信息泄漏，严重影响了网络的安全。当用户对所使用的网站存在疑虑，不确定其中是否有被篡改和侵袭时，就可以利用数字证书的技术。通过数字证书技术，就可以对不确定的网站先进行验证和检查，增加了使用安全网站的概率，也避免了恶意网站、钓鱼网站和假冒网站等对网络造成的损失。

（5）安全终端保护。随着计算机网络技术的发展，电子商务的发展也越来越快，在人们生活和生产中的应用也越来越广泛，用户终端和数据的安全问题也日益受到重视。为了避免终端数据信息的损坏或者是泄露，数字证书作为一种加密技术，可以用于终端的保护。

4.5 二维码支付技术

二维码支付是一种基于账户体系搭起来的新一代无线支付方案。在该支付方案下，商家可把账号、商品价格等交易信息汇编成一个二维码，并印刷在各种报纸、杂志、广告、图书等载体上发布。用户通过手机客户端扫拍二维码，便可实现与商家账户的支付结算。最后，商家根据支付交易信息中的用户收货、联系资料，就可以进行商品配送，完成交易。同时，由于许多二维码扫码工具并没有恶意网址识别与拦截的能力，这给了手机病毒极大的传播空间，针对在线恶意网址、支付环境的扫描与检测来避免二维码扫描渠道染毒。

4.5.1 二维码技术的形成背景

二维码技术早在 20 世纪 90 年代就已经成熟，其中，韩国与日本是使用二维码支付比较早的国家，日韩二维码支付技术已经普及了 95%以上，而在中国是近几年才得到大范围推广。

二维码支付在国内兴起并不是偶然，形成背景主要与我国 IT 技术的快速发展以及电子商务的快速推进有关。IT 技术的日渐成熟，推动了智能手机、平板电脑等移动终端的诞生，这使得人们的移动生活变得更加丰富多彩。与此同时，国内电商也紧紧与“移动”相关，尤其是在线离线/线上线下（online to offline，O2O）的发展。有了大批的移动设备，也有了大量的移动消费，支付成本就变得尤为关键。因此，二维码支付解决方案便应运而生。

4.5.2 二维码技术的特点

2010 年底，互联网上广泛流传二维码及相关技术，标志着国内二维码开始被广泛普及。二维码支付主要具有以下特色：①技术成熟，二维码支付在国外发达地区已经拥有成熟的技术手段，这对于国内二维码技术发展奠定了基础，相信其会迅速普及；②使用简单，使用者安装二维码识别软件后，在贴有二维码的地方简单刷一下就可以完成交易；③支付便捷，有了二维码支付手段，商家不必承受货到付款等高成本支付，而消费者也可以随时随地进行实时支付；④成本较低，技术的成熟，移动设备的普及，使得二维码支付成本变得很低。

4.5.3　二维码技术的原理

二维码技术是将支付信息绘制成二维码，商家和用户可通过二维码在线完成网上交易的活动。

1. 二维码支付系统的架构

为了完成支付活动的正常运行，二维码必须拥有完整、安全、稳定且有序的系统结构，二维码系统结构如图 4.13 所示。

与传统支付相同，它有以下两个特点。

1）支付客户端 App 接入

我们这里说的支付客户端 App 就是指在移动终端上的应用，识别、扫描二维码和完成付款的功能。其实移动终端不能算是移动支付的第一参与者，它的作用是为支付客户端提供安装载体。

2）对支付系统的访问方式

二维码支付其实是解析二维码里面的 URL 访问支付，以此来接入系统，生成电子支付凭证，在支付客户端产生支付指令，接入系统，最后提交给后端的交易系统，清算系统和结算系统。

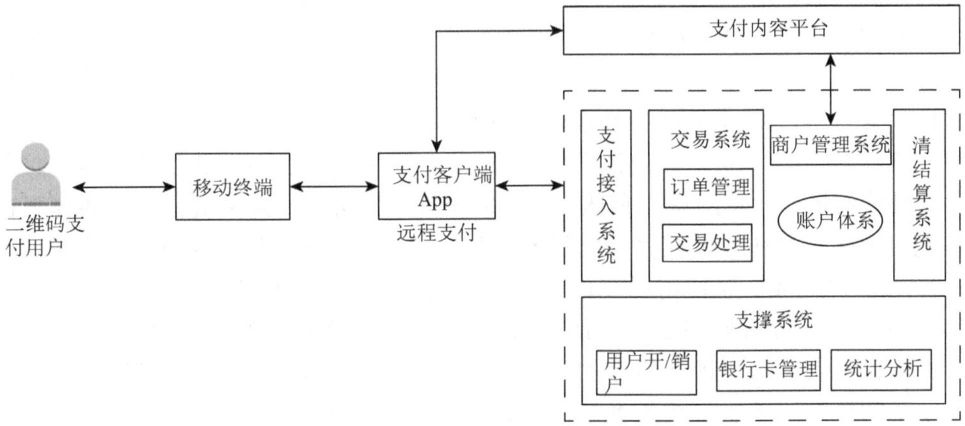

图 4.13　二维码支付系统架构

2. 二维码支付技术的分类

我们只要仔细研究一下就不难发现，目前主流的二维码支付软件，可以分成这两大类：第一种是商品二维码，该种类二维码一般会出现在对支付内容的平台访问中；第二种是支付二维码，这类二维码出现在支付客户端 App 向支付接入系统支付指令生成环节中。支付二维码和商品二维码的区别在于，商品二维码只保存了指向商品销售地址的 ERL 和支付接入系统不发生联系。

3. 二维码支付设备

二维码支付设备或设施主要包括以下几种：二维码、智能手机及操作系统、支付客户端、无线网络以及支付接入系统，具体如表 4.5 所示。

表 4.5　二维码支付设备/设施

设备/设施	作用
二维码	保存有支付接入系统的访问链接或支付凭证
智能手机及操作系统	安装支付客户端
支付客户端	绑定银行卡、识别二维码、完成支付等操作
无线网络	传输支付数据等
支付接入系统	处理用户支付请求等

（1）二维码。我们这里说的二维码其实指的是支付客户端 App 生成或者是支付接入系统发码。也就是说它既是二维码解析后的信息也是二维码图片。

（2）智能手机及操作系统。移动终端是用户使用二维码支付的重要设备，也是保证用户支付安全的重要环节。而手机操作系统则支付客户端 App 外在的运行环境，能够为 App 提供必要的 CPU 时间、储存空间、内存空间等。假如手机的操作系统不具备完整性，那么支付客户端 App 在手机上运行就有可能被监视或者是破坏。因此，怎么确保操作系统的完整性是支付客户端 App 运行环境安全的首要基础。

（3）支付客户端 App。支付客户端 App 是商家和消费者用于储存交易信息、账户信息、完成付款的平台，它的特点有认可性、完整性、机密性。其中机密性主要体现在对用户一些支付敏感信息和非授权信息的保密。而对于二维码的读取、支付指令发出、结果接收都是在 App 内完成，这样可以在最大程度上确保用户的支付安全。

（4）无线网络。无线网络是二维码支付的通信通道，也是二维码支付必备的基础设施。

（5）支付接入系统。现在所有的二维码支付接入系统都是开放的，所有人都能接入。所以，安全问题就成了支付接入系统需要首要考虑的问题。

4.6　区　块　链

近年来，各国对比特币褒贬不一，但作为比特币底层技术之一的区块链技术日益受到重视。在比特币形成过程中，区块是一个一个的存储单元，记录了一定时间内各个区块节点全部的信息。各个区块之间通过随机散列实现链接，后一个区块包含前一个区块的哈希值，随着信息交流的扩大，一个区块与一个区块相继接续，形成的结果就叫区块链。

4.6.1　区块链的概述

区块链（blockchain）是分布式数据存储、点对点传输、共识机制、加密算法等计算机技术的新型应用模式。区块链是比特币的一个重要概念，它本质上是一个去中心化的数据库，同时作为比特币的底层技术，是一串使用密码学方法相关联产生的数据块，每一个数据块中包含了一批次比特币网络交易的信息，用于验证其信息的有效性（防伪）和生成下一个区块，其发展了历程如下。

2008 年由中本聪第一次提出了区块链的概念，在随后的几年中，区块链成为电子货币比特币的核心组成部分，即作为所有交易的公共账簿。通过利用点对点网络和分布式时间戳服务器，区块链数据库能够进行自主管理。为比特币而发明的区块链使它成为第一个解决重复消费问题的数字货币。比特币的设计已经成为其他应用程序的灵感来源。

2014 年，“区块链 2.0”成为一个关于去中心化区块链数据库的术语。对这个第二代可编程区块链，经济学家认为它是一种编程语言，可以允许用户写出更精密和智能的协议。

4.6.2　区块链的特点与类型

由于区块链技术上的创新性，其主要特点包括去中心化、开放性、独立性、安全性和匿名性，具体如下。

（1）去中心化：区块链技术不依赖额外的第三方管理机构或硬件设施，没有中心管制，除了自成一体的区块链本身，通过分布式核算和存储，各个节点实现了信息自我验证、传递和管理。去中心化是区块链最突出最本质的特征。

（2）开放性。区块链技术基础是开源的，除了交易各方的私有信息被加密外，区块链的数据对所有人开放，任何人都可以通过公开的接口查询区块链数据和开发相关应用，因此整个系统信息高度透明。

（3）独立性：基于协商一致的规范和协议（哈希算法等算法），整个区块链系统不依赖其他第三方，所有节点能够在系统内自动安全地验证、交换数据，不需要任何人为的干预。

（4）安全性：只要不掌控全网超过 51%的数据节点，就无法肆意操控修改网络数据，这使区块链本身变得相对安全，避免了主观人为的数据变更。

（5）匿名性：除非有法律规范要求，单从技术上来讲，各区块节点的身份信息不需要公开或验证，信息传递可以匿名进行。

同时区块链分为：公有区块链、行业区块链、私有区块链三种类型。

（1）公有区块链。公有区块链（public block chains）：世界上任何个体或者团体都可以发送交易，且交易能够获得该区块链的有效确认，任何人都可以参与其共识过程。公有区块链是最早的区块链，也是应用最广泛的区块链，各大比特币系列的虚拟数字货币均基于公有区块链，世界上有且仅有一条该币种对应的区块链。

（2）行业区块链。行业区块链（consortium block chains）：由某个群体内部指定多个预选的节点为记账人，每个区块的生成由所有的预选节点共同决定（预选节点参与共识过程），其他接入节点可以参与交易，但不过问记账过程（本质上还是托管记账，只是变成分布式记账，预选节点的多少，如何决定每个块的记账者成为该区块链的主要风险点），其他任何人可以通过该区块链开放的 API 进行限定查询。

（3）私有区块链。私有区块链（private block chains）：仅仅使用区块链的总账技术进行记账，可以是一个公司，也可以是个人，独享该区块链的写入权限，本链与其他的分布式存储方案没有太大区别。传统金融想实验尝试私有区块链，而公链的应用例如 bitcoins 已经工业化，私链的应用产品目前还在摸索当中。

4.6.3　区块链的核心技术

由于区块链的中心化、开放性、独立性、安全性和匿名性的特点，其必须需要相应的技术进行支持，区块链所用到的核心技术包括以下 4 个：分布式账本、共识机制、非对称加密和智能合约技术。

1）分布式账本

分布式账本指的是交易记账由分布在不同地方的多个节点共同完成，而且每一个节点记录的是完整的账目，因此它们都可以参与监督交易合法性，同时也可以共同为其作证。与传统的分布式存储有所不同，区块链的分布式存储的独特性主要体现在两个方面：一是区块链每个节点都按照块链式结构存储完整的数据，传统分布式存储一般是将数据按照一定的规则分成多份进行存储；二是区块链每个节点存储都是独立且地位等同，依靠共识机制保证存储的一致性，而传统分布式存储一般是通过中心节点往其他备份节点同步数据。没有任何一个节点可以单独记录账本数据，从而避免了单一记账人被控制或者被贿赂而记假账的可能性。由于记账节点足够多，理论上讲除非所有的节点被破坏，否则账目就不会丢失，这样就保证了账目数据的安全性。

2）共识机制

共识机制就是所有记账节点之间怎么达成共识，去认定一个记录的有效性，这既是认定的手段，也是防止篡改的手段。区块链提出了四种不同的共识机制，适用于不同的应用场景，在效率和安全性之间取得平衡。

区块链的共识机制具备“少数服从多数”以及“人人平等”的特点，其中“少数服从多数”并不完全指节点个数，也可以是计算能力、股权数或者其他的计算机可以比较的特征量。“人人平等”是当节点满足条件时，所有节点都有权优先提出共识结果、直接被其他节点认同后并最后有可能成为最终共识结果。以比特币为例，采用的是工作量证明，只有在控制了全网超过 51%的记账节点的情况下，才有可能伪造出一条不存在的记录。当加入区块链的节点足够多的时候，这基本上不可能，从而杜绝了造假的可能。

3）非对称加密技术

存储在区块链上的交易信息是公开的，但是账户身份信息是高度加密的，只有在数据拥有者授权的情况下才能访问，从而保证了数据的安全和个人的隐私。

4）智能合约技术

智能合约是基于这些可信的不可篡改的数据，可以自动化地执行一些预先定义好的规则和条款。以保险为例，如果说每个人的信息（包括医疗信息和风险信息）都是真实可信的，那就很容易地在一些标准化的保险产品中，去进行自动化的理赔。在保险公司的日常业务中，虽然交易不像银行和证券行业那样频繁，但是对可信数据的依赖是有增无减。因此，利用区块链技术，从数据管理的角度切入，能够有效地帮助保险公司提高风险管理能力。

4.6.4　区块链在移动支付的应用场景

区块链技术具有不依赖第三方、通过自身分布式节点进行网络数据的存储、验证、传递与交流的特点。其被认为是互联网发明以来最具颠覆性的技术创新，应用密码学和数学的分布式算法，在无法建立信任关系的 Internet 上，无须任何第三方中心的介入就可以使参与者达成共识，以极低的成本解决了信任与价值的可靠传递难题。

近年来，区块链的热度居高不下，由于其去中心化、开放、独立、安全、匿名等特点，目前人们正在各个领域尝试应用区块链技术。尤其随着移动支付的发展，区块链越来越多地应用到了移动支付的场景中，下面将介绍几种区块链移动端的应用场景。

1）区块链＋商品溯源

蚂蚁区块链 2017 年从澳新奶粉溯源开始试水，2018 年开始，上链的商品呈滚雪球式增长，在 2018“天猫双 11”期间，大批量海淘商品实现了原产地溯源。另外京东、沃尔玛、家乐福等企业也相继运用区块链进行商品溯源。其优势是对商品的生产与运输信息实现有效追溯，保障商品安全。

2）区块链＋公益善款追溯

支付宝爱心捐赠平台、相互宝、信美互助保险女性扶贫保险等生态合作伙伴的公益项目已经实现捐赠数据入链，善款来源可追溯。其优点是可以让每笔善款的趋向和用途均有迹可循，这大大有利于在线公益事业。

3）区块链＋发票和保险

基于区块链的电子票据、电子发票、电子处方和保险理赔等已在全国多地城市开始试点工作。发票、保险上链后，保险对象从申请到收到理赔款，全程只需 5 秒钟，开票到报销到账，只需 1 分钟。此前这些流程动辄需一个月甚至更长时间。区块链应用到发票和保险系统中可以杜绝发票、票据造假、重复报销等现象，加快保险理赔效率的现象的发生。

4）区块链＋跨境支付

蚂蚁区块链选择了全球最大劳务输出国菲律宾作为试点，以解决出国务工者的最大刚需。全球首个基于区块链的电子钱包跨境汇款服务于 2018 年 6 月 25 日在香港上线。港版支付宝 AlipayHK 的用户可以通过区块链技术向菲律宾钱包 Gcash 汇款。区块链应用到跨境支付上大大提升了跨境支付的便捷度，方便快捷，使其能够实时到账、每天 24 小时不间断、省钱省事、安全透明。

5）区块链 + 城市服务

通过将区块链、身份验证技术和可信合约技术的融合，市场上将兴起一个房源真实、租户真实的可信数据平台。它的出现让各个城市的每项城市服务能够更加透明和高效。

6）区块链 + 司法确权和维权

2018 年 9 月 18 日，蚂蚁区块链技术支持的杭州互联网法院正式上链。起诉人可通过线上申诉入口，在线提交合同、服务流程明细等电子证据，公证处、司法鉴定中心、法院、蚂蚁金服等链上节点将为会共同见证和维护相关证据，再也不用担心证据存在“灭失”风险。它的出现降低司法纠纷维权成本，提高效率。

7）区块链 + 版权和原创保护

报道、新闻图片等作品上传到作品库，即可实现自动上链存证，作者、时间、地点、作品内容等所有细节均可上链固定证据，如遇到他人侵权，可提交给证据给法院裁决。对于个体创作者，在手机操作，即可实现一分钟完成作品上链存证。它的出现可提高维权效率，保障创作者权益。

除了以上 7 中应用场景以外，区块链 + 电商、区块链 + 内容付费等领域的应用也逐渐兴起。随着区块链技术的不断成熟和发展，其将会应用到更多的领域，并充分发挥自身的优势，为人们未来的移动支付和在线活动提供强大的助力。

第 5 章　网上支付系统

5.1　网上支付系统的形成与发展

网上支付是电子支付的一种形式，是以互联网为基础，利用银行所支持的某种数字金融工具，进行购买者和销售者之间的金融交换，从而实现从购买者到金融机构，到商家的在线货币支付及现金流转的过程。

5.1.1　网上支付系统的形成

自从出现作为一般等价物的货币，人类社会进入了具有现代意义的货币结算支付方式的时代。现代支付是为了清偿商务伙伴间由于商品交换和劳务活动引起的债权、债务关系，由银行所提供的中介金融服务业务，而这种结清债权和债务关系的经济行为称为结算。因此，支付与结算的基本含义类似，支付与结算可以直接理解为支付结算或支付。简单地说，支付就是最终实现将现金的实体从发款人传送到收款人的商务过程。

在很长一段时间内，银行作为金融业务的中介，通过自己创造的信用流通工具为商家办理转账与结算，其主要利用传统的各种纸质媒介进行资金转账，比如通过纸质现金或纸质单据等方式，这被称为传统支付。在 20 世纪 70 年代，计算机和网络通信技术得到普及和应用，银行的业务开始以电子数据的形式通过电子信息网络进行办理，诸如信用卡、电子汇兑等一些电子支付方式开始投入使用，这是应用电子信息技术手段用于商务支付结算的开始，一直发展到现在，出现了很多电子支付与结算方式。电子支付是通过电子信息化的手段实现交易中的价值与使用价值的交换过程，即完成支付结算的过程。信用卡专线支付结算方式在 20 世纪 70 年代就开始了，因此电子支付方式的出现要早于现在的网上支付。随着 20 世纪 90 年代全球范围内互联网的普及和应用，电子商务的深入发展标志着信息网络经济时代的到来，一些电子支付结算方式逐渐采用费用更低、应用更为方便的公用计算机网络，特别是互联网作为运行平台，网上支付的方式就此应运而生。网上支付指以金融电子化网络为基础，以商用电子化工具和各类交易卡为媒介，采用现代计算机技术和通信技术作为手段，通过计算机网络系统特别是互联网，以电子信息传递形式来实现资金的流通和支付。

5.1.2　网上支付系统的发展

互联网进入大规模商用之前，电子支付系统已经得到充分的发展，并为后来互联网支付系统的开发奠定了基础，自20世纪80年代起，取代现金与纸质票据为目的，人们希望能够发明一种使价值通过电子网络或其他非货币介质进行流通的支付手段。为此，众多学者开始从事多种电子化支付手段的研究。具有代表性的工作有惠特菲尔德·迪菲（Whitfield Diffie）与马丁·赫尔曼（Martin.Hellman）共同研究的公钥密码体系，并于1976年提出Diffie-Hellman密钥交换算法；大卫·乔姆（David·Chaum）于1982年开始进行的匿名电子现金的研究与测试，并于1989年在荷兰创办DigiCash。与此同时，作为磁条卡的替代者，储值卡在20世纪80年代开始发展，但是储值卡在最初面世时用途较为单一。随后，为了在POS支付领域与现金、信用卡、借记卡进行竞争，又出现了电子钱包，如Mondex、Danmont等。

互联网的普及和相关技术的发展，让人们看到了互联网在商业中广泛的应用前景，如何将各种电子化支付系统移植至互联网环境成为新的挑战。在这种背景下，信用卡这一传统环境最成熟的消费支付工具开始利用互联网这一新型信息交换渠道进行支付。起初的信用卡互联网支付实现方法非常简单并且缺少保护措施，通过互联网传递信用卡号码即可完成交易。1994年网景开发SSL标准增强了信息交互的安全性，即使后来出现了更多的安全手段，这种由消费者向商家呈递卡号码的交易模式仍然没有根本上的改变。DigiCash开始发行电子化符号货币Cyberbucks，同时，作为消费者、商家、信用卡网络之间交易中介的互联网支付服务商开始出现，如FirstVirtual、CyberCash等，其角色类似于传统环境的POS服务商。在这一期间，众多非银行领域的组织和企业发布多种电子钱包系统使得银行业在支付领域的地位受到了挑战，各类新兴互联网支付手段让银行业面临一个全新的环境，而银行业不得不做出相应的改变与调整。

随着Master Card和VISA联合网景、微软等公司开发并推广安全电子交易（secure electronic transaction，SET）协议，银行业又逐渐夺回支付领域的控制权。SET协议提供了消费者、商家和银行之间的认证，确保了交易数据的安全性、完整可靠性和交易的不可否认性，是一个真正的金融支付标准。SET协议按照现实环境中支付交易的要素构建出一个适用于互联网的完美模型，交易过程中各方之间依赖数字证书相互进行身份验证。与此同时，各国政府与中央银行注意到电子货币的试验与扩散对市场的影响，开始考虑电子货币与互联网支付的法律问题，同时开始尝试将其他传统支付工具（如直接借记、贷记转账）进行互联网化改造，网上银行业务出现初步增长。

此后，网上支付系统在多个方向、多个细分领域取得了长足的进展。信用卡网上支付方面，以SET标准为基础的革新方案开始出现，如3D-SET。C2C支付由于电子商务的进步也开始蓬勃发展，众多以中小型商家及国际支付市场为目标的虚拟账户机制，如PayPal等得到了空前的发展。基于银行账户的在线支付方案在多个市场取得成功，对信用卡支付形成重要的补充。音乐与视频下载以及数字内容市场的兴起使微支付机制获得新生。结合移动通信、智能卡、互联网等多种技术的移动支付在移动、交通、政府等不同领域得到充分应用。在法律领域，各国正在不断完善和推行相关法律法规。

2000年以后，网上支付飞跃式发展，市场规模逐步上升，特别是从2007年以后更是呈现高速发展。2010 年中国人民银行开展网上支付跨行清算系统的模拟运行并正式宣布网上支付跨行清算系统建成，这是电子化进程中的一个重要里程碑。随着各类跨行清算系统的相继建成和投入使用，目前，网上支付仍处于高速发展阶段，不断诞生的各类支付工具，拓展着网上支付手段，使大众生活更为便利，并且使网上支付越发普及。

5.2　网上支付系统的构成和基本模式

5.2.1　网上支付系统的构成

网上支付系统指的是消费者、商家和金融机构之间使用安全电子手段把支付信息通过信息网络安全地传送到银行或相应的机构，以实现货币支付或资金流转的支付系统，网上支付系统主要用来解决电子商务中的各交易实体（用户、商家、银行等）间资金流和信息流在互联网上的即时传递及其安全性问题。

网上支付的过程涉及客户、商家、银行或金融机构、商务认证管理部门之间的安全商务互动，因此网上支付系统是集购物流程、支付工具、安全技术、认证体系、信用体系以及现有金融体系为一体的综合大系统，如图 5.1 所示。

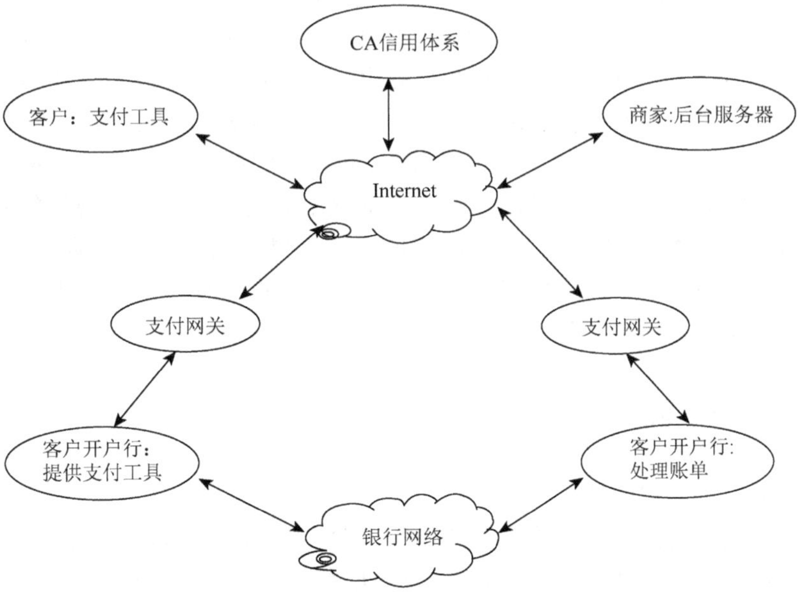

图 5.1　网络支付系统的基本构成

客户是指与某商家有交易关系并存在有未清偿的债权债务关系的一方（一般是债务）。客户用自己已拥有的支付工具（如信用卡、电子钱包等）来发起支付，是支付体系运作的原因和起点。

商家则是拥有债权的商品交易的另一方，可以根据客户发起的支付指令向金融体系请求获取货币。商家一般准备了优良的服务器来处理这一过程，包括认证以及不同支付工具的处理。客户的开户行是指客户在其中拥有账户的银行，客户所拥有的支付工具就是由开户行提供的。客户开户行在提供支付工具的同时也提供了一种银行信用，即保证支付工具的兑付。在卡基支付体系中，客户开户行又被称为发卡行。

商家开户行是指商家在其中开设账户的银行，其账户是整个支付过程中资金流向的地方。商家将客户的支付指令提交给其开户行后，就由开户行进行支付授权的请求完成行与行间的清算等工作。商家的开户行是依据商家提供的合法账单（客户的支付指令）来工作的，因此又称为收单行。

支付网关是公用网和金融专用网之间的接口，支付信息必须通过支付网关才能进入银行支付系统，进而完成支付的授权和获取。支付网关的建设关系着支付结算的安全以及银行自身的安全，关系着网络支付结算的安排以及金融系统的风险，必须十分谨慎。

电子商务交易中同时传输了两种信息——交易信息与支付信息。必须保证这两种信息在传输过程中不被无关的第三者阅读，因此有以下要求：商家不能看到其中的支付信息（如信息卡号、授权密码等），银行不能看到其中的交易信息（如商品种类、商品总价等）。这就要求支付网关一方面必须由商家以外的银行或其委托的组织来建设，另一方面网关不能分析交易信息，对支付信息也只是起保护与传输的作用。

金融专用网则是银行内部及银行间进行通信的网络，具有较高的安全性，包括中国国家现代化支付系统、中国人民银行电子联行系统、商业银行电子汇兑系统、银行卡授权系统等。我国银行的金融专用网发展迅速，为逐步开展电子商务提供了必要的条件。

认证机构则为参与的各方（包括客户、商家与支付网关）发放数字证书，以确认各方的身份，保证网络支付的安全性，认证机构必须确认参与者的资信状况（如通过其在银行的账户状况，与银行交往的历史信用记录等来判断），因此也离不开银行的参与。除以上参与各方外，网络支付系统的构成还包括支付中使用的支付工具以及遵循的支付协议。一般一种协议只针对一类支付工具，一些比较成熟的支付协议（如 SET 协议），会对交易中的购物流程、支付步骤、支付信息的加密、认证等方面作出规定，以保证在复杂的公用网中的交易双方能快速、有效、安全地实现支付与结算。

5.2.2 网上支付系统的流程

网上支付系统的一般流程如下。

（1）客户连接网络，用浏览器进行商品的浏览、选择与订购，填写网络订单，选择应用的网络支付结算工具，并且得到银行的授权使用，如信用卡、电子钱包、电子现金、电子支票或网络银行账号等。

（2）客户机对相关订单信息，如支付信息进行加密，在网上提交订单。

（3）商家服务器对客户的订购信息进行检查、确认，并把相关的、经过加密的客户支付信息等转发给支付网关，直至银行专用网络的银行后台业务服务器确认，以期从银行等电子货币发行机构验证得到支付资金的授权。

（4）银行验证确认后，通过建立起来的经由支付网关的加密通信通道，给商家服务器回送确认及支付结算信息，同时给客户回送支付授权请求（也可没有）。

（5）银行得到客户传来的进一步授权结算信息后，把资金从客户账号转拨至商家银行账号，借助金融专网进行结算，并分别给商家、客户发送支付消息。

（6）商家服务器收到银行发来的结算成功信息后，给客户发送网络付款成功信息和发货通知。至此，一次典型的网络支付结算流程结束。商家和客户可以分别借助网络查询自己的资金余额信息，以进步核对。

上述的网上支付系统流程是对目前各种网上支付结算方式的应用流程的普遍归纳，并不表示各种网上支付系统的流程都是一模一样的。其实在实际应用中，这些网络支付方式的应用流程由于技术、资金数量、管理机制的不同还有所区别，但大致遵守上述流程。

5.2.3　网上支付系统的功能

虽然不同的网上支付系统存在差异，但安全、有效、便捷是各种支付方式共同追求的目标。无论以何种方式开发或使用的网络支付系统，由于它是在开放环境的网络上进行信息传递，并涉及有价值的资金转移操作，从系统设计的构成上必须具有下述功能。

（1）身份认证。电子商务活动是在虚拟的网络环境中进行的，在网上进行交易的用户互不相识，要使交易成功，首先要能确认对方的身份是合法的。因此，方便而可靠地确认对方身份是交易的前提。

（2）数据保密。由于每次交易信息中含有交易各方重要的机密信息，如付款人和收款人的标识、交易的内容和数量等。这些信息只能让交易的参与者知道，有时甚至要求只让参与方的部分人知道。因而必须以安全的存储方式来保存它，有时可以完全销毁交易信息以防泄露。

（3）交易审查。在网上支付过程中，当贸易一方发现交易行为对自己不利时，可能会否认电子交易行为，这必然会损害另一方的利益。因此，要求系统具备审查能力，以杜绝交易任何一方的抵赖行为。

（4）交易授权。一个具有完整性的支付系统不允许一个用户在没有另一个用户明确授权的情况下取走资金。为了防止行贿受贿，没有允许，系统也不能接收款项。

（5）防止数据伪造及复用。网上支付系统需要防止交易各方伪造交易信息，如信用卡支付系统要能够防止用户伪造信用卡实现交易，要防止商家伪造用户交易信息从金融机构提取资金。在电子现金交易中要求能防止用户伪造电子现金。同时也要求防止交易各方重复使用交易信息，如采用电子现金支付手段时，要求支付系统能够自动发现用户两次使用同一电子现金。

5.2.4　网上支付系统的模式

网上支付系统的模式可以分为类支票网上支付系统和类现金网上支付系统。

1）类支票网上支付系统

类支票网上支付系统是典型的基于电子支票、电子票证汇兑、信用卡、网络银行账号等方式的网上支付系统模型，它支持大、中、小额度的资金支付与结算。顾名思义，类支票支付系统模式就是类似传统的纸质支票应用系统模式，原理上差不多。它主要涉及三个当事实体，即买方、卖方和各自的开户银行。银行可为同一个，也可以为不同银行。当然，在网络平台上还涉及 CA 认证中心。

类支票网上支付系统的基本应用过程可简要描述如下。

（1）电子商务买卖双方都在银行拥有账户，而买方应在开户行有一定的存款。

（2）在买卖双方开始交易以前，买方先从银行得到电子支付票证，即授权的电子货币。

（3）买方把授权的电子货币交给卖方，卖方验证此电子票证的有效性后，继续交易过程。

（4）卖方将收到的电子票证转给自己的开户银行，要求资金兑付。

（5）银行收到卖方的电子票证，验证确认后进行后台的资金清算工作，且给买卖双方回送支付结算成功消息。至此，这次网络支付完毕。

2）类现金网上支付系统

类支票的网上支付系统，包括信用卡网络支付过程在内，虽然减少了材料费用、运输费用等，并且应用快捷方便，但每次支付结算都需要银行的支持与中介，时间上与成本上均存在一定的开销，而且都是不匿名的，交易双方的身份不能被保护，这是其弱点。所以，它用于微小数额的支付还是不够便捷。纸质现金作为人们日常生活中最常用的一种支付工具，使用方便直观，支付成本很低，且是匿名使用和不可追踪的。这可保证买卖双方的自由不受干涉，一定程度上保护了客户的隐私。正是借助纸质现金的这些优点，出现了类现金网上支付系统。

类现金网上支付系统主要的网络支付工具是类现金电子货币，较有代表性的是电子现金。类现金电子货币的网络支付系统模式与传统纸币的支付模式基本类似，原理上相同，只是在货币表现形式上有所不同。在类现金网上支付系统中，用户可像用纸币一样用类现金在网络平台上进行日常买卖。

类现金网上支付系统同样主要涉及三个当事实体，即买方、卖方和各自的开户银行。银行可为同一个，也可以为不同银行。当然，在网络平台上还要涉及 CA 认证中心。

类现金网上支付系统的基本应用过程可简要描述如下。

（1）电子商务中的买方先在开户银行中有一定的存款，且对应其类现金账号。

（2）在买卖双方开始交易以前，买方先从银行通过银行存款请求兑换类现金，就像银行从资金账号中提取纸质现金一样。

（3）银行根据买方的请求把相应的类现金发送至买方，即可随便使用。

（4）买方根据付款数额把相应数目的类现金发送给卖方，卖方验证此类现金的有效性后，继续交易过程。

（5）卖方可把收到的类现金暂时存储起来，也可发送相应银行，银行清算后增加卖方账号的对应资金数额，卖方还可以把收到的那份现金发送给自己的另一个商务伙伴，如供应商进行网上支付。至此，此次网上支付过程完毕。

5.3　网上支付系统应用

5.3.1　基于 SSL 协议的网上支付系统

1. 基于 SSL 协议的网上支付系统架构

SSL 协议是 Web 浏览器与 Web 服务器之间安全交换信息的协议，提供两个基本的安全服务：鉴别与保密。传统的 Internet 协议 HTTP 不具备安全机制——采用明文的形式传输数据、不能验证通信双方的身份、无法防止传输的数据被篡改等，导致 HTTP 无法满足网上支付的安全性要求。基于此，网景公司提出了安全协议 SSL，利用数据加密、身份验证和消息完整性验证机制，为网络上数据的传输提供安全性保证。

SSL 协议通过在浏览器软件和 Web 服务器建立一条安全通道，从而实现信息在互联网中的安全保密传输，进而为信用卡支付等网上支付活动提供安全保护。它包括服务器认证、客户认证（可选）、SSL 链路上的数据完整性和 SSL 链路上的数据保密性。SSL 采用了公开密钥（RSA）和对称密钥（DES）两种加密体制和 X.509 数字证书技术，对 Web 服务器和客户机的通信提供保密性、数据完整性和认证。

SSL 协议具体到网上支付应用，如信用卡的 SSL 网上支付方式时，原则上涉及商务的交易各方，即客户浏览器（持卡人）、商家服务器、认证机构 CA、银行服务器，可能的话还有专门的第三方支付平台（可以看作支付网关）。严格来讲，SSL 其实只涉及信息报文交互的通信双方和间接的 CA 机构，它起的是建立一个安全通道的作用，认证商家数字证书。对客户的身份（即客户的数字证书验证）可以验证也可以不验证，有一定的灵活性。因此，SSL 在网络支付中的业务参与方主要涉及支付方的客户端浏览器和银行的服务器端。当然，它也间接地与商家服务器、颁发数字证书的 CA 有一定关联。目前一些主流浏览器和 Web 服务器都提供对 SSL 的支持，SSL 的加密通道建立与通信过程对客户都是透明的，并不需要用户进行太多的配置。实现浏览器和 Web 服务器之间的安全 SSL 信息传输，必须在 Web 服务器端安装支持 SSL 的 Web 服务器证书，并在浏览器端安装支持 SSL 的客户端证书（可选），然后把 URL 中的“http：//”换为“https：//”即可。SSL 协议便宜且开发成本小，应用简单方便，其安全性运用了私有与公开密钥加密法等措施，速度上比较快。这也是 SSL 协议在信用卡的安全网络支付、网络银行支付转账等方面应用得到普及的原因。

以基于 SSL 协议的信用卡网络支付为例，SSL 协议的信用卡网上支付应用框架如图 5.2 所示。其中，CA 的作用是间接的，主要是为银行与商家服务器颁发证书。当用信用卡支付时，在输入信用卡账号与密码之前，为保证账号与密码的安全，防止商家知晓，持卡人与银行之间可以直接建立 SSL 保密通信通道，进行保密信息传送，而不通过商家中转。有些网站把支付单与订货单绑在一块，通过商家中转（图上虚线连接），虽然信息是加密的，但仍然存在安全风险，无法保证商家不获取持卡人的信用卡账户等客户隐私信息。现在，一般都由客户浏览器与银行服务器直接建立 SSL 连接，并不通过商家，相对来说较为安全。

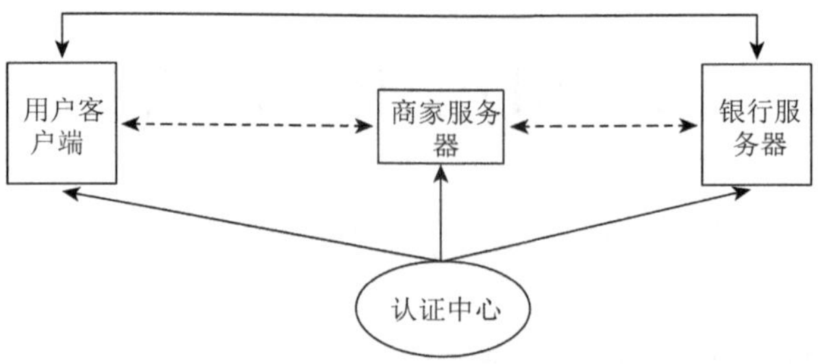

图 5.2　基于 SSL 协议的信用卡网上支付系统架构

2. 基于 SSL 协议的网上支付系统的工作流程

目前，消费者客户端上的网络浏览器软件产品、商家的电子商务服务器软件都内嵌了支持 SSL 协议的插件，绝大多数银行以及第三方的支付网关平台也都研发了大量支持 SSL 协议的应用服务与产品。以基于 SSL 协议的信用卡网上支付为例，其支付流程可描述为以下步骤，如图 5.3 所示。

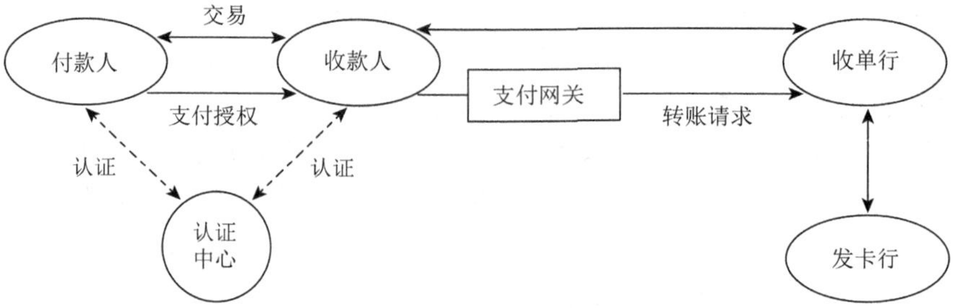

图 5.3　基于 SSL 协议的信用卡网上支付流程

（1）持卡客户对信用卡进行注册，得到发卡银行的网络支付授权。

（2）持卡客户连接上网，在商家电子商务网站选择商品或服务，填写订货信息。

（3）持卡客户确认订单信息，在选择付款方式时选择信用卡支付方式及信用卡类别。提交后，生成一个带有信用类别的订单发往商家服务器。

（4）商家服务器向持卡客户回复收到的订单查询 ID，但并不确认发货；商家服务器生成相应订单号，与其他支付相关信息发往发卡银行（或借助第三方网络支付平台）。

（5）在订货单提交后（或借助第三方网络支付平台），持卡客户浏览器弹出新窗口页面，提示即将建立与发卡银行端网络服务器的安全连接，SSL 协议机制开始介入。

（6）持卡客户端自动验证发卡银行端网络服务器的数字证书。

（7）通过验证发卡银行端网络服务器的数字证书，SSL 握手协议完成，意味着持卡客户端浏览器与发卡银行端网络服务器的安全连接通道已经建立，进入正式加密通信，浏览器下端状态栏出现一个锁状标志，它是 https 通信的标志。

（8）出现相应发卡银行的支付页面，显示从商家发来的相应订单号及支付金额信息，持卡客户填入自己的信用卡号以及支付密码，确认支付。这时还可取消支付，即之前发给商家的订单作废。

（9）支付成功后，屏幕提示将离开安全的 SSL 连接。持卡客户确认离开后，持卡客户端与银行服务器的 SSL 连接结束，SSL 介入结束。

（10）发卡银行在后台把相关资金转入商家资金账号，发送付款成功消息给商家。商家收到银行发来的付款成功消息后，发送收款确认信息给持卡客户，承诺发货。持卡客户还可根据订单 ID 在线查询该订单的执行情况。

从上述过程看出，涉及持卡客户的信用卡隐私信息的传送时 SSL 便会介入，而且大多是持卡客户与银行服务器的直接加密通信，而不通过商家中转，这是相当安全的。当然，不同的基于 SSL 协议机制的支付系统实施的业务流程不完全一样，但差别不大，上述 10 个步骤是目前较有代表性的流程。

3. 基于 SSL 协议的网上支付系统的性能分析

分析基于 SSL 协议机制的信用卡网络支付模式的业务流程及 SSL 协议的技术细节，可以看出这种支付模式的以下特点。

（1）实现的是部分信息加密，以提高效率，支付处理速度快。

（2）使用对称密钥和非对称密钥加密技术，各尽所长，安全性强。

（3）客户端可选对商家身份验证数字证书，提高支付效率。

（4）由于持卡客户端进行在线购物时只需一个信用卡号和密码，无须任何其他硬件设施，给支付客户带来极大的方便。

另外，基于 SSL 协议机制的信用卡网络支付模式的业务流程中由于需要一系列的加密、投权、认证及相关加密信息传送，还是有一定的交易成本。

5.3.2　基于 SET 协议的网上支付系统

1. 基于 SET 协议的网上支付系统架构

SET 协议由 VISA 和 MasterCard 两家公司联合推出。SET 协议主要是为了用户、商家和银行之间通过信用卡支付的交易而设计的，以保证支付信息的机密、支付过程的完整、商户及持卡人的合法身份，其核心技术主要有公开密匙加密、电子数字签名、电子信封、电子安全证书等。

以基于 SET 协议的信用卡网上支付系统为例，图 5.4 展示了系统架构。

（1）持卡人，即消费者，他们通过 Web 浏览器或客户端软件购物。

（2）商户，提供在线商店或商品光盘给消费者。

（3）发卡银行，它是一金融机构，为持卡人开账户，并且发放支付卡。

（4）收单银行，它为商家建立账户，并且处理支付卡的认证和支付事宜。

（5）支付网关，是由受款银行或指定的第三方操纵的设备，它处理商家的支付信息，同时也包括来自消费者的支付指令。

（6）认证中心，它不参与 SET 的支付流程，但是它给各参与方颁发证书，各参与方可以通过查看对方的证书，来确定对方是否准确而不是冒充的。要建立安全的电子商务系统，首先必须有一个健全可信的认证中心。

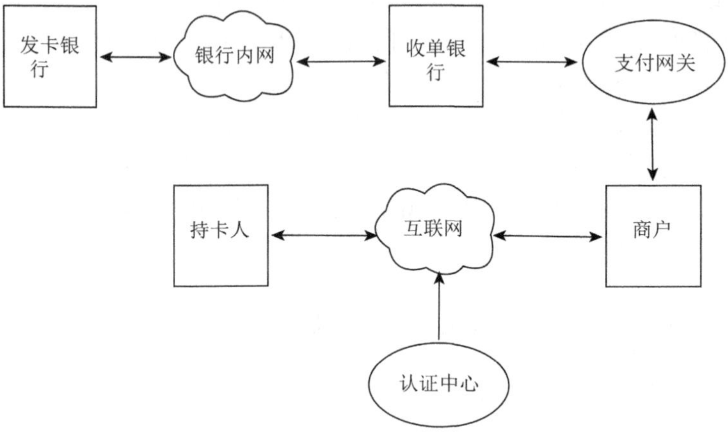

图 5.4　基于 SET 协议的信用卡网上支付架构图

2. 基于 SET 协议的网上支付系统的工作流程

利用基于 SET 协议的信用卡网上支付系统进行支付的过程如图 5.5 所示。

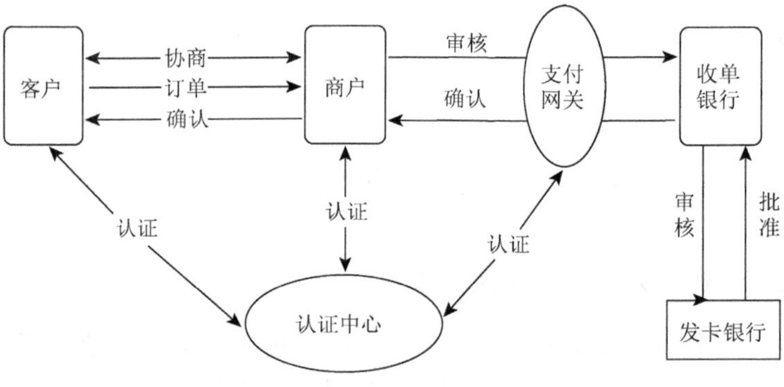

图 5.5　基于 SET 协议的信用卡网上支付流程图

（1）持卡客户上网浏览商家网站的商品和服务，选择商品，填写订货单，以上步骤 SET 协议均未介入。

（2）持卡客户在确定商品后选择在线网络支付（电子钱包方式），这时持卡客户端自动激发支付软件，向商家发送初始请求。初始请求指定交易环境，包括持卡客户所使用的语言、交易 ID、使用的是何种交易卡等信息，这时 SET 开始介入。

（3）商家服务器接收持卡客户发来的初始请求，产生初始应答，并对初始应答生成数字摘要，连同商家的数字证书、支付网关证书等，一并发送给持卡客户。

（4）持卡客户接收初始应答后，检查商家的数字证书和支付网关的数字证书。然后用商家公钥解开数字摘要的数字签名，用哈希算法生成收到的初始应答的数字摘要，将两者比较。如果相同则表示数据在途中未被篡改，否则丢弃。

（5）持卡客户通过认证商家的真实身份后，向商家发出购物请求信息（包括发往商家的订单和通过商家发往支付网关的支付通知），通过双重签名技术将订单与支付通知结合起来，生成其双重签名。持卡客户可利用随机算法生成私有密钥加密法用的私有密钥，对支付通知加密，再用支付网关的公钥将此私有密钥和持卡客户账号加密，形成数字信封。最后将持卡客户数字证书、订单与支付通知的加密密文和数字摘要、数字信封、双重签名等发送给商家。

（6）商家接收持卡客户发来的信息并且检查持卡人的购物请求后，认证持卡客户的数字证书。接着验证双重签名，查看数据在传输过程中是否被篡改。如果数据完整，则处理订单信息，产生支付请求。将支付请求生成摘要，签名后发送支付网关，支付网关收到后用商家公钥解密，确认支付请求是此商家所发出的且未被篡改。之后，商家生成私有密钥对支付请求加密，并用网关公钥加密形成数字信封。最后将商家数字证书、支付请求密文、商家数字签名、数字信封和持卡客户通过商家转发的双重签名、订单的数字摘要、持卡客户支付通知的密文、持卡客户的数字信封、持卡客户的证书等一起发往支付网关。

（7）支付网关分别检查确认商家发来的数据和持卡人发来的数据。支付网关认证商家证书，用私钥打开商家数字信封，获取商家私有密钥，解开商家发来的支付请求密文。将支付请求生成数字摘要，与商家发来的支付请求摘要（解开数字签名所得）比较，如果相同则表示数据完整，否则丢弃数据。支付网关检查持卡客户数字证书，然后用私钥打开持卡客户数字信封，得到持卡客户的账号和私有密钥。用此私有密钥解开支付通知的密文，得到支付通知内容。接着验证双重签名，生成支付通知的摘要，与订单的摘要连接，再次生成摘要，将其结果与解双重签名所得的数字摘要比较，如果相同则数据完整，如果不同则丢弃。通过审核后支付网关将信息发送往收单银行。

（8）在支付网关和收单银行之间、收单银行与发卡银行之间，通过金融专用网相连，其间的业务与传统的行间资金的支付结算一样，SET 协议不做规定。当银行间完成相关支付结算后，支付网关接到收单银行发来的扣款应答后，生成支付应答，产生支付应答的摘要，对其进行数字签名。在支付网关方生成私有密钥后，对支付应答加密，并将产生的私有密钥装入数字信封。最后，将支付网关数字证书、支付应答的数字签名、装有私有密钥的数字信封、支付应答的密文一起发送商家。

（9）商家接收信息后，检查支付网关发来的支付应答。首先，商家认证支付网关的数字证书；其次，商家用私钥打开数字信封，得到网关加密用的私有密钥，用此私有密钥解密支付应答，对其产生数字摘要。用网关公钥解开其数字签名，得到原始支付应答的摘要，并与新产生的摘要比较。如果相同，则数据完整：如果不同，则丢弃。接下来，商家产生购物应答，对购物应答生成摘要，并且签名。最后，将商家证书、购物应答、数字签名一起发往持卡客户。商家收到了支付应答，表明交易是成功的，商家发货。

（10）持卡客户接到购物应答后，验证商家证书。对购物应答产生数字摘要，用商家公钥解开数字签名，得到原始摘要，将其与新产生的摘要比较，相同则表示数据完整，不同则丢弃。至此，交易与支付流程结束。

在 SET 协议开始介入后的处理过程中，对通信协议、请求信息的格式、数据类型的定义等，SET 协议都有明确的规定。在操作中的每一步，持卡客户、商家、支付网关都要通过 CA 认证中心验证通信主体的身份，以确保通信的对方不是冒名顶替的。

3. 基于 SET 协议的网上支付系统的性能分析

通过 5.3.2 节可知，在一个完整的基于 SET 协议的网上支付交易过程中，需要验证数字证书 9 次，验证数字签名 6 次，传递各方数字证书 7 次，进行 5 次数字签名，4 次私有加密法加密和 4 次公开加密法加密，不可谓不安全。总体而言，基于 SET 协议的网上系统具有以下功能特征。

（1）需要各方申请安装数字证书并且验证真实身份。

（2）实现的是部分信息加密，以提高效率。

（3）使用对称密钥加密法、非对称密钥加密法、数字摘要技术、数字签名、数字信封等多种技术，安全性强。

（4）充分发挥认证中心的作用，以确保交易参与者所提供信息的真实性和保密性。

（5）由于加密、认证多，支付处理速度相比于 SSL 机制，速度稍慢，开销相对提高。

5.3.3　基于 PKI 的网上支付系统

1. 基于 PKI 的网上支付系统架构

公钥基础设施（public key infrastructure，PKI）是以不对称加密技术为基础，以数据机密性、完整性、身份认证和行为不可抵抗性为目的，来实施和提供安全服务的具有普适性的安全基础设施。PKI 采用证书进行公钥管理，通过第三方的可信任机构（认证中心，即 CA），把用户的公钥和用户的其他标识信息捆绑在一起，其中包括用户名和电子邮件地址等信息，以在 Internet 网上验证用户的身份。PKI 把公钥密码和对称密码结合起来，在 Internet 网上实现密钥的自动管理，保证网上数据的安全传输。

因此，本质上来说，所有提供公钥加密和数字签名服务的系统，都可归结为 PKI 系统的一部分。PKI 的主要目的是通过自动管理密钥和证书，为用户建立起一个安全的网络运行环境，使用户可以在多种应用环境下方便地使用加密和数字签名技术，从而保证网上数据的机密性、完整性、有效性。数据的机密性是指数据在传输过程中，不能被非授权者偷看；数据的完整性是指数据在传输过程中不能被非法篡改；数据的有效性是指数据不能被否认。

一个有效的 PKI 系统必须是安全的和透明的，用户在获得加密和数字签名服务时，不需要了解 PKI 的内部运作机制。在一个典型、完整和有效的 PKI 系统中，除证书的创建和发布，特别是证书的撤销，一个可用的 PKI 产品还必须提供相应的密钥管理服务，包括密钥的备份、恢复和更新等。

一个典型、完整、有效的 PKI 应用系统如图 5.6 所示，至少应具有 PKI 策略、软硬件系统、证书机构 CA、注册机构 RA、证书发布系统和 PKI 应用等：

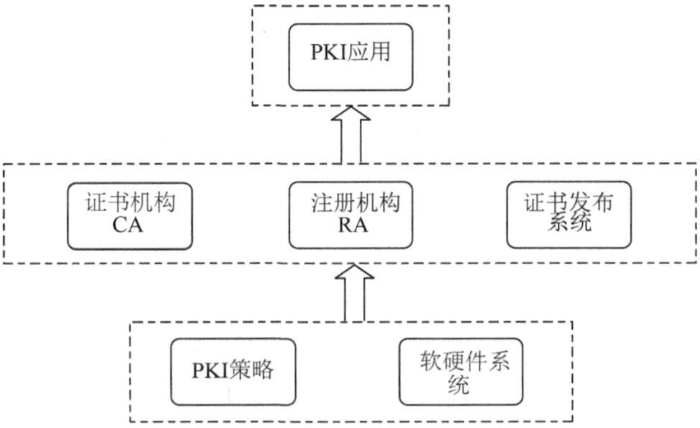

图 5.6　基于 PKI 的网上支付系统架构示意图

1）PKI 策略

PKI 安全策略建立和定义了一个组织信息安全方面的指导方针，同时也定义了密码系统使用的处理方法和原则。它包括一个组织怎样处理密钥和有价值的信息，根据风险的级别定义安全控制的级别。一般情况下，在 PKI 中有两种类型的策略：一是证书策略，用于管理证书的使用，例如，可以确认某一 CA 是在 Internet 上的公有 CA，还是某一企业内部的私有 CA；另外一个就是 CPS（certificate practice statement）。一些由商业证书发放机构（CCA）或者可信的第三方操作的 PKI 系统需要 CPS。这是一个包含如何在实践中增强和支持安全策略的一些操作过程的详细文档。它包括 CA 是如何建立和运作的，证书是如何发行、接收和废除的，密钥是如何产生、注册的，以及密钥是如何存储的，用户是如何得到它的等。

2）证书机构 CA

证书机构 CA，即证书授证中心是 PKI 的信任基础，它管理公钥的整个生命周期，其作用包括发放证书、规定证书的有效期和通过发布证书废除列表（certificate revocation list，CRL）确保必要时可以废除证书。

证书机构 CA 用于创建和发布证书，它通常为一个称为安全域（security domain）的有限群体发放证书。创建证书的时候，CA 系统首先获取用户的请求信息，其中包括用户公钥（如果用户端是个人使用或者测试用，则公钥一般由用户端产生，如电子邮件程序或浏览器等或者使用第三方开发的具有独立 CSP 的智能终端如 USBkey），CA 将根据用户的请求信息产生证书，并用自己的私钥对证书进行签名。其他用户、应用程序或实体将使用 CA 的公钥对证书进行验证。如果一个 CA 系统是可信的，则验证证书的用户可以确信，他所验证的证书中的公钥属于证书所代表的那个实体。

CA 还负责维护和发布证书废除列表 CRL。当一个证书，特别是其中的公钥因为其他原因无效时（不是因为到期），CRL 提供了一种通知用户和其他应用的中心管理方式。CA 系统生成 CRL 以后，要么是放到 LDAP 服务器中供用户查询或下载，要么是放置在 Web 服务器的合适位置，以页面超级链接的方式供用户直接查询或下载。

一个典型的 CA 系统包括安全服务器、注册机构 RA、CA 服务器、LADP 目录服务器和数据库服务器等，如图 5.7 所示。

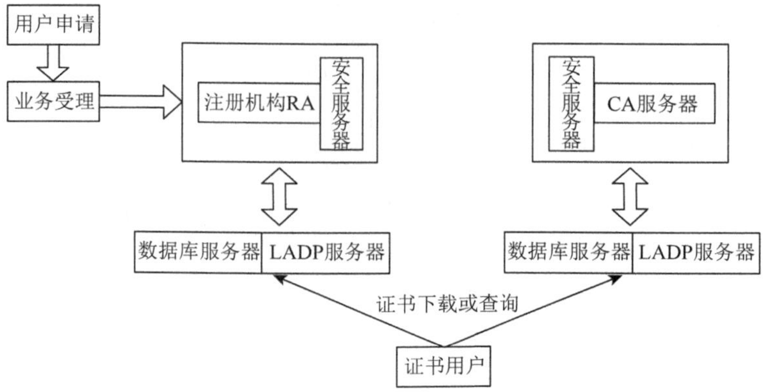

图 5.7　CA 框架图

3）注册机构 RA

注册机构（register authority，RA）提供用户和 CA 之间的一个接口，它获取并认证用户的身份，向 CA 提出证书请求。它主要完成收集用户信息和确认用户身份的功能。这里的用户，是指将要向认证中心（CA）申请数字证书的客户，可以是个人，也可以是集团或团体、某政府机构等。注册管理一般由一个独立的注册机构（RA）来承担。它接受用户的注册申请，审查用户的申请资格，并决定是否同意 CA 给其签发数字证书。注册机构并不给用户签发证书，而只是对用户进行资格审查。因此，RA 可以设置在直接面对客户的业务部门，如银行的营业部、机构认识部门等。当然，对于一个规模较小的 PKI 应用系统来说，可把注册管理的职能由认证中心 CA 来完成，而不设立独立运行的 RA。但这并不是取消了 PKI 的注册功能，而只是将其作为 CA 的一项功能而已。PKI 国际标准推荐由一个独立的 RA 来完成注册管理的任务，可以增强应用系统的安全。

4）证书发布系统

证书发布系统负责证书的发放，可以通过用户自己或是通过目录服务器进行。目录服务器可以是一个组织中现存的，也可以是 PKI 方案中提供的。数字证书是一个经证书授权中心数字签名的包含公开密钥拥有者信息和公开密钥的文件。最简单的证书包含一个公开密钥、名称以及证书授权中心的数字签名。一般情况下证书中还包括密钥的有效时间，发证机关（证书授权中心）的名称，该证书的序列号等信息，证书的格式遵循 ITUT X.509 国际标准。数字证书将 PKI 中的公钥信息与用户身份信息进行了绑定，由证书可以确定用户的身份。

2. 基于 PKI 的网上支付系统的工作流程

基于 PKI 的网上支付方案搭建流程如下：首先，建设统一支付网关，提供对外的标准接口，通过互联网与商户连接，商户事先要在某商业银行开结算户，持卡人客户通过互联网与商户网站链接，支付网关和商户网站安装服务器证书，持卡人客户安装个人普通证书；其次，持卡人与商户网站之间采用 SSL 协议，实现点对点的连接和认证；商户网站与支付网关之间同样采用 SSL 协议，实现点对点连接和认证，即整个连接是两次点对点通信和交易连接。

具体来讲，这种基于 PKI，采用 SSL 握手协议，通过两次点对点，实现网上 B2C 交易的数据流程如下。

（1）持卡人登录商家网站，浏览商品，填写购物订单信息及银行卡支付信息，并做数字签名。发送到商家网站服务器。

（2）商家验证持卡人的订单签名，确认后商家将支付信息转发给银联支付网关，银联支付网关将通信格式转换为 8583 格式后转送后台进行信息转接并进行传统授权处理。

（3）银联信息交换中心将支付信息按传统授权，即收单行向发卡行要求授权，之后发卡行通过银联信用卡网络向收单行发送授权。

（4）银联支付网关将交易授权结果回应返回给商户。

（5）商户将交易扣款成功信息返回给持卡人，持卡人等待商家的配送。

3. 基于 PKI 的网上支付系统的性能分析

PKI 系统采用公开密钥密码技术，能够支持可公开验证并无法仿冒的数字签名，从而在支持可追究的服务上具有不可替代的优势。这种可追究的服务也为原发数据完整性提供了更高级别的担保。支持可以公开地进行验证，或者说任意的第三方可验证，能更好地保护弱势个体，完善平等的网络系统间的信息和操作的可追究性。

1）可以进行离线认证

由于数字证书可以由用户独立验证，不需要在线查询，原理上能够保证服务范围的无限制地扩张，这使得 PKI 能够成为一种服务巨大用户群的基础设施。PKI 采用数字证书方式进行服务，即通过第三方颁发的数字证书证明末端实体的密钥，而不是在线查询或在线分发。这种密钥管理方式突破了过去安全验证服务必须在线的限制。

2）系统安全性与灵活性兼具

安全性为 PKI 系统最为凸显的特征之一，与此同时，它还提供了证书的撤销机制，从而提供了在意外情况下的补救措施，在各种安全环境下都可以让用户更加放心。另外，因为有撤销技术，不论是永远不变的身份、还是经常变换的角色，都可以得到 PKI 的服务而不用担心被窃后身份或角色被永远作废或被他人恶意盗用。

3）PKI 标准化程度高

随着 PKI 的发展和应用的不断普及，PKI 的产品也越来越多，在 PKI 技术框架中，许多方面都经过严格的定义，如用户的注册流程、数字证书的格式、CRL 的格式、证书的申请格式以及数字签名格式等。如 X.509 协议就是 PKI 技术体系中应用最为广泛，也是最为基础的一个国际标准。高度的标准化使得 PKI 系统更容易与各类应用软件进行互联互通。

5.3.4　电子现金系统

1. 电子现金支付系统基本概念

电子现金又称为电子货币或数字货币，是以数据形式流通的现金货币，它把现金数值转换成为一系列的加密序列数，通过这些序列数表示现实中的币值，是 20 世纪 90 年代中期出现的一种新型支付工具。

电子现金支付系统包括三个主体：商家，用户，银行，以及四个安全协议过程：初始化协议，提款协议，支付协议和存款协议。第一个电子现金方案是由 Chaum 在 1982 年提出，他利用盲签名技术来实现，可以完全保护用户的隐私权。但这种完全匿名的电子现金也为许多不法分子提供了方便，他们利用电子现金的完全匿名性进行一些违法犯罪活动。基于这个原因，合理的电子现金系统应该是不完全或条件匿名的。随后，Stadler 等于 1995 年提出了公平盲签名（fair blind signature）的概念，可以用于条件匿名的支付系统。1996 年，Camenisch 等和 Frankel 等分别独立地首次提出了公平的离线电子现金（fair off-line electronic cash）的概念，同时给出了两个方案。公平电子现金中的用户的匿名性是不完全的，它可以被一个可信赖的第三方（TTP）撤销，从而可以防止利用电子现金的完全匿名性进行的犯罪活动。

电子现金在其生命周期中要经过提取、支付和存款三个过程，涉及用户、商家和银行等三方实体或组织。用户与银行执行提取协议从银行提取电子现金；用户与商家执行支付协议支付电子现金；商家与银行执行存款协议，将交易所得的电子现金存入银行。

2. 电子现金的分类与特性

电子现金系统根据不同的划分标注可以划分成不同的类别，具体如表 5.1 所示。

表 5.1　电子现金分类表

划分标准	电子现金类别
交易的载体	基于账户的电子现金系统；基于代金券的电子现金系统
消费时商家是否需要与银行进行联机验证	联机电子现金系统；脱机电子现金系统
是否可以合法的支付多次	可分电子现金；不可分电子现金

电子现金在经济领域起着与普通现金同样的作用，对正常的经济运行至关重要。电子现金应具备以下特性。

（1）独立性。电子现金的安全性不能只靠物理上的安全来保证，必须通过电子现金自身使用的各项密码技术来保证电子现金的安全。

（2）不可重复消费：电子现金只能使用一次，重复消费能被轻易地检查出来。

（3）匿名性：银行和商家不能追踪电子现金的使用，从而隐蔽电子现金用户的购买历史。

（4）不可伪造性：用户不能造假币，这包括两种情况：一是用户不能凭空制造有效的电子现金；二是用户从银行提取若干个有效的电子现金后，也不能根据提取和支付的电子现金相关信息复制出有效的电子现金。

（5）可传递性：用户可将电子现金像普通现金一样，在用户之间任意转让，且不能被跟踪。

（6）可分性：电子现金不仅能作为整体使用，还能被分为更小的部分多次使用，只要各部分的面额之和与原电子现金面额相等，就可以进行任意金额支付。

3. 电子现金系统中使用的密码技术

电子现金的安全性和可靠性等主要是依靠密码技术来实现的，主要有以下几种。

（1）分割选择技术：用户在提取电子现金时，不让银行知道电子现金中用户的身份信息，但银行需要知道提取的电子现金的正确构造。分割选择技术是用户正确构造 N 个电子现金传给银行，银行随机抽取其中的 N–1 个让用户给出它们的构造，如果构造正确，银行即确认电子现金有效，并对它进行签名。

（2）零知识证明：证明者向验证者证明并使其相信自己知道或拥有某一消息，但证明过程不能向验证者泄漏任何关于被证明消息的信息。以上两种技术用于将用户的身份信息嵌入电子现金中。

（3）认证：认证一方面是鉴别通信中信息发送者是真实的而不是假冒的，另一方面是验证被传送信息是正确和完整的，没有被篡改、重放或延迟。

（4）盲数字签名：签名申请者将待签名的消息经“盲变换”后发送给签名者，签名者并不知道所签发消息的具体内容，该技术用于实现用户的匿名性。

4. 电子现金支付系统实例

1）E-cash

E-cash 是由 DigiCash 的公司于 1994 年 5 月开发的一种电子现金系统，这个系统允许消费者使用电子现金进行联机交易，它是世界上第一个电子现金系统。其优点是实现了完全的匿名性。在使用 E-cash 时，用户和商户必须在发放 E-cash 的银行建立一个账户。银行向他们提供 Purse 软件，用于管理和传送 E-cash。然后，资金被从常规账户输入 Purse 软件上并在被支出以前存储在用户的内置硬驱上。E-cash 是网络型电子现金的代表，将遵循一定规则排列的数字串作为代表电子现金的所有信息，电子现金本身保存在电子现金库中，在网络中使用电子现金使其得到传递和流通。

用 E-cash 进行网上支付，其流程如图 5.8 所示。

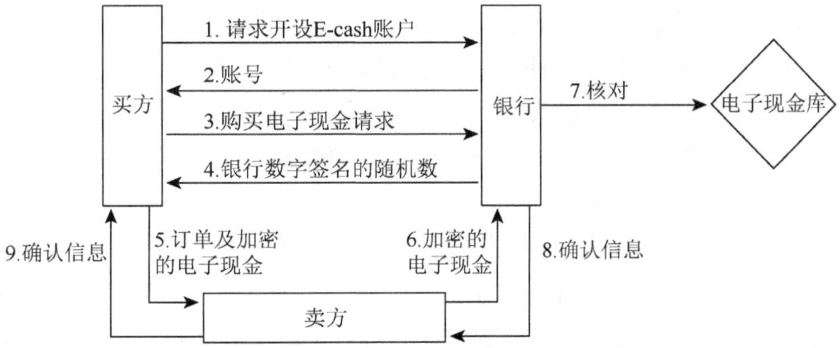

图 5.8　E-cash 电子现金支付过程

2）Mondex

著名的 Mondex 电子钱包是由英国银行和电信公司联合研发的融合金融与电信功能

的电子现金系统。它的设计是以智能卡为基础，以离线和在线两种方式进行全球范围的电子支付交易。Mondex 是智能卡型电子现金的典型代表，电子现金本身保存在智能卡的存储器中，将智能卡作为电子现金价值的计算器，通过改写卡内余额记录来处理从卡里支出价值或向卡内存入价值。

Mondex 电子货币的支付系统流程图如图 5.9 所示。

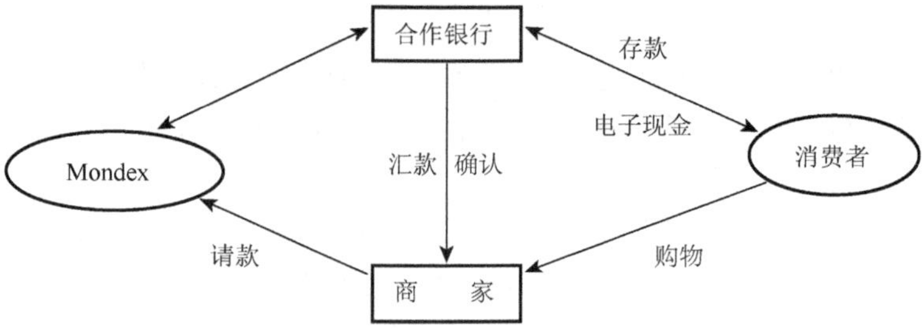

图 5.9　Mondex 支付流程图

消费者首先从银行户头上划一定的存款到 Mondex 电子钱包里，同时储户上等额的银行存款转到 Mondex 卡发行者的户头；持卡人消费时可以通过 Mondex 电话、零售终端机或网上进行电子货币的支付，商家可以随时向 Mondex 中心要求取款；收到取款通知的 Mondex 就向商家开户行汇款，同时征收一定的手续费。

Mondex 卡具备和现金货币一样的储蓄和支付功能。当卡内的货币用完后，可以通过一种类似 ATM 的专用自动柜员机将持卡人在银行账户上的存款调入卡内。

5.3.5　电子支票系统

1. 电子支票系统概述

1998 年 6 月 30 日，IBM 联合美国波士顿银行、美洲银行和美国金融服务技术联合会签发了世界上第一张电子支票。电子支票作为电子商务的具体应用之一，其最大的优点在于极大地降低了交易过程中的支付成本，支票的流程周期也从传统的 2 周缩短为几个小时。电子支票的出现对电子商务的发展起了巨大的作用，为交易金额较大的 B2B 电子商务方式提供了实质性的支持，它主要用于企业的转账支付，在企业内可以通过 Internet 按照特定形式的电子支票进行支付。

电子支票，英文为 E-Check，也称数字支票，是将传统支票的全部内容电子化和数字化，然后借助于计算机网络（Internet 与金融专网）完成支票在客户之间、银行客户与客户之间以及银行与银行之间的传递，实现银行客户间的资金支付结算。或者简单地说，电子支票就是纸基支票的电子版。它包含和纸基支票一样的信息，如支票号、收款人姓名、签发人账号、支票金额、签发日期、开户银行名称等，具有和纸支票一样的支付结算功能。电子支票是客户向收款人签发的、无条件的数字化支付指令，它可以通过 Internet 或无线接入设备来完成传统支票的所有功能（电子支票的支付流程如图所示）。

电子支票使用金融服务标识语言 FSML（financial services markup language）来书写。FSML 同 HTML 类似，其文档结构和数据条款都有标记来限定，这两种标识语言都是由标准通用标识语言 SGML（standard generalized markup language）来设定。设计 FSML 用来支持电子支票的数据结构和数字签名，但也可以被扩展为其他金融服务文档。用 FSML 书写的电子支票包含所有普通纸基支票中所具有的全部信息，包括手写的、打印的、印刷的，甚至利用磁条和条形码所代表的信息。另外，电子支票中还可以包含一些纸基支票中所不能包含的信息，如与电子订单和票据的接口信息等。FSML 中包含签名块，用于支持 FSML 文档块的增加和删除，并支持多种签名方式和协同签名等，也可以被依次处理电子支票的交易方背书该电子支票。另外，FSML 结构和签名机制也同样提供了封装和加密粘贴其他文档的功能，这样可以给收款人提供支付建议、订货单和汇款等信息，以使收款人能够把支票存储在合适的银行账号中。

电子支票使用 X.509 证书来提供对签名的验证功能。当银行客户申请一个电子支票账号时，银行将向客户发放一个证书，当证书过期以后，银行将重新发放该证书，以保证一个证书对应一个用户账号。

由于电子支票为数字化信息，因此处理极为方便，处理的成本也比较低。电子支票通过网络传输，速度极其迅速，大大缩短了支票的在途时间，使客户的在途资金损失减为零。电子支票采用公开密钥体系结构，可以实现支付的保密性、真实性、完整性和不可否认性，从而在很大程度上解决了传统支票中大量存在的伪造问题。

2. 电子支票系统的工作流程

电子支票系统提供发出支票、处理支票的网上服务。付款人向收款人发出电子支票，收款人用此支票向银行背书以启动支付，经认证的合法电子支票在支付过程中就作为将存款从付款人账户转移到收款人账户的确认依据。因此电子支票支付是即时付款的方式，支付的操作是直接针对银行账户，将钱款从一个账户转移到另一个账户。具体过程如图 5.10 所示。

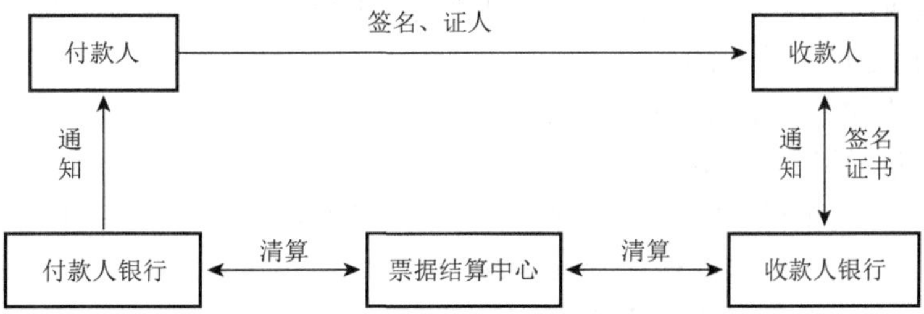

图 5.10　电子支票支付流程

电子支票系统包含三个实体：购买方、销售方和金融机构。当购买方与销售方进行完一次交易后，销售方要求付款。此时，购买方从金融机构那里获得一个唯一的付款证明（相当于一张支票），这个电子形式的付款证明表示购买方账户欠金融机构钱，购买方在购买时把这个付款证明交给销售方，销售方再转交给金融机构。整个事务处理就像传统的支票查证过程。当它作为电子方式进行时，付款证明是一个由金融机构出示证明的电子流。更重要的是，付款证明的传递和传输，以及账户的负债和信用几乎是同时发生的。如果购买方和销售方没有使用同一家金融机构，通常将由国家中央银行或国际金融组织协同控制。

在电子支票体系结构下，要保证交易的真实性、保密性、完整性和不可否认性，其中最重要的一个环节就是确保私有密钥的安全性。在公用网络上付款人向收款人发出的电子支票，实际上是一个经过付款人私钥加密的电子文件，包括支付数据、支票数据、数字签名、CA 证书、开户行证明等内容，由于对于电子支票银行几乎是实时处理，电子支票系统的安全性保证是其运作的基础。

常用的做法是客户使用智能卡来实现对私有密钥的保护。客户要通过电子支票进行支付，需要在计算机上安装读卡器和驱动程序。读卡器通过一根串行电缆与计算机的串行通信口相连。在安装驱动程序时，智能卡设备的加密驱动程序将被安装在机器上。Web 服务器首先验证客户端证书的有效性，在确认证书有效后，Web 服务器发送一串随机数给客户端浏览器（浏览器与智能卡通信时，要求输入智能卡的 PIN，增加了安全性），智能卡使用私有密钥对这串随机数进行数字签名，签名后的随机数串被回送给 Web 服务器，并由 Web 服务器验证签名，如果签名验证通过，Web 服务器和浏览器之间使用 SSL 协议规程，建立安全会话通道进行通信，二者之间发送和接收的信息已经过加密，客户才可以安全地进行相关操作。

3. 电子支票系统实例

Netcheque 电子支票支付系统是由美国南加利福尼亚大学（University of Southern California，USC）信息科学协会开发的一种支票型支付系统。Netcheque 账户所有者可以签发电子支票，类似于传统的银行账户。如同纸质的支票一样，电子支票上也包含了客户的签名，但在用于支付前，必须由商户对其进行背书。Netcheque 系统利用 Kerberos 标签来产生电子签名，并对支票进行背书。Netcheque 支票信息包括支票数额、货币单位、日期、账户号码、收款人、客户签名以及商户和银行的背书等。其中前五项是明文，后几项对于收票行来说是可以验证的。

Netcheque 支票系统业务流程如下。

用户在签发支票时，首先产生支票的明文部分。然后用户从 Kerberos 服务器上获得一个标签 T，用来向银行证实自己的身份，并与银行共同享有一个密钥 K，再根据支票内容产生一个校验码，并把它放在一个证明器中，生成用户签名。在标签 T 中包含了密钥 K 的拷贝，并用用户开户银行的私人密钥进行加密。

客户通过公共网络上的电子邮件或使用加密线路向商户发送一张签名电子支票，商家收到支票后，首先读出支票的明文部分内容，再从 Kerberos 服务器上获得客户银行的一个标签 T，生成商户签名，并对支票进行背书，通过安全线路，商家将背书后的支票传送给商户开户银行。如果客户和商家使用不同的银行，商家开户银行向商家发送一条指示，指出该支票已被存为收款。如果该支票必须在多个银行之间进行清算，每一个银行都要把背书附加在支票上，当客户银行清算时，所附加的背书可以用来跟踪原来的路径到商户银行。

Netcheque 电子支票系统与传统支票处理流程十分相似，只是在传统的参与者客户、银行和商家之外多了第三方 Kerberos 服务器，通过它来提供客户签发的支票的信用担保服务，和银行一起完成整个支付过程。

4. 电子支票系统特点

电子支票是电子银行与新兴的网络银行服务中常用的一种电子与网络支付工具。与传统的纸基支票支付相比，电子支票的网络支付具有如下一些主要特点。

（1）节省时间。电子支票的发行不需要填写、邮寄或发送。可以在任何时间、地点通过网络进行电子支票的网络支付，打破了地域的限制，最大限度地提高支票的收集速度，从而为客户提供了更方便快捷的服务。

（2）减少了支票被退回情况的发生。电子支票的设计方式使得商家在接收前，先得到客户开户行的确认。类似于银行本票。

（3）电子支票网络支付适合于各种市场，较好地支持了企业与企业之间、企业与政府部门之间的电子商务市场。

（4）电子支票网络支付方式可在收到支票时验证出票者的签名、资金状况，避免收到传统支票时发生的无效或空头支票现象，减少风险。

（5）通过应用数字证书、数字签名以及加解密技术，采用唯一电子支票号码检验技术，提供了比使用印章和手写签名更加安全可靠的防欺诈手段。

（6）电子支票网络支付将整个处理过程自动化，帮助银行缓解了处理支票的压力，节省大量的人力和开支，极大地降低了处理成本。

第 6 章　第三方支付

第三方支付最早源于美国的独立销售组织制度，是指收单机构和交易处理商委托独立销售组织做中小商户的发展、服务和管理工作的一种机制。其最本质特征是买卖双方在履行交易时由第三方同银行进行支付清算活动。

6.1　第三方支付概述

1. 第三方支付起源

第三方支付的起源是为了消除交易风险。交易风险指交易双方中的一方擅自更改约定的交易，从而造成另一方经济上的损失。电子商务系统存在的交易风险主要有两个方面：买方风险和卖方风险。

传统的电子商务支付流程有两种：一是先支付后配送；二是先配送后支付。支付与配送的顺序不同会直接决定是买方还是卖方承担风险。对比两种支付方式的流程，可以分析出前者由于支付在先配送在后，因此买方有可能受到卖方的欺诈，承担得不到商品或者商品不满足自己需求的风险；而后者由于配送在先支付在后，因此卖方有可能受到买方的欺诈，承担收不回货款的风险。

由此可以看出，在现有的传统支付方式下，无论是先支付还是先配送，风险总是存在的，只不过是承担风险的主体不同而已。因此，以第三方支付为代表的新型在线支付方式满足了电子商务中商家和消费者对信誉和安全的相互要求，在商家与顾客之间建立了一个安全、有效、便捷和低成本的资金划拨方式，为电子商务提供了一个可行的安全交易环境，很大程度上改变了虚拟交易的信任危机，极大地推进了电子商务的发展。

第三方支付机构以互联网等开放网络为支付渠道，通过第三方支付机构与各商业银行之间的支付接口，在商户、持卡人与银行之间形成一个完整的支付服务流程，基本流程如图 6.1 所示。

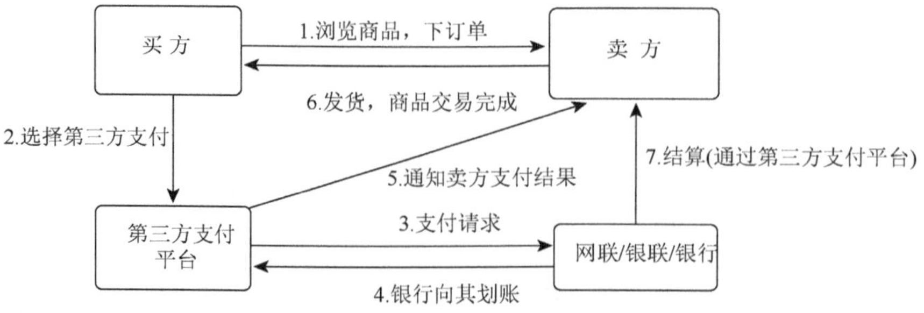

图 6.1　第三方支付流程图

2. 第三方支付概念

第三方支付是一个发展中的概念，其本身发展至今也不过才 20 余年。1999 年国内产生了第一家第三方支付公司——首信易支付平台，其属于早期的互联网支付网关企业，首信易二级结算模式开创了中国的在线支付。网上银行是第三方支付发展的基础，2002 年以前，各大商业银行就在不断发展网络银行业务。2002 年 3 月，中国银联的成立使多银行接口继承问题得到解决，能够满足商家多银行卡在线支付接口的需求，有效解决了异地跨行的网上支付，消费者可以通过 Web 页面输入银行卡账号与密码实现网上支付。2005 年随着《电子签名法》的施行，我国第三方支付开始飞速发展。

有关第三方的概念定义海内外学者一直在尝试总结。国内对第三方支付的认识大致经历过两个阶段。一是在 2010 年以前，第三方支付主要是指以某一特定系统内（以银行为主以网络为主要清算平台的互联网支付（如中国银联等）。第二个阶段是自 2010 年中国人民银行发布《非金融机构支付服务管理办法》以及 2011 年颁发非金融机构《支付业务许可证》以来，第三方支付的范畴得到了外延。第三方支付由原来的互联网支付扩展为从事支付业务、资金转移服务的所有非金融机构。其中，《非金融机构支付服务管理办法》将第三方支付定义为，在收付款人之间作为中介机构提供网络支付、预付卡的发行与受理、银行卡收单以及中国人民银行规定的其他支付服务的非金融机构。

后又有学者指出：传统的第三方支付服务仅仅指代中介机构提供的线上资金转移服务，而新兴的第三方支付服务还应包括移动支付、POS 收单等线下支付服务；第三方支付是一种信用中介服务、一种支付托管行为，其本质是通过设立中间过渡账户的形式实现资金的可控性停顿。

现在有更贴近第三方支付市场发展的咨询机构，如艾瑞研究的支付发展报告中指出：第三方支付指的是独立于商户和银行并且具有一定实力和信誉保障的独立机构，为商户和消费者提供交易支付平台的网络支付模式。目前市场上一般将其划分为第三方互联网支付和第三方移动支付。用户通过计算机、便携式计算机等设备，依托互联网发起支付指令，实现货币资金转移的行为被称为互联网支付。互联网支付与第三方支付形成的交集即第三方互联网支付。第三方移动支付是基于无线通信技术，用户通过移动终端上非银行系产品实现的非语音方式的货币资金的转移及支付行为。

3. 我国第三方支付发展历程

第三方支付如今俨然已经成为消费者网上交易活动的首选支付方式。从 1999 年我国第一家第三方支付企业诞生至今，第三方支付已经走过了 20 余年的发展历程，可以将我国第三方支付平台的发展历程分为三个阶段。

1）第一阶段是早期或自由发展期（1999～2004 年）

1999 年成立的北京首信和上海环迅两家企业是中国最早的第三方支付企业，由于电子商务在中国的发展缓慢，其影响力一直不大。直到 2003 年 10 月阿里巴巴公司推出支付宝，在淘宝购物平台的强大影响下，其业务取得了突飞猛进的发展，第三方支付的交易规模也呈飞速增长趋势，仅用 4 年时间便以超过 2 亿用户的绝对优势胜过美国的 PayPal，成为全球最大的第三方支付平台。

此阶段由于第三方支付还处于早期发展阶段，其影响力和覆盖范围均有限，因此没有相关政策措施出台。

2）第二阶段是强力发展期（2005～2013 年）

继阿里巴巴公司的支付宝推出后，国内相继出现了一系列类似的支付平台，如安付通、买卖通、微信支付、e 拍通、网银在线等产品均以较高的收益回报率和服务便捷性被亿万用户使用；此外，以拉卡拉为代表的线下便民金融服务提供商的出现，以及银联电子支付推出的银联商务等多项金融服务的衍生，使得我国的第三方支付平台呈现迅猛的发展态势，第三方支付企业进入了持续稳定的“黄金”增长期。

由于这一时期第三方支付企业集中发展且影响力逐渐增大，甚至对银行等实体金融造成了较大冲击，导致它们之间竞争相当激烈。因此，从 2005 年开始，国务院及相关部门陆续出台了一系列相关政策措施用于规范电子商务市场的发展和网上支付环境建设。由这些政策文件可知，这一时期政府对于第三方支付的态度是积极鼓励、引导和规范，第三方支付企业利用这一有利时机和环境不断拓展业务范围和大力发展多样性经营。

3）第三阶段是审慎发展期（2014～2018 年）

“风险与利益并存”这一准则在市场中被反复检验和证实。由于国内的第三方支付发展迅速，存在片面发展和安全风险等隐患，因此从 2014 年开始，中国人民银行对第三方支付的态度开始发生微妙的转变。具体政策措施体现为：2014 年 3 月，中国人民银行支付结算司发布《关于暂停支付宝公司线下条码（二维码）支付等业务意见的函》，紧急叫停了虚拟信用卡和二维码支付。同年 4 月，中国人民银行和银监会联合发布《关于加强商业银行与第三方支付机构合作业务管理的通知》。2015 年，中国人民银行《非银行支付机构网络支付业务管理办法》出台；2016 年 3 月，国家发展改革委员会和中国人民银行颁布《关于完善银行卡刷卡手续费定价机制的通知》；2016 年 4 月，中国人民银行出台《非银行支付机构分类评级管理办法》；2016 年 8 月，中国人民银行发布《银联卡受理终端业务准入管理规则》；2017 年 12 月，中国人民银行《条码支付业务规范（试行）》出台。2017 年 1 月，《中国人民银行办公厅关于实施支付机构客户备付金集中存管有关事项的通知》，明确了第三方支付机构在交易过程中，产生的客户备付金，今后将统一交存至指定账户，由中国人民银行监管，支付机构不得挪用、占用客户备付金。2017 年 8 月，中国人民银行支付结算司发布《关于将非银行支付机构网络支付业务由直连模式迁移至网联平台处理的通知》。网联平台的建立，彰显了监管部门加强第三方支付机构资金交易监管的决心，有助于实现第三方支付资金清算的规范化、透明化、集中化运作及对风险的有效管控。

从近几年国家政策频频出台可见，第三方支付机构在支付体系中的地位已被政府重视。随着第三方支付行业被纳入统一监管，我国的支付清算行业必将迎来新的发展契机。

4. 第三方支付发展现状

用户、资本和技术，是推动互联网产业发展的三个重要动力。其对行业促进的方式也各不相同，用户推动行业爆发式增长，资本推动从业者增多，这两种元素对行业的推动都遵循边际递减效应，随着时间的推移，这两者的促进将逐渐降低。而技术对行业的促进方式则有所不同，因为无法预估下一轮技术的爆发点，所以技术对行业的促进是“脉冲式”的，某一时刻的促进会将行业增速提高，而后自然衰退。而下一次技术推动会产生和上一轮相似的数据表现。因此行业到了以技术为推动的阶段时，增速的变化比较跳跃，目前中国第三方支付行业就处在这样一个历史背景中。从银联到支付宝、微信支付，支付产业在我国迅猛发展。我国第三方移动支付交易规模从 2011 年 0.1 万亿元飞速发展到 2018 年 230.4 万亿元，近几年仍维持近 50%复合增速，2019 年规模达到 302.2 万亿元，如图 6.2 所示。

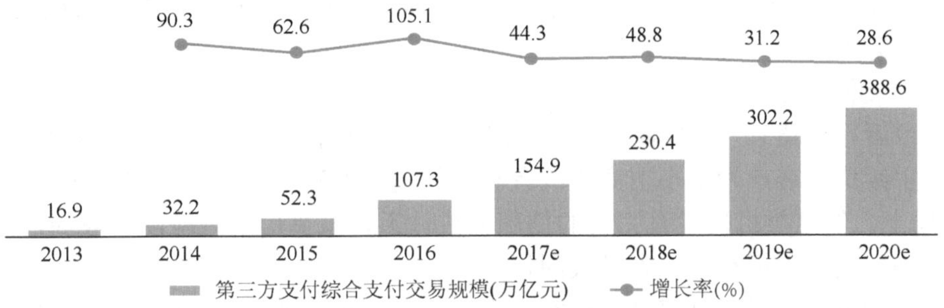

图 6.2　2013～2020 年中国第三方支付综合支付交易规模

6.2　第三方支付商业模式

我国第三方支付业务的类型按交易主体分，有 C2C、B2C 和 B2B 三类。近年 C2C 业务发展迅速，是网络支付高速发展的基础，尤其随着淘定网和拍拍网建立，网络支付进入高速发展期。由于支付宝和财付通占据垄断地位，其余厂商的进入壁垒较高。B2C 是随着电子商务化的普及，更多企业搭建电子商城，直接面对客户进行网络直销。网上商城呈现平台化，逐步转变为综合型购物平台。目前，B2B 尚处于发展期，该业务侧重于行业细分深挖和拓展并提供解决方案，如汇付天下的航空票务业务等。一旦各行业需求饱和，就将面临争夺商户的竞争。

按运营模式分，主要有依附型企业和独立型企业两类。依附型企业以互联网公司为依托，如支付宝背靠淘宝网，财付通背靠拍拍网等，与自身电子商务平台相互支持。独立型企业则依靠风险投资崛起，专注于提供行业解决方案，面临较为严峻的市场竞争。

6.2.1　第三方支付业务流程模式

1. 直联模式

2013 年，监管层建立了支付机构客户备金存的基本框架。第三方支付平台进入高速发展阶段。随着银行卡套现、洗钱等行为增多，2015 年底开始，监管层对备付金存活动及支机构业务连接系统出具规范意见，宣布将逐步取消备付金账户计利息，且非银支机构不得连接多家银行系统。2017 年随着网联清算有限公司（后文简称网联）的成立，国家规定自 2018 年 6 月 30 日起，支付机构受理的涉及银行账户网络支付业务全部通过网联平台处理，俗称“断直联”。因此第三方支付的业务流程发生彻底改变，过去与银行直接关联进行资金划拨的第三方支付都可以归为直联模式。

1）网关支付模式

网关支付模式是指第三方支付平台仅作为支付通道将买方发出的支付指令传递给银行，银行完成转账后，再将信息传递给支付平台，支付平台将支付结果通知商户并进行结算。支付网关位于互联网和传统银行专网之间，其主要作用是安全连接互联网和银行专网，将不安全的互联网网上交易信息通过安全转换传给银行专网，起到隔离和保护银行专网的作用。在网关支付模式下，第三方支付平台只提供了银行到用户的简单支付通道，把银行和用户连接起来。

在网关支付模式下的第三方支付机构的特点是：有独立的网关，灵活性大，一般都有政府背景或者行业背景，根据客户不同规模和特点提供不同的产品，收取不同组合年服务费和交易手续费，客户为中小型商户或者有结算需求的政企单位，集中在 B2B、B2C 和 C2C 市场上。但这类机构没有完善的信用评价体系，抵御信用风险能力较弱，增值服务开发空间小，技术含量不高，容易被同行复制。

该模式的典型应用有首信易支付网关支付、易宝支付网关支付等。网关支付模式下的支付流程如图 6.3 所示。

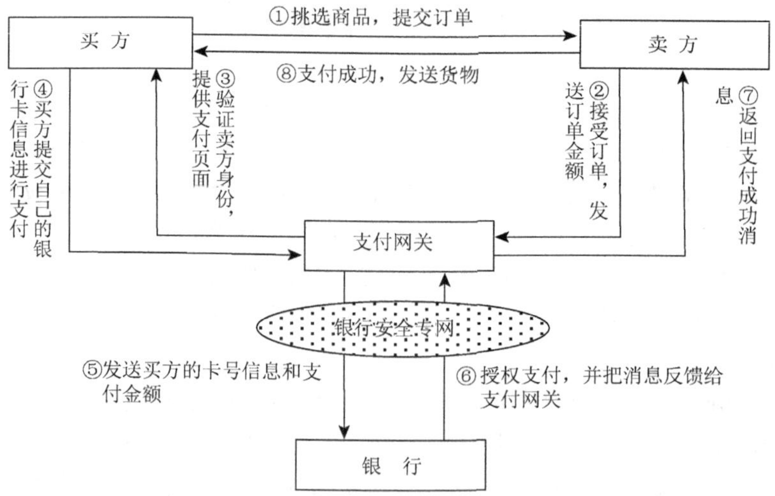

图 6.3　网关支付模式业务流程图

2）信用中介支付模式

信用中介支付模式流程如图 6.4 所示。信用中介支付模式主要是第三方支付的相关服务要担当信用中介的责任，负责“代收代付”和“信用担保”等相关职责。在买卖交易的双方达成交易合作的意愿后，买方要把货款先存入支付平台上指定的账户内，在买家收货后要通知第三方的支付平台进行付款，第三方支付平台要把买方以前存入的货款从买家的指定账户中转移到卖家的账户。

信用中介支付模式对推动我国电子商务的发展起到关键作用，我国电子商务兴起初期，信用体系建设几乎是空白，支付宝等信用中介担保类型第三方支付平台的出现极大地解决了我国信用缺失的短板，现在随着我国个人和企业征信体系建设的不断完善仍继续发挥着重要作用。

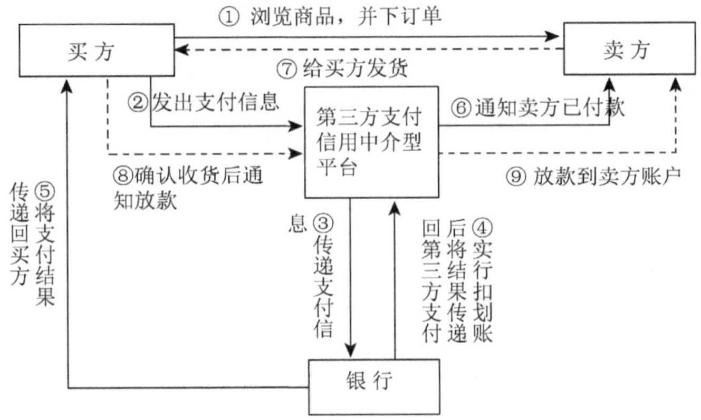

图 6.4　信用中介模式业务流程图

3）账户支付模式

账户支付模式是 PayPal 在美国的成功商业模式。此模式流程如图 6.5 所示，特点是支付公司主要围绕着会员账户开展支付服务。它要求用户首先注册为其会员（一般用 E-mail 或手机号码作为用户 ID）来开通一个虚拟账户，用户可以用银行卡或者其他方式为虚拟账户进行充值，支付时需要登录此账户才能完成授权和使用账户里的金额进行支付。账户型支付模式的代表是国际领先的电子支付平台 PayPal。用户在用 PayPal 进行支付时，只需要输入自己用来注册的 E-mail 和密码，便可完成授权用 PayPal 账户的金额进行支付。一个验证过的 PayPal 账户可以连接到银行账户或者信用卡。账户型支付的优势在于有较强的用户黏性，可以追踪收集用户的消费习惯，为其他增值服务提供基础。

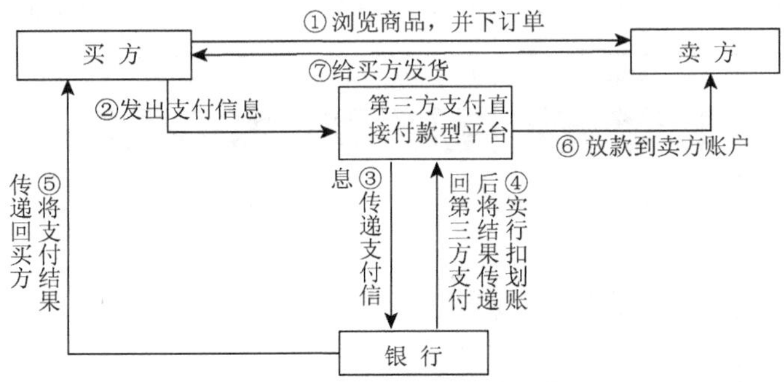

图 6.5　账户支付模式业务流程图

2. 间联模式

网联平台即非银行支付机构网络支付清算平台，它对标银联在银行间跨行交易的作用。2017 年 8 月 4 日，中国人民银行支付结算司向有关金融机构下发了《关于将非银行支付机构网络支付业务由直连模式迁移至网联平台处理的通知》。网联平台成立，对支付宝和财付通不利，对中小支付机构、银行有利，用户基本不会感到变化。间联模式和过去的直连模式的比较如图 6.6 所示。

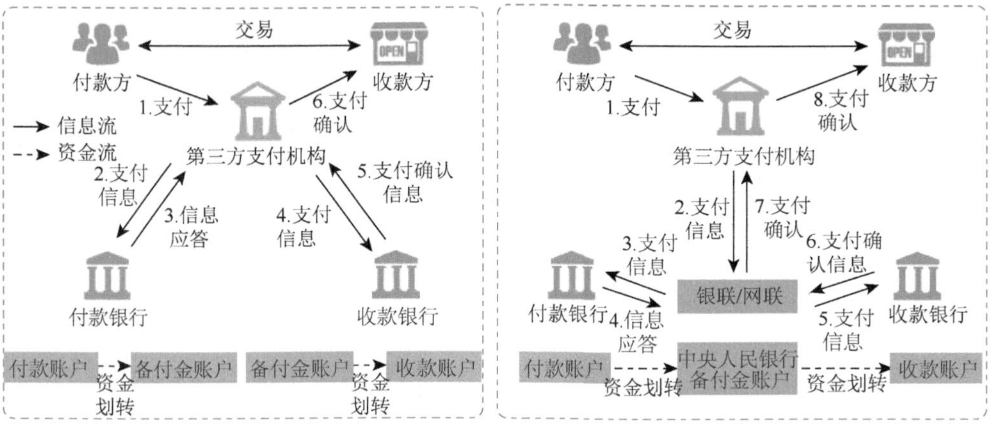

图 6.6　第三方支付业务原直连模式（左）及现间联模式（右）变化示意

随着国家政策变化，第三方支付业务信息流、资金改变，统一"断直连"。原有业务模式下，第三方支付机构备付金账户设在银行，支付机构可以直连银行处理交易信息，并进行资金划转；部分中小型支付机构由于无银行支付渠道，通过间联银联等方式处理交易，直连、间联模式并存。新政实施后，支付机构备付金账户设在中国人民银行下，全部交易信息通过银联和网联平台处理，均以间联模式运行。

3. 聚合支付

聚合支付又称第四方支付，是相对第三方而言的，作为对第三方支付平台服务的拓展，其业务流程如图 6.7 所示。第三方支付介于银行和商户之间，而第四方支付是介于第三方

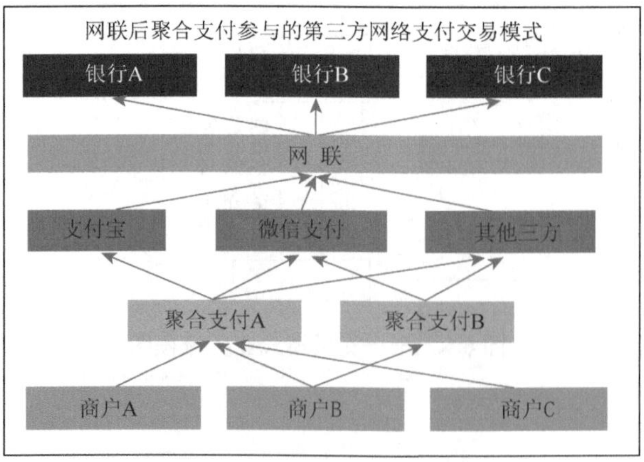

图 6.7　聚合支付业务流程图

支付和商户之间，没有支付许可牌照的限制，第四方支付集成了各种三方支付平台/合作银行/合作电信运营商/其他服务商接口。随着Pos收单市场费率的统一，Pos收单的优势已经不如从前。在我国，移动互联网二维码支付微信和支付宝这2家公司占90%，为了扩展市场，这两家公司对于他们的渠道商给的结算费率非常低，给了扫码支付一定的存活空间。真正盈利还要依靠其他增值服务或金融服务。目前主要的方法有，通过与消费金融公司合作推出面向消费者的分期消费服务，为商户提供SaaS软件、会员体系管理、营销系统，或者推出面向商户的金融服务等。除外，第四方支付还会有推广服务费、咨询服务费等。

6.2.2　第三方支付收益模式

1. 银行卡收单：手续费分成

银行卡收单业务盈利来源于手续费。当持卡人通过POS机进行一笔交易，收单业务的参与方会收取一定的手续费，手续费由商家来支付。中国人民银行颁布的《特约商户手续费惯例表》中规定了手续费收取标准，收单手续费根据行业不同而变化，变化在0.38%～1.25%。发卡行、收单机构和银联以7∶2∶1的比例参与分成。

2. 网络支付

网络支付的盈利来源于交易佣金和备付金的存款利息。通过在线支付，网络支付的服务商主要收取交易佣金，佣金率与收单业务相当。另一部分盈利源于备付金利息收入。第三方支付要在银行设立备付金账户，虚拟账户的资金在备付账户中统一管理。客户使用虚拟账户消费转账时，会在备付金账户中产生沉淀资金，这部分资金的利息收入归第三方支付机构所有。但第三方支付机构并不能够对备付金账户中的资金随意处置，只能存活期或最长一年的定期存款，因此这部分资金绝大部分只能获得活期利息收入。

3. 预付卡发行与受理

预付卡的四大主要盈利来源包括：①手续费收入，费率参考银行卡收单手续费标准；②商户返佣金，发卡方可得返佣金的50%；③沉淀资金利息，对一家运营平稳的预付卡公司而言，资金沉淀大概可以达到当年发卡金额的70%～80%，沉淀资金产生的利息是预付卡公司收入的重要组成部分；④过期卡资金，即过期预付卡里的剩余资金，也称为“死卡收入”，预付卡公司可通过收取非活跃账户管理费，使这部分剩余资金合法变成公司收入。

6.3　第三方支付监管与相关制度

2010年，随着《非金融机构支付服务管理办法》的发布，第三方支付机构的地位得以明确，该管理办法也对第三方支付机构的监督、管理和问责进行了明确规范。2011年，我国首批非银行机构《支付业务许可证》颁发，有 27 个支付机构获得了不同业务类型的支付牌照，这进一步赋予了第三方支付机构合法的法律地位，并将其正式纳入我国的政策监管体系，保证了第三方支付向健康、规范和可持续的方向推进。第三方支付从早期的探索到现在的加速发展，经历了从无到有，从混乱到愈加规范、再到合规要求更加严格以及政策愈加支持的时期。

6.3.1 国外第三方支付监管制度

1. 美国的监管制度

20 世纪 90 年代以来，伴随着电子商务的崛起，美国开始进入了一个互联网技术与金融系统融合发展的阶段，第三方支付快速成长起来。作为全球电子商务最发达的地区，在美国诞生了 eBay、Amazon、Google 等全球知名的线上交易平台，相应也诞生了 PayPal、Amazon Pay、Google Checkout 等第三方支付机构。

1）监管主体

目前，美国联邦和州政府对第三方支付都有权实施监管，采取的是“双重”监管体制。联邦政府从全国层面着手设计和制定第三方支付的国家宏观监管框架，在这个整体框架下，具体的监管部门（美联储、国会、通货监理署、联邦存款保险等）制定和颁布了一系列第三方支付监管法律法规；各州政府则根据整体监管框架，结合辖内第三方支付发展现状及经济金融环境，制定监管细则并具体执行。

2）监管模式

美国对第三方支付监管的重点是过程监管。机构性质方面，美国于 1999 年颁布《金融服务现代化法》，将第三方支付机构界定为非银行金融机构，按照对金融机构的监管模式实施功能性监管。交易性质方面，美国监管当局认为第三方支付属于传统货币服务的延伸，因此并没有专项立法，而是根据《统一货币服务法案》，针对不同的业务种类，在机构投资主体、营业场所、资金实力等方面分别作出了详细的规定，以便于对不同业务类型的第三方支付实施分类管理。

3）具体措施

（1）市场准入。根据《统一货币服务法案》规定，所有从事货币汇兑业务的机构都必须登记注册，获得行政许可并接受监督检查。行政许可包括联邦政府与州政府两个层级，且美国实行“一州一证”制度，如果要进行跨州货币转移业务，则需要申请业务覆盖下各州的许可证。同时，申请许可证需要货币服务商资本净值在 25 万美元以上，并交纳 5 万～30 万美元的保证金，且已经获得许可证的机构仍需要每年进行年检登记。

（2）备付金管理。美国监管当局要求第三方支付机构对客户备付金和自有资金实行严格的分离管理。客户备付金存入银行视作第三方支付的负债而不是银行存款，并由联邦存款保险公司为每位消费者提供金额上限为 10 万美元的存款延伸保险。同时，禁止第三方支付机构擅自挪用客户备付金，资金投向只能选择政策允许的低风险项目，如银行储蓄、高评级债券等。

（3）消费者权益保护。交易安全方面，依据相关法律法规中有关银行卡交易安全的部分实施监管；知情权方面，相关法律法规对第三方支付信息披露的形式、时间、内容以及违规责任作出了详细规定；消费者金融信息保护方面，参照《金融服务现代化法》规定，任何金融机构（包括第三方支付机构）未经本人同意，不得将消费者信息透露给第三方。

（4）市场退出。对于违规经营、年检登记不通过的机构，监管当局可采取措施，终止、撤销该机构的业务许可，甚至要求该机构退出支付业务领域。

（5）反洗钱。实行严格的客户身份识别制度，确保客户信息的真实性，从而有效遏制洗钱犯罪行为；建立反洗钱计划，以确保支付机构履行反洗钱职责；建立交易报告制度，支付机构代表个人进行交易以及个人携带货币类支付工具出入国境金额超过 1 万美元时均需要提交相应报告。

2. 欧盟

欧洲地区电子商务的快速发展，引发了第三方支付的萌芽和成长，但各国发展程度不一。瑞典、丹麦、芬兰和挪威等北欧国家处于领先地位，德国、法国发展居中，而意大利、希腊等国家相对滞后。

1）监管主体

欧盟第三方支付的监管采取的是“双重”监管体制，一是欧盟委员会及其中央银行，二是各成员国相关机构。欧盟委员会及其中央银行负责对第三方支付实行宏观审慎监管，各成员国则结合本国国情进行立法。

2）监管模式

欧盟第三方支付监管与美国不同，并不重视交易过程，监管的重点在于机构，实行的是机构监管。自 1998 年起，欧盟及其成员国先后颁布了一系列具有针对性的法律法规，将第三方支付的机构性质明确定义为电子货币机构，相应要求第三方支付机构要从事相关业务必须获得电子货币机构营业执照。同时欧盟还制定了电子货币发行、交易清算、赎回等方面的监管措施。

3）具体措施

（1）市场准入方面。欧盟的支付牌照适用范围较大，只需要在某个成员国获得支付牌照，第三方支付机构就可以在整个欧盟区域开展业务，即“一证通用”。资金要求方面，欧盟为鼓励支付行业发展，已将第三方支付的实收资本金下限由 100 万欧元调整至 35 万欧元，不发行电子货币、只提供支付中介服务的机构，资本金只需 5 万欧元。

（2）备付金管理方面。与美国相同，欧盟第三方支付机构按照要求，开立专门的信托账户存放客户备付金，并严格遵守存款保险制度相关要求。客户备付金只能用于安全、低风险项目的投资，总体投资规模被限定在第三方支付机构自有资金的 20 倍以内。客户还可以根据规定，在任意时间赎回任意数额的资金，第三方支付机构不得拒绝或收取手续费用。

（3）消费者权益保护方面。详细规定了过失举证的责任分配，明确在发生欺诈时消费者和第三方支付机构的责任范围。欺诈发生后，只要消费者及时通知第三方支付机构，则此后再次发生的诈骗损失由第三方支付机构承担；对于消费者未能及时通知第三方支付机构的情况，规定除非消费者有重大过失，否则消费者只最多承担150欧元，其余损失仍由机构承担。欧盟针对不同的交易类型，在知情权上分别规定了第三方支付需要披露的信息和条件。消费者金融信息保护方面，欧盟规定除协助调查、阻止欺诈行为等特殊情况外，第三方支付机构不得将消费者信息透露给第三方。

（4）市场退出方面。法规中详细列出了撤销支付牌照的情形，且要求监管机构披露相关信息。

（5）反洗钱方面。欧盟主要通过设定交易金额上限来防范洗钱行为，但没有专门针对第三方支付中的洗钱犯罪作出明确规定。

6.3.2 我国第三方支付监管政策

1. 法律地位、准入和存续期管理

2010年，中国人民银行出台了《非金融机构支付服务管理办法》（本节简称“《办法》”）和《非金融机构支付服务管理办法实施细则》（本节简称“《实施细则》”），第一次明确了第三方支付机构的法律地位，开启了我国国内第三方支付市场法制化的道路，标志着我国关于第三方网上支付市场监管的基本原则基本确立。在市场准入方面，对第三方支付机构的企业性质、出资人资质、注册资本及资信、风险控制和水平方面都进行了明确的要求。次年，第三方支付机构的准入审核、日常监督管理等工作得到进一步规范。2012年、2013年相继要求建立支付机构监管报告制度，并于2016年上线非现场监管系统。

在存续期管理方面，中国人民银行于2015年出台了关于非银行支付机构《支付业务许可证》续展工作的通知；2016年启动对第三方支付机构的分类评级管理，对第三方支付机构及其相关业务实施差别化管理，提升了监管措施弹性和灵活性，同时激发了支付机构活跃支付服务市场的动力。

2. 客户备付金管理

自2010年起，中国人民银行逐步对第三方支付机构客户备付金的定义、账户分类、监督和使用等进行规范。

首先，2010年《办法》中明确规定：支付机构只能根据客户发起的支付指令转移备付金；禁止支付机构以任何形式挪用客户备付金，定义了客户备付金的准公共特征。

随着支付机构合法地位的确立，支付机构开立的客户备付金账户逐渐增多，对账户的分层分类管理愈加重要。2013年中国人民银行发布了《支付机构客户备付金存管办法》，对客户备付金账户进行了划分，不同性质的账户使用范畴进行了要求，对客户备付金存放、归集、使用、划转等存管活动做了严格规定。2014年《中国人民银行办公厅关于报送支付机构客户备付金存管业务专项报告的通知》，进一步强化了商业银行对支付机构客户备付金的外部监督责任。对客户备付金账户的管理和监督，有效防止了部分第三方支付机构占用或挪用备付金资金的可能，缓解了客户备付金与自有资金不分、银行账户数量多且分散、资金存放形式多样、资金账户的关联关系复杂且透明度低等问题。

此外，随着第三方支付的快速发展，客户备付金呈现规模巨大、存放分散等现象，截至 2016 年第三季度，客户备付金资金达 4600 亿元，有些支付机构客户备付金账户达 70 多个。备付金账户计息且收益归属支付机构及其合作银行，导致部分支付机构借助非"自有财产"获取的利息收益，在各银行多头开户，压低与合作银行的其他业务合作价格扰乱市场，甚至一些支付机构通过扩大客户备付金规模赚取利息收入，造成支付服务市场的无序和混乱。自 2017 年起，中国人民银行对客户备付金施行集中存管制度，要求支付机构将客户备付金按照一定比例交存至指定机构专用存款账户，暂不计付利息。2018 年再次出台政策要求客户备付金于 2019 年 1 月 14 日全部缴存，且客户备付金账户开立在法人所在地的中国人民银行分支机构即备付金集中存管账户，资金划转则通过银联或网联完成。2019 年，客户备付金实现全面交存后，备付金的每一笔划转均实现了实时监管，防止了资金被占用挪用以及其他非法使用的可能，切实保障了用户资金的安全，维护了支付市场的稳定。

3. 技术系统规范

2005 年，中国人民银行出台了《电子支付指引（第一号）》，文件对网上支付、电话支付、移动支付、销售点终端交易、自动柜员机交易和其他电子支付进行了规范。《办法》发布后，即对业务系统检测、支付业务设施技术认证进行了规范，并于 2012 年进行了更新。鉴于网络支付业务的特殊性，中国人民银行在相关管理办法下发后，2016 年对报文结构和要素技术进行了要求。2017 年，中国人民银行对第三方支付系统方面的要求进行了全面的升级：与国家认证认可监督管理委员会开展支付技术产品认证工作，并由中国支付清算协会发布了《支付技术产品认证自律管理规则》及《支付技术产品认证目录》，进一步细化技术产品要求和管理规范；进一步细化产品，单独对第三方支付条码支付业务条码和受理终端进行了要求。

4. 业务管理要求

2010 年出台的《办法》和《实施细则》中把第三方支付机构提供的服务类型分为网络支付、预付卡的发行与受理、银行卡收单、中国人民银行确定的其他支付服务。2011、2012 年分别出台多个通知，对预付卡业务进行规范化管理；2013 年起连续三年对银行卡收单业务及其外包服务业务的管理工作进行规范和要求；而网络支付业务的要求出台较晚，直至 2015 年才发布相关业务管理办法，但该管理办法较好地结合了实际业务情况，要求"支付机构基于银行卡为客户提供网络支付服务的，应当执行银行卡业务相关监管规定和银行卡行业规范"。支付机构对特约商户的拓展与管理、业务与风险管理应当执行《银行卡收单业务管理办法》等相关规定，有效解决了移动支付的收单业务是否需要遵照银行卡收单业务执行的争议问题。

2017 年底，中国人民银行连续出台多个文件，对第三方支付的相关业务进行了规范，同时开展了对无证机构业务、银行与第三方支付机构合作等业务的清理和整顿工作。

5. 消费者权益保护

要求第三方支付机构建立交易监测系统、应急预案和风险准备金制度，确保风险管理体系的及时性、完备性和有效性。明确规定了第三方支付需要向客户披露的具体信息，如收费标准、支付服务协议、潜在风险等。并提出，第三方支付机构在采集、使用客户信息时应遵循“最小化”原则，未经客户授权，不得将信息提供给第三方。

6. 反洗钱

2012 年中国人民银行颁布了《支付机构反洗钱和反恐怖融资管理办法》，主要从三个方面来有效防范支付机构发展带来的洗钱风险：首先是客户身份识别，机构应遵从“了解你的客户”原则，严格落实账户实名制，并通过多种途径交叉验证客户身份信息，并建立客户风险评级管理制度，定期开展风险评估；其次是可疑交易报告制度，要求支付机构建立交易监测系统，对可疑交易采取延迟结算，并及时上报机构所在地人民银行；最后是记录保存和监督管理，要求支付机构保存客户信息及交易记录至支付服务终止后五年。

7. 行业自律

2016 年，中国支付清算协会发布《非银行支付机构自律管理评价实施办法（试行）》，针对第三方支付机构建立较为全面的自律管理评价体系。要求获得支付牌照 1 年以上的支付机构均要比照具体标准进行自我评估，并将评估结果报送支付清算协会及中国人民银行。另外，2016 年 3 月，中国互联网金融协会成立，颁布《中国互联网金融协会自律惩戒管理办法》，明确对会员从业出现违规行为时实施惩戒的具体措施，加大对违规行为的自律惩戒力度，促进市场健康良性发展。

6.4　第三方支付企业案例——PayPal

6.4.1　PayPal 概述

作为美国第三方支付的代表，PayPal 是互联网金融世界创新的产物，其可以使金钱通过互联网在买方与卖方之间任意流通。任何用户使用邮箱就可以注册 PayPal 账户，在账户中绑定信用卡或银行卡即可在不透露给商家银行卡信息前提下完成付款。PayPal 成立于 1998 年 12 月，20 世纪末期，美国刚刚兴起互联网交易。当时大部分的电子商务平台因为无法承受信用卡的高额手续费，还要依赖于有较高风险的邮寄支票等传统支付手段。皮特 · 泰尔和迈克斯 · 莱文发现了这一互联网交易支付的空白领域，创立了 Confinity 公司，后于 2001 年 6 月更名为 PayPal，2002 年 10 月被全球最大的电子商务平台 eBay 以 15 亿美元收购，2015 年 4 月 10 日，PayPal 又从 eBay 分拆，在美国纳斯达克独立上市。

PayPal 在全球 203 个国家和地区，有超过 1.9 亿活跃用户，26 种货币汇率自动兑换。PayPal 在欧美地区普及率极高，拥有强大的品牌优势。PayPal 无注册费用、无年费，集信用卡，借记卡，电子支票等支付方式于一身。作为 eBay 曾经的全资子公司，在初期成功吸引到了广大 eBay 客户，奠定了用户基础。随着不断地发展，依附于 eBay 对其产生了发展阻碍，2015 年 7 月，PayPal 与母公司 eBay 拆分，独立上市，能够更灵活地和其他合作伙伴合作。但 PayPal 仍面对巨大的挑战，它的对手包括苹果、谷歌，以及 VISA 和 MasterCard 等。另外，PayPal 的交易安全系数在业内首屈一指。PayPal 拥有独创的数据加密技术，完善的安全保障体系，丰富的防欺诈经验。PayPal 平台的卖家因网络欺诈遭遇的损失金额只有其他信用卡支付方式的六分之一。但是由于政策原因，PayPal 在中国尚未取得人民币支付牌照。

6.4.2　PayPal 支付原理

1. 支付流程

通过 PayPal 支付一笔金额给商家或者收款人，可以分为以下几个步骤。

（1）只需要一个电子邮件地址，付款人就可以登录开设 PayPal 账户，通过验证成为其用户，并提供信用卡或者相关银行资料，增加账户金额，将一定数额的款项从其开户时登记的账户（例如信用卡）转移至 PayPal 账户下。

（2）当付款人启动向第三人付款程序时，必须先进入 PayPal 账户，指定特定的汇出金额，并提供受款人的电子邮件账号给 PayPal。

（3）PayPal 向商家或者收款人发出电子邮件，通知其有等待领取或转账的款项。

（4）如商家或者收款人也是 PayPal 用户，其决定接受后，付款人所指定之款项即移转予收款人。

若商家或者收款人没有 PayPal 账户，收款人需要根据 PayPal 电子邮件内容指示进入网页注册取得一个 PayPal 账户，收款人可以选择将取得的款项转换成支票寄到指定的住所、也可以转入其个人的信用卡账户或者另一个银行账户。

从以上流程可以看出，如果收款人已经是 PayPal 的用户，那么该笔款项就汇入他拥有的 PayPal 账户；若收款人没有 PayPal 账户，网站就会发出一封通知电子邮件，引导收款者至 PayPal 网站注册一个新的账户。所以，PayPal 的这种销售模式使得 PayPal 进一步占有市场。

一般来看，这种付款方式很容易看成资金是通过电子邮件方式汇入、汇出的，付款人和收款人之间完成了付款流程。事实上，通过 PayPal 发出的电子邮件仅扮演“通知”角色，而 PayPal 服务也只是对用户的信用卡账户进行借、贷记录而已。

综上所述，PayPal 提供的基本模式是一种“电子邮件支付”方式。从本质上看 PayPal 是一种基于其平台的虚拟银行账户的记账和转账系统。资金的转移是在付款人的银行账户、PayPal 账户以及收款人的账户之间进行，而电子邮件起到传递信息和通知作用，其运转离不开银行账户、电子资金转账以及信用卡等传统支付工具。

2. PayPal 支付特点

PayPal 支付模式的特点在于，网络交易的收款人（卖家）只要告诉付款人（买家）自身的电子邮件地址，即在 PayPal 上的用户名，那么付款人就可以通过 PayPal 完成付款。PayPal 的用户发出的金额和收到的金额首先都是对其 PayPal 账面的增减，用户可以通过 PayPal 账户的指令支付，提现或者变为银行的存款。还可以发出指令，使 PayPal 寄出支票，或者通过转账将资金划至用户指定的银行账户中。付款人和收款人可以在两个不同的银行开户，也可以是两个相距甚远的国家或者地区的银行开户，但是只要他们都是 PayPal 的用户，可以减少跨行之间、跨国和跨地区之间转账的麻烦。无疑，这种一站式的便利以及以电子邮件地址作为 PayPal 账户的方式大大有别于传统的转账模式。

此外，从支付安全角度，Paypal 的作用和防火墙有些相同，在收款者和用户的信用卡资料间筑起了一道安全屏障。以前用信用卡购物，需要在网上商店提供的付款页面上输入卡号，这么做当然很方便，但是如果网站没有实现加密传输信息，或者有些假冒网站恶意骗取信息交易，安全性就要大打折扣——信用卡资料会被网站工作人员或者别的什么人获取。现在就不同了，通过 PayPal 进行转账或者付款给商家，只要输入 PayPal 账号和密码——这就多了一层密码保护，而且支付页面由 PayPal 提供，而不是由网上商店提供。最终在 PayPal 站上完成加密的支付过程，没有第三方（包括网上商店）能够接触到用户的银行账户或者信用卡持卡人的个人资料。

3. PayPal 交易费率

PayPal 对于买家来说是完全免费的，只会对卖家收取一定的费用，因此，PayPal 的定价主要是针对卖家的，主要分为收款定价与提现定价。

1）收款定价

PayPal 作为一家为跨境电商提供第三方支付服务的机构，它的定价政策清晰、简明，并不存在规定之外的额外收费，其平台收费模式如图 6.8 和图 6.9 所示。

目前，PayPal 为中国境内从事跨境电商的商户提供的定价是按照每笔交易的交易额的一定比例进行收费，同时每笔交易加收 0.3 美元的固定费用（或按付款货币计算的近似固定费用）。从现有的收款定价政策来看，主要分为两种定价类型，即标准费率与优惠费率。每种定价类型下各有两种定价方式，即 eBay 平台下的定价方式与非 eBay 平台下的定价方式。

（1）标准费率。

标准费率主要是针对首次使用 PayPal 的商户或是交易零散的小型商户或个人卖家设计的定价政策。在此类型的定价政策下主要分为在 eBay 平台中交易的收款定价与在非 eBay 平台中交易的收款定价。因为 PayPal 是 eBay 电商平台的全资子公司，PayPal 鼓励跨境商户在 eBay 平台中进行交易，因而，相比非 eBay 平台的交易收款定价，eBay 平台的交易收款定价更低，如图 6.8 所示。

平台方	费率标准
eBay 平台收款	3.9%+0.3 美元或收款币种计算的近似固定费用
非eBay 平台收款	4.4%+0.3 美元或收款币种计算的近似固定费用

图 6.8　PayPal 中国区标准费率

（2）优惠费率。

优惠费率主要是针对使用 PayPal 进行收款服务交易额规模较大且比较固定的商户设定的定价政策。优惠费率主要是根据商户的月交易额与信誉情况进行设定，主要分为三档，且规定月交易额必须大于 3 000 美元。商户若想采用优惠费率，需要商户在线提交定价申请，在申请过程中不收取任何费用，如图 6.9 所示。

月销售额	eBay平台收款	非eBay平台收款
3 000.01美元～10000美元	3.4%+0.3 美元或以收款币种计算的近似固定费用	3.9%+0.3 美元或以收款币种计算的近似固定费用
10 000.01美元～100000美元	3.2%+0.3 美元或以收款币种计算的近似固定费用	3.7%+0.3 美元或以收款币种计算的近似固定费用
100 000.01美元及以上	2.9%+0.3 美元或以收款币种计算的近似固定费用	3.4%+0.3 美元或以收款币种计算的近似固定费用

图 6.9　PayPal 中国区优惠费率

2）提现定价

对于从事跨境电商的商户来说，提现定价也是影响最终收益的重要因素，不同的提现方式直接造成提现成本的差异，商户需要根据自身的业务实际情况妥善采用最合理的提现方式，就 PayPal 来说，PayPal 为中国从事跨境电商的商户提供了三种提现方式，分别是提现至中国内地银行账户、中国香港银行账户和美国银行账户，三种提现方式的成本与时间存在显著差异。

提现至中国内地银行账户需要先将 PayPal 账户内要提现的金额兑换成美元进行提现，最终提现到中国内地银行账户的币种是美元，提现需要由用户填写电汇申请单，PayPal 负责向银行提交电汇申请，在电汇过程中，银行也会收取一定的费用（各银行的收费政策不同，需用户自行咨询），时间一般为 3～7 个工作日。

第7章 移动支付

近年来，移动支付凭借其支付便捷、高效的优势成为人们生活中重要的支付方式，也成为推动当今信息化产业与金融产业发展的重要因素。据2019年2月中国互联网络信息中心（CNNIC）发布的第43次《中国互联网络发展状况统计报告》统计显示，截至2018年12月，我国网民规模达8.29亿，普及率达59.6%，手机网民规模达8.17亿，全民新增手机网民6433万，网络支付用户规模达6.00亿，其中手机网络支付用户规模达5.83亿，年增长率为10.7%，在手机网民中的使用比例达到71.4%。如今，我国4G通信技术发展成熟，5G发展进入全面深入落实阶段，为移动支付的进一步发展提供更加广阔的平台。

7.1 移动支付概论

7.1.1 移动支付的定义

移动支付（mobile payment）是互联网金融业和移动通信行业融合发展的产物。早在1999年，国内最早的移动支付已经产生，但是在二十余年的发展历程中，移动支付的概念尚未达成统一，不同的组织对移动支付有不同的定义。

中国人民银行2005年发布的《电子支付指引（第一号）》中指出移动支付是电子支付的一种，是指单位、个人直接或授权他人通过电子终端发出支付指令，实现货币支付与资金转移的行为。这里的移动支付属于电子商务的范畴，是电子商务过程实现的一种价值体现。

7.1.2 移动支付的特征

移动支付兼容了移动互联网和移动通信等方面的技术，它不仅具有传统支付的特征，同时也具备自身的显著特征，主要包括以下几点。

（1）可移动性。移动支付主要是基于手机等移动设备进行交易，不受时间、地点、空间的限制，用户可进行实时账户查询、转账、消费，相对于传统支付的现金找零、银行业务办理等程序，大幅减少了交易的时间成本与人力成本。

（2）账号管理的便捷性。用户可以通过手机等移动设备连接互联网随时随地查询账号余额、交易记录，可进行实时转账、充值、修改密码，方便、快捷地管理自己的移动支付账户。

（3）服务综合性。移动支付的应用涵盖人们衣、食、住、行、游、购、娱等各个领域，支付的种类从转账、消费支付到居民生活缴费、信用卡还款、投资理财等生活的各个方面。

（4）安全性高。移动支付直接涉及用户和运营商的资金安全，所以支付安全也是移动支付的核心问题之一。移动支付借鉴目前移动通信网络系统的鉴权、认证体系及交互式操作，相比传统支付现金找零，其输入密码的付款方式，提高了移动支付的安全性和可靠性。

7.1.3 移动支付的种类

按照不同的分类标准，移动支付有以下几种分类。

1. 按照使用的场景分类

（1）近场支付。近场支付是指移动终端通过非接触式受理终端在本地或接入网络完成支付过程的支付方式。

（2）远程支付。远程支付又被称为线上支付，指利用手机、移动PC等移动终端设备通过移动通信网络接入移动支付后台系统，完成支付行为的支付方式。

2. 按照支付金额分类

（1）小额支付。小额支付也被称为微支付，通常是指交易额少于100元，用于购买移动内容或者其他小额业务或服务的支付行为，一般无须复杂的认证手续即可完成。小额支付应用较多的场景包括手机视频下载、共享单车付费、公交地铁刷卡等。

（2）大额支付。大额支付也被称为宏支付，通常是指交易金额较大（大于等于100元）的支付行为。大额移动支付的信息传输量较大，需要多种认证手续以保证其支付的安全性，应用较多的支付场景包括网络购物、大型商场购物等。

3. 按照商业模式分类

移动支付的产业链由用户、移动运营商、终端设备提供商、金融机构、第三方支付平台、监管部门等构成，按照商业模式的不同，移动支付分为以下三类。

（1）以金融机构为主的商业模式。此模式主要是金融机构提供的手机银行服务，手机银行是金融机构以短信、电话、手机客户端形式为客户提供金融服务的移动应用。在此模式下，一部手机只能与一个银行账户对应，且需要更换手机卡为STK（SIM tool kit）卡，需要金融机构搭建起与移动运营商连接的网络，确认计费与认证系统，完成支付的方式。

（2）以移动运营商为主的商业模式。此模式无银行参与，主要是以移动运营商代收费业务为主。在移动支付的过程中，一般是将话费账户作为支付账户，用户通过购买移动运营商电子货币的形式对话费账户进行充值，或者用户直接在话费账户中预存款，在购买商品或者服务时，直接从话费账户中扣除交易费用，最后商家和运营商对货款进行统一结算。

（3）以第三方机构为主的商业模式。此模式是一些技术研发能力、资金运作能力、推广能力、行业号召力较强的第三方经济体与不同的银行签约合作提供交易平台的形式，如支付宝、微信等。银行主要是保障资金的按时给付，是资金的供给方；运营商向第三方机构、银行发出指令，是信息的传输渠道；第三方平台保障交易的顺利完成，充当中介的作用。

4. 按照支付的结算模式分类

（1）即时支付。即时支付是指支付服务提供商将交易资金从消费者的账户即时划拨到商家账户。一般应用于“一手交钱一手交货”的业务场景（如商场购物），或应用于 B2C 以及 B2B 电子商务平台。

（2）担保支付。担保支付服务商先接收买家的货款，不立即支付给卖家，而是通知卖家买家已付款且被冻结，卖家发货，买家收到卖家货物确认收货后，支付服务提供商才将支付的货款支付给卖家的支付方式。支付服务提供商不仅担任资金划拨的工作，还要为买卖双方提供担保服务，这种模式广泛应用于电子商务交易。

7.1.4 移动支付的流程

移动支付与一般的银行卡交易过程相似，与之不同的是移动支付的支付流程主要基于移动网络完成，按照分类方法的不同和移动支付的类型不同，其支付的流程不尽相同，一般的移动支付过程中主要涉及消费者、商户、移动交互系统、移动支付平台、金融机构等，具体支付流程如图 7.1 所示。

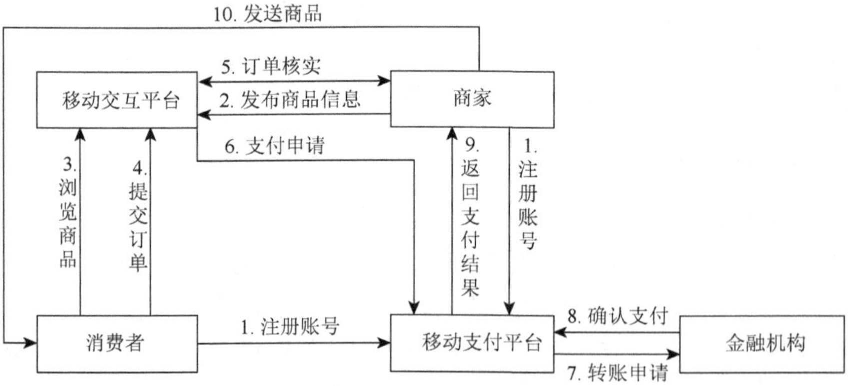

图 7.1　移动支付流程图

（1）注册账号：消费者和商家首先要在移动支付平台注册账号，用于关联在交易中的收付款账户，这是进行交易支付的基本条件。

（2）发布商品信息：商家以实物图片形式或者数字文件格式在移动交互平台发布商品信息。

（3）浏览商品：消费者通过手机、移动 PC、平板等移动终端设备进入移动交互平台，浏览商品信息。

（4）提交订单：消费者通过短消息或者其他服务方式向移动交互平台提交订单，提出购买意向。

（5）订单核实：商家核实消费者提交的订单，确认订单后，移动交互平台将发送支付申请的消息。

（6）支付申请：移动交互平台根据服务号对消费者支付申请进行分类，并将其压缩成中国移动点对点协议（China mobile peer to peer，CMPP）格式，最终将处理的结果转交给移动支付系统。

（7）转账申请：在商家同意消费者支付申请的前提下，移动支付系统会处理消费者的支付申请，比如验证支付行为的有效性、计算支付总额等，并把相关的、经过加密的支付信息转发给金融机构。

（8）确认支付：金融机构验证转账申请的合法性，如果转账申请合法将向移动支付系统确认支付。

（9）返回支付结果：接收到金融机构的反馈之后，移动支付系统会向商家发送转账成功的消息，并要求发送商品。

（10）发送商品：商家将商品通过一定形式发送给消费者。

以上的移动支付流程是成功支付的方式，即消费者、商家、金融机构能在支付网关的支持下进行支付，其中任何一个环节发生错误支付就会停滞，系统会立刻向消费者发出信息。

7.1.5 移动支付的影响

移动支付的兴起影响到人们生活的各个方面，但是它给人们生活带来便利的同时也为商家、商业银行等相关行业的发展带来机遇和挑战。

1. 移动支付对消费者的影响

（1）移动支付改变了消费者的消费行为模式。移动互联网和智能终端设备的普及，消费者可以通过移动支付在线下购买柴、米、油、盐等生活用品，还可以在线上交付水电费、物业费等，实现了生活线上线下的无缝对接。消费者可以足不出户通过官方网站、行业频道、专业评论等渠道搜集全面、专业的商品或服务信息，确保购买决策的正确性，选购符合需求的商品，提高购买满意度。餐厅就餐时，消费者可以通过直接扫描菜单、桌面上的二维码，进行自助点餐、付款等服务，大大加快结账速度，提升消费者的就餐体验。在休闲娱乐方面，移动支付应用最深入的领域是网上电影购票业务，还包括订购文艺演出、游乐场门票、游戏付费等。人们出行通过各类 App 查询旅行攻略、制订旅行计划，网上预订酒店、景点门票、出行车票成为常态，国内移动支付无障碍，境外游也在不断完善。

（2）移动支付为消费者打造全方位、多功能的金融平台。移动支付不仅为消费者提供日常生活的便利，包括充值、收款、转账汇款、还款，还提供金融保险产品服务，使得个人理财开始从线下到线上转移。

2. 移动支付对商户的影响

对于商户来说，移动支付的收款形式更加多样化，比如可以利用 PC 收银、App 收银、POS 机收银等方式，而且手续费用较低。同时，商家可以借助移动支付平台参与满减、随机减现、节日大促等活动，提高宣传推广力度，促进商家快速建立品牌和口碑，提升商家的营业收入。另外，商家还可利用大数据相关技术，对用户的信息进行搜集，进行数据挖掘和分析，实现按需推送，精准营销。但是，移动支付的运用也存在安全隐患，如市场上曾出现不法分子偷换商家二维码的犯罪案例，给商家带了巨大的损失。另外，移动支付立法不完善，所以让很多非法的公司，商家或者企业打擦边球，牟取利益。

3. 移动支付对商业银行业务的影响

（1）分流了资金，使银行资金沉淀受到影响。移动支付使原本的支付链由“客户—银行—商户”演变为“客户—移动支付平台—商户”，商业银行在其中扮演的角色只是资金的供给方，客户方面，资金由银行存款变为移动支付平台的备付金，且随着第三方支付的用户和交易频率不断增长，商业银行这部分资金的流失更加严重。一些移动支付平台理财产品申购业务的出现使得商业银行的理财产品募集资金也出现松动。另外，移动支付客户端还为客户提供灵活的资金汇入、转出业务，费率低甚至免费，这给银行的转账业务也带来一定冲击。

（2）分流了客户，降低了银行客户流量。客户流量是商业银行发展的驱动力之一，商业银行想要长远的发展，需要剥离低价值和无价值的客户，广泛地发展优质客户群体才能不断发现商机。移动支付因其本身的科技性自然过滤掉了大量的低价值客户群体，使用移动支付的客户一般为具有较高知识水平或者较为年轻的群体，这部分客户消费需求旺盛、成长性较好，而一些被过滤掉的低价值群体往往继续依赖于银行网点办理基本业务，加重了网点对于低价值用户的服务工作，同时流失了大量潜力客户，造成此消彼长的“零和博弈”局面。

（3）提高了对银行业务系统的要求，增加了银行柜面人员的工作量。移动支付连接银行与商户，很多交易仍依赖于商业的银行系统，银行结算账户仍为实现交易的基础。而如今移动支付爆发式的增长使得银行业务处理系统高负荷运作，甚至在业务高峰时期出现宕机的现象，移动支付方式的快速、不断变化也使得客户对于此类产品使用的疑问增多，而很多客户出现支付异常时问询银行的客服或者是柜面人员，甚至进行投诉，这在某种程度上可以说是银行承担了本应移动运营商支付的服务成本。另外，移动支付的风险性也加大了银行服务人员对于反电信欺诈事务处理的工作量，并可能由于细微的操作疏忽导致诉讼风险的发生。

（4）抑制了商业银行中间业务收入的增长，影响了金融监管当局的政策制定。移动支付背后隐藏了多条有竞争力的产品线，用户在选择某支付平台时，关注的不仅仅是支付本身，还会受到支付平台推介的各种金融产品的影响。移动支付运营商所谋求的“移动支付全牌照”的战略也扩展到了保险代理、投资理财等中间业务收入更加丰厚的业务，这在很大程度上影响了商业银行中间业务的利润增长空间。同时，移动支付激发了消费者潜在的消费、汇款等需求，在提供此类服务的市场中，服务购买方形成了强大的舆论合力，衍生成购买方的议价能力，加之监管部门严格抑制银行业“价格联盟”的形成，导致单个商业银行很难在定价权中占据主导地位，这种既成的定价权博弈会对行业标准和政策的制定产生明显的影响，如 2014 年 8 月银监会和发改委联合发布的金融服务行业的《商业银行价格管理办法》就是在移动支付运营商拉低市场整体费率的背景下制定的。

4. 移动支付对 ATM 厂商的影响

随着移动支付的普及，移动支付很大程度上代替了现金交易，而 ATM 机的主要功能是提供现金查询、转账、汇款等业务，而这些业务基本都可以在移动支付平台完成，因此移动支付对 ATM 机等相关行业的发展造成很大冲击。2019 年 7 月，据日经新闻援引英国调查公司零售银行研究统计数据报道称，2018 年全球 ATM 台数约为 324 万台，比 2017 年年底减少 1%，这也是在 ATM 机历史上首次出现减少的情况。国内根据中国人民银行公布的《2018 年支付体系运行总体情况》数据显示，2018 年四季度银行 ATM 机总量 111.08 万台，较上季度末减少 1.77 万台，这也是中国人民银行自扩大 ATM 机统计范围后首次数量出现下滑。从长期来看，大众对 ATM 机的需求减少。与 ATM 厂商不同的是，目前的卡量仍是增长状态，移动支付的发展对卡片制造业来说只是一个潜在危机，尚未显现出来。

7.2 远程支付

7.2.1 远程支付概述

远程支付（remote payment）最早由移动运营商提出。20 世纪 90 年代，移动运营商以话费账户作为支付账户，用户通过短信方式订购数字产品，这个时期移动支付手段相对匮乏，2002～2005 年为发展的顶峰时期。随后，银行卡组织加入，联合移动运营商，以银行卡账户作为支付账户，仍以短信作为主要技术方式开展远程支付业务，主要用于缴费、充值、订票、转账等业务。随着互联网技术和智能终端设备的普及，以 PayPal、支付宝等为代表的第三方支付机构快速兴起，通过支付客户端或支付插件为主要技术方式，凭借其支付的便利性、快捷性迅速发展成为主流的远程支付方式。

远程支付具体指用户与商家非面对面接触，用户使用移动终端在支付应用平台选购商品或服务，确认付款时通过无线通信网络，与后台服务器之间进行交互，由服务器端完成交易处理的支付方式。远程支付业务范围包括数字虚拟产品、电话/网络购物、公共事业缴费等，以其“任何地点、任何时间”支付的特性，使得用户可以随时随地进行购物及支付，为生活带来极大便利。

7.2.2 远程支付的技术方案

远程支付的技术方案按照技术类型的不同，形成了多种支付方案，其中主流的支付技术方案包括基于短信支付、基于 USSD 支付、基于 WAP 支付、基于客户端的支付。

1. 基于 SMS 的支付方案

SMS（short message service）是第一代全球移动通信系统（global system for mobile communications，GSM）的一部分，是最早也是普及率最高的一种短消息业务，是手机与手机之间或者移动设备向手机发送信息的一种方式，每次发送文本信息最多 160 个字符（偶数二进制），根据语言、网络、手机型号、无线运营商的不同，字符限定具有一定差异。

SMS 短信息是一种存储和转发服务，短消息的发送并不是直接从发送人发送到接收人，而是通过 SMS 中心进行转发，如果接收人电话关闭或者超出服务区处于网络未连接状态，短消息会在接收人再次联网时进行发送，SMS 具有确认发送消息的功能，正是这种保证信息送到的特性，使得 SMS 在手机银行等移动支付中得到广泛的应用。若要是使用 SMS 短消息服务，用户需要预定支持 SMS 的移动网络，并且必须为该用户启用 SMS 的使用。

SMS 短信息自身也具有一定的局限性。SMS 短消息传送无法保证短信的传输速度，在业务的高峰期，送达一条短信可能需要几分钟甚至几个小时的时间；SMS 短信息发送的内容只能是文本信息，不支持图片或者其他多媒体文件，不像增强型短消息服务（enhanced message service，EMS）可以发送简单的图像、声音和动画等信息，多媒体信息服务（multimedia messaging services，MMS）可以发送照片、大型图表、音频或视频片段等信息。

基于 SMS 的移动运营商/金融机构支付是出现较早并得到广泛应用的支付方式，该技术用于触发支付、验证身份和确认支付。按照信息流的流向移动支付分为上行和下行两种方式，终端用户使用短信的上行通道发送购买商品的编号、数量等由移动运营商提供的特定信息到指定的服务号进行支付，另外也可以通过下行通道向终端用户推送商品或服务，例如提醒用户充值、缴费，如果用户确认充值，移动支付完成。同时也可利用下行通道向用户发送确认信息，保证支付安全，避免欺诈支付行为的发生。基于 SMS 的支付方式，支付产生的费用是从用户的话费中直接扣除，由移动运营商/金融机构处理完成。短信是移动运营商的增值业务之一，短信的运营和收费由移动运营商一家完成，因此在支付的过程中较少涉及银行等金融服务商，该支付方式适用于小额的信息服务，系统的安全依赖短消息的安全性。基于 SMS 支付的流程如图 7.2 所示，主要包括以下几个步骤。

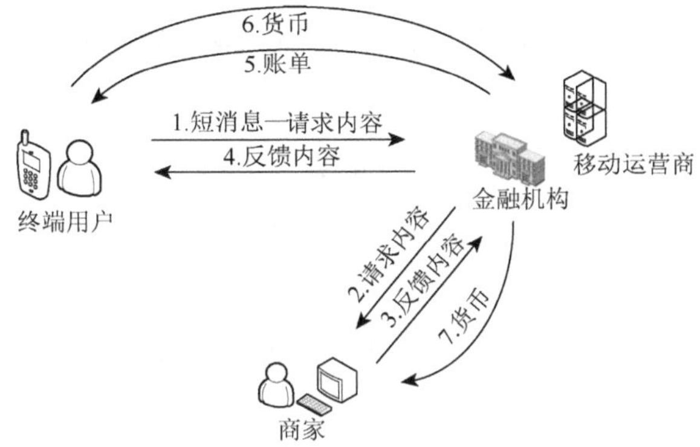

图 7.2 基于 SMS 的支付流程

（1）终端用户向移动运营商/金融机构发送短消息请求内容服务，如查询天气、手机报纸订阅等。

（2）移动运营商/金融机构接收到请求内容后对终端用户的合法性和账户余额进行验证，若验证合法且余额充足则向商家请求内容，若是验证失败，向终端用户反馈错误信息。

（3）商家收到移动运营商/金融机构请求内容后，验证移动运营商/金融机构的合法性，若合法，就发送请求的内容给移动运营商/金融机构，若不合法，返回错误信息。

（4）移动运营商/金融机构将收到的内容反馈给终端用户。

（5）移动运营商/金融机构向终端用户发送扣费账单。

（6）终端用户向移动运营商/金融机构支付货币。

（7）移动运营商/金融机构将货币转账给商家。

基于 SMS 支付的优点包括：收费低廉，一条文本消息的费用一般是 0.1 元便可完成一笔交易；节省成本，若想要手机具有银行服务的功能，只需要将 SIM 卡换成 STK 卡，成本较低，仍可保留原有电话号码；业务丰富、实用，移动支付系统为用户提供转账、缴费、个人理财等服务，基本涵盖金融业的主要领域；使用便捷，只要有移动通信网覆盖的地方，用户可以不受时间、地点限制获得移动银行提供的服务。

2. 基于 USSD 的支付方案

非结构化补充数据业务（unstructured supplementary service data，USSD）是一种基于 GSM 网络，在 GSM 短消息系统基础上推出的新型交互式数据业务，它基于用户识别模块 SIM（subscriber identity module）卡，利用 GSM 网络的信令通道传送数据，系统结构如图 7.3 所示。USSD 主要包括补充业务（如呼叫转移）和结构补充业务（如信息查询、证券交易）两类，同时也是一个特定网络应用中移动终端和网络实体之间的应用协议。

USSD 服务器有两个网络接口，分别对应归属位置寄存器（home location register，HLR）和局域网。一方面，通过 7 号信令 SS7（signaling system No.7）的移动应用部分 Map（mobile application part）与 GSM 系统的 HLR 相连；另一方面，通过专线以 TCP/IP 协议与应用服务器相连，应用服务器提供与股票交易所、银行的等各种应用的接口。USSD

和 GSM 系统均起着透明通道的作用，应用服务器主要进行 USSD 业务处理，并将处理的结果传送到手机。

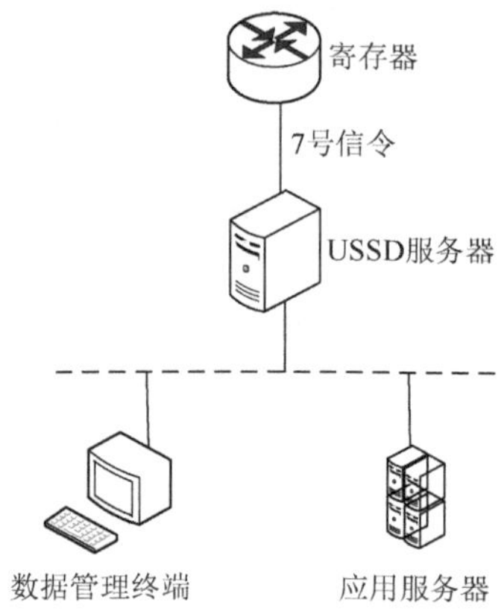

图 7.3 USSD 系统结构

USSD 是在 GSM 短消息系统基础上推出的又一新型增值业务，在使用流程上与 SMS 极为相似，主要区别在于 SMS 采用的是存储转发方式，而 USSD 采用的是面向连接、提供透明通道的交互会话方式，是会话类业务的理性载体，具有交互能力强、响应速度快、可靠性高的特点，特别适合开展支付型、交易型的业务，例如移动电子商务小额交易、银行转账等。基于 USSD 的业务流程大致是用户发出 USSD 请求，这个请求被传送至 USSD 信令接口服务器，7 号信令网关将 SS7 消息转换为 TCP/IP 信息，并将转换后的信息发送给 USSD 中心，USSD 中心根据业务号将 USSD 请求路由至 USSD 应用服务器，USSD 应用服务器可以直接响应请求向用户发送商品或服务，也可变换 USSD 请求，向服务提供商发出信息服务请求，获取相关商品或服务内容，服务提供商再通过 USSD 信息或者短消息对用户作出回应。基本上普通的 GSM 手机都支持 USSD 功能，因此用户无须换卡，可直接采用菜单方式访问 USSD 业务。

3. 基于 WAP 的支付方案

无线应用协议（wireless application protocol，WAP），是一项全球性的网络通信协议，具体来讲 WAP 定义了无线移动设备与网络中的固定服务器进行通信的标准，是一个无线设备和应用环境的通信协议集。美国一家网络运营商 Omnipoint 于 1997 年提出要提供移动信息服务，并指出应该开发一种公共的开放标准，爱立信、摩托罗拉、诺基亚等公司加入成立 WAP 论坛，之后有 200 多个公司、机构加入论坛。WAP 的设计目标是提供一种与技术、制造商、销售商都无关的方式实现无线设备对互联网和高级电话服务的访问。因此，WAP 协议可以支持各种移动通信设备，可以运行于 SMS、USSD、GPRS 等现有或计划中的服务，适合 CDMA、GSM 等任何移动网络标准，支持多种输入终端，这也是 WAP 的技术特点与优势。

WAP 协议采用客户机/服务器模式，如图 7.4 所示。WAP 与传统的 WWW 通信相比在客户机与服务器之间多了一个 WAP 网关，把更多的事务和智能化处理交由 WAP 网关负责，客户机首先要通过 WAP 网关再与资源服务器通信。WAP 在移动终端中嵌入一个微型浏览器，与 PC 机上运行的浏览器类似，基于微浏览器的服务和应用只是临时留在服务器中，不会永久存储在移动终端中，设计的目的是较少终端的负担，因为大多数的移动通信终端 CPU 内存较小，处理能力较弱，输入功能有限。WAP 网关是一个 WAP 代理，主要功能有两个：一是协议转换，负责把 WAP 协议栈（WSP、WTP、WTLS、WDP）的请求转换为 WWW 协议栈（HTTP、TCP/IP）的请求；二是内容编码和解码，内容编码器负责把 WAP 内容转换成压缩编码格式，以减少无线网络上传输的数据量，解码器进行的是逆向过程。

WAP 的架构主要由客户端、WAP 网关、服务器三部分组成，由图 7.4 可以看出，客户端发送编码请求，在 WAP 网关经协议转换后，向服务器传送请求；从内容服务器返回的信息经网关编程转换为二进制格式，返回客户端也就是移动终端。客户端是移动通信网的一部分，服务器是 WWW 网的一部分，WAP 网关用来连接移动通信网和 WWW 网。

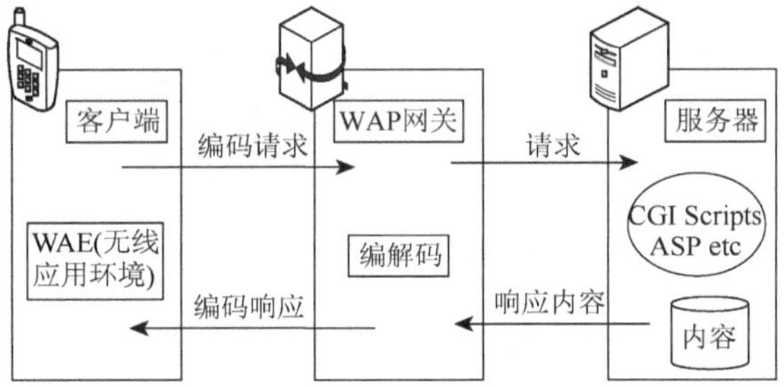

图 7.4 WAP 系统框架及信息交互

基于 WAP 的支付流程如图 7.5 所示：①用户通过 WAP 技术向移动商务平台发送商品或服务请求；②移动商务平台将用户的商品或服务请求转交给商家；③商家接收到请求后向金融机构或者移动运营商验证用户身份，即用户身份鉴别；④如果是合法用户，移动运营商或金融机构向移动商务平台发送请求协议的确认，若不合法，返回错误信息；⑤、⑥、⑦整个过程是移动运营商或是金融机构从终端用户账户中扣除商品或服务费用转账给商家；⑧商家把商品或服务提交给用户。

4. 基于客户端的支付方案

客户端（client）也称用户端，除了一些只在本地运行的应用程序之外，一般需要安装在客户机上，与服务端配合运行，为用户提供本地服务。随着 Internet 的发展，使用较多的客户端包括网页浏览器、电子邮件客户端、支付客户端、即时通信的客户端软件等。

在远程移动支付中，用户可以通过 WAP 或者客户端进行支付操作。客户端作为 WAP 的延伸，相对于 WAP 而言，交互界面更加友好，例如用户可直接下载客户端软件至手机，安装便捷；彩色界面设计更加人性化，操作不需要用户记忆命令或者代码，更加简捷、直观；用户启动客户端软件后，自动触发 WAP 代理服务器；客户端软件采用指定的加密算法和证书，客户端的使用一般与一个手机号、银行卡进行绑定，登录时需要输入手机银行的登录密码，在每次进行交易支付时还需要用户输入银行卡交易密码或者验证码，安全性较高。

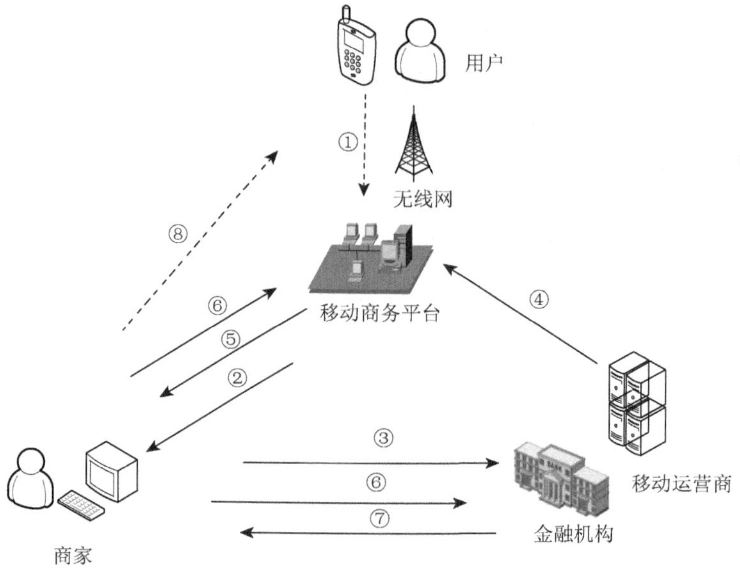

图 7.5　基于 WAP 的支付流程

基于客户端的支付是指用户使用移动终端发起支付申请，移动终端软件接受支付请求，在联通互联网的前提下将支付请求发送给后台服务器，由账户管理系统进行资金转移，并最终将转移的结果通知给服务提供方和终端用户，完成支付，实现流程如图 7.6 所示。

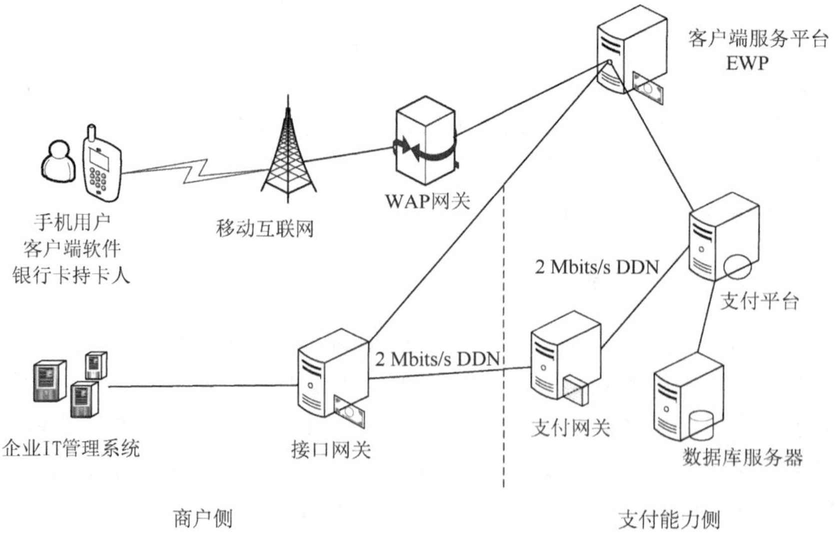

图 7.6　基于客户端支付的技术实现

5. 远程支付技术方案优缺点

基于 SMS、USSD、WAP、客户端的支付方案具有各自的优缺点，具体见表 7.1。

表 7.1 远程技术方案的优缺点

实现方式	对移动终端是否有要求	优点	缺点
SMS	无	1.技术业务实现简单； 2.通信费用低廉，普及率高	1.安全性取决于信息安全性，安全性较低； 2.用户操作过程相对烦琐； 3.无法保证信息的传输速度； 4.传输的内容只能是文本信息，局限性较高
USSD	有	1.具有可操作性界面，操作相对简单； 2.实时性较好； 3.安全性较高； 4.交易成本较低	移动运营商具有地域的差异
WAP	有	1.面向连接的浏览器方式，交互性强； 2.支持多种通信设备，支持多种输入终端，适用 CDMA、GSM 等多种移动网络； 3.不受时间、地域限制	1.响应时间较长； 2.移动终端只能采用 B/S 方式访问互联网； 3.交易成本较高
客户端	无	1.交互界面更加友好，可移植性较好； 2.用户界面设计更加人性化，用户操作更加简捷、直观； 3.采用指定的加密算法和证书，安全性更高	1.需要下载客户端； 2.信息有暴露给客户端平台的风险

7.2.3 远程支付的应用案例

1. 基于 SMS 支付的应用

基于 SMS 的支付是通过短消息完成支付过程的一种支付方式，例如中国建设银行推出的短信金融服务便是基于 SMS 支付的应用，服务页面介绍如图 7.7 所示。用户可以直接通过柜台、移动终端、网上银行、电话银行或手机银行开通短信金融服务，高级用户可使用账户查询、转账汇款、缴费支付、开通注销等服务，例如充值缴费的短信指令如下。

（1）短信缴费。主动缴费服务：可利用短信进行水电煤气、话费等后缴费项目的欠费补缴，编辑短信“DXJF”发送至 95533，系统返回该客户名下所有签约短信缴费项目的缴费信息和验证码，回复“QR#验证码”即可完成缴费。银行推送缴费服务：客户开通短信缴费服务，银行根据第三方缴费信息组装账单信息（包括缴费验证码）推送至客户手机，客户回复“QR#验证码”确认完成缴费。

（2）短信充值。为本人手机充值：编辑短信“CZ#充值金额”发送至 95533，系统返回手机充值的信息和验证码，回复“QR#验证码”即可完成充值。为他人手机充值：编辑短信“CZ#他人手机号码#充值金额”发送至 95533，系统返回手机充值的信息和验证码，回复“QR#验证码”即可完成充值。

（3）补缴短信服务费。查询短信服务费欠费：编辑短信“CXQF#账户后四位”发送至 95533，系统返回该客户的短信服务费欠费信息。补缴短信服务费欠费：编辑短信“QFBJ#账户后四位”发送至 95533，系统返回该客户的短信服务费欠费信息和验证码，回复“QR#验证码”即可完成补缴。

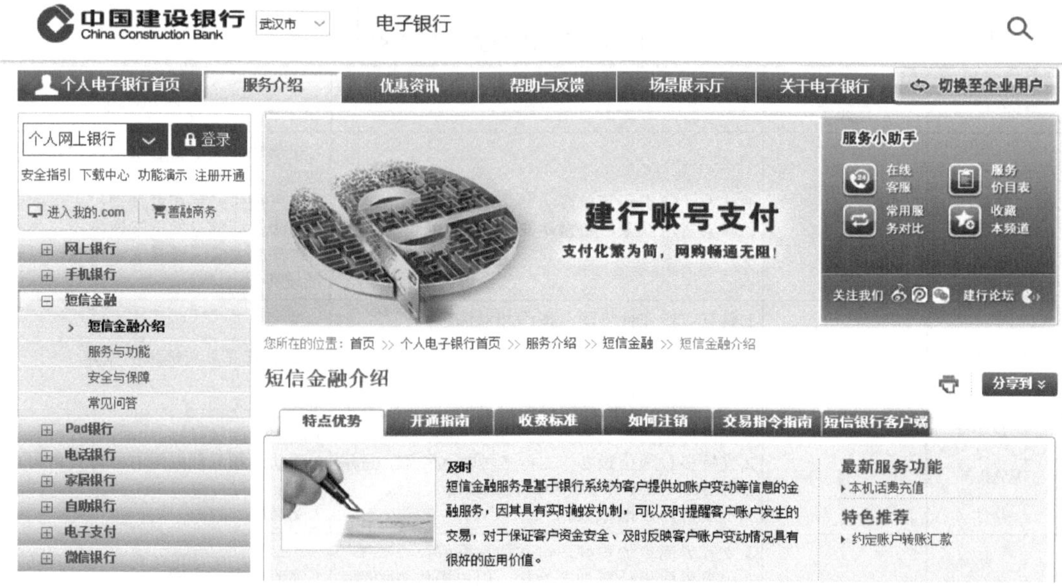

图 7.7　中国建设银行短信金融服务页面

2. 基于 WAP 支付的应用

WAP 银行是指银行通过手机终端，基于 WAP 协议，利用移动通信网络，为用户提供网上银行产品和服务的一种服务方式，下面以中国工商银行的手机 WAP 银行为例介绍主要功能，图 7.8 为 WAP 银行登录界面，图 7.9 为登录进入主功能界面，主要包括：账户

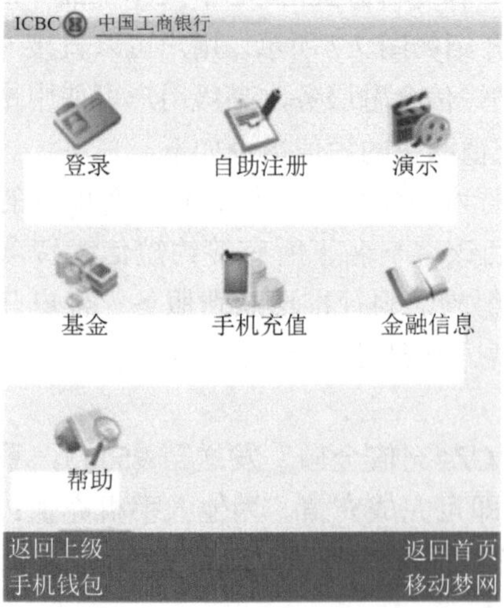

图 7.8　中国工商银行 WAP 手机银行登录界面

图 7.9　中国工商银行 WAP 手机银行主功能界面

管理、转账汇款、缴费业务、手机股市、基金业务、国债业务、外汇业务、贵金属、银期转账、信用卡、客户服务等功能业务。

（1）账户管理。可以查询注册账户的资金余额、账户明细等信息，还可将各种个人账户（如本异地账户、定活期账户）集中到手机银行（WAP）中进行统一管理。

（2）转账汇款。可以办理同城/异地、本行/跨行等多种转账汇款业务以及定活转账、通知存款等多种业务。

（3）缴费业务。可以缴纳电话费、手机费、网费、水电费、煤气费、物业费等各种费用。

（4）手机股市。可以实时查询股票信息，实时办理银行账户与证券公司账户之间资金互转业务，查询资金账户余额和交易明细。

（5）基金业务。可以自助办理基金开户、认购、申购和赎回等交易。

（6）国债业务。可以查询、购买、兑换国债。

（7）外汇业务。可以自助办理即时外汇交易、委托外汇交易、外汇账户管理等业务，掌握账户信息和外汇汇率、成交明细等信息，实时参与全球外汇市场交易。

（8）贵金属。可以买卖黄金等贵金属，还可办理委托/即时交易、账户管理/查询和交易明细查询等交易。

（9）银期转账。可以办理银行结算账户与期货公司保证金账户之间资金实时划转，进行当日及历史转账明细的查询。

（10）信用卡。可以办理信用卡余额查询、信用卡还款。

7.3 近场支付

7.3.1 近场支付概述

1. 近场支付的概念

近场支付是指用户在购买商品或服务时，使用手机等移动终端利用近距离通信技术实现信息交互，从而完成支付的非接触式支付方式。近场支付通道又有广义、狭义之分。广义的近场支付通道包括手机红外、蓝牙、射频等；狭义的近场支付通道一般专指近场通信（near field communication，NFC）通道，NFC是一种近距离无线通信技术，也是目前近场支付领域的主流技术。

根据支付时是否需要POS机联机认证，近场支付又分为脱机支付和联机支付。脱机支付是指在支付过程中，直接由POS机认证，不需要和后台系统交互认证，就可完成扣款操作，例如在POS机上刷信用卡支付；联机支付是指在支付过程中，POS机需要联网与后台系统进行交互认证，才能完成用户验证和扣款操作。

2. 近场支付发展概述

近年来，近场支付在世界范围内的发展迅速，日本、韩国从2004年、2005年开始就实现了手机近场支付的规模应用，国内很多金融机构、电信运营商也对近场支付进行了持续不断的研究，其中最具代表性的是 NFC 近场支付。电子现金支付是 NFC 近场支付最初的代表产物，是一种适用于小额高频交易的电子支付手段，它利用银行圈存交易把一部分金额以电子货币的形式存储在银行 IC 卡的芯片中，通过一些近场读取设备读取交易信息，在结算时批量传送给收单系统，完成银行卡“闪付”交易。

2006 年 6 月 27 日，国内首个 NFC 支付试点由诺基亚公司在厦门启动，近场支付在国内拉开发展序幕。刚开始 NFC 技术基础及其核心专利主要掌握在诺基亚、索尼等国外公司的手中，国内的企业为了争取近场支付的利润在尝试 NFC 支付方式的同时，也试图推广一些自主研发的技术，其中比较有代表性的技术包括 SIMPASS 和 RFSIM，但后期的推广效果不佳。

2010 年是近场支付蓬勃发展的一年，多家运营商集体推广近场支付。中国移动在央视大力投入手机钱包广告，并将移动支付纳入 KPI 考核体系，2010 年底宣布移动支付采取 NFC 全终端方案作为其技术方案；中国电信在各省下达用户发展指标，全力推广“翼支付”“翼机通”移动支付品牌；中国联通也紧随其后，在多省发布移动支付业务。仅在 2010 年底中国电信移动支付用户发展超过 300 万户，中国移动的近场支付用户也在百万数量级。

2011 年各大商业银行将磁条卡更换为芯片 IC 卡，引入电子现金支付，开始大范围推广电子现金“闪付”交易，中国银联“闪付”时代正式开启。2012 年，中国人民银行在发布的《中国金融移动支付系列技术标准》中明确采用 NFC 技术标准，这为 NFC 支付的发展铺平了道路，但是使用 NFC 支付时需要更换手机硬件或者需要配置专门的刷卡器成为近场支付发展的制约因素。随着第三方支付平台的快速发展，二维码支付也对 NFC 支付造成冲击，二维码以其方便、快捷的支付特点得到快速发展。

2013 年三大运营商移动、联通、电信推出移动钱包业务，采用 SIM 卡附加 NFC 芯片的方案实现手机刷公交的支付创新，相继在北京、安徽等地推广，开启 NFC 用于交通支付的时代，但是由于运营商的总体战略没有得到各地分公司的有效推广，没有达到非常大范围使用的效果。

2015 年中国银联为适应国际非接标准对 EMV 芯片 IC 卡改造。中国人民银行发布《中国人民银行办公厅关于进一步做好金融 IC 卡和移动金融应用工作的通知》和中国银联发布《POS 终端非接改造及流程优化指引》等要求自 2016 年起各支付机构发放的 POS 终端都应该具有非接受理能力，对原有的 POS 机进行非接改造，将非接环境建设作为金融 IC 卡推广和移动金融创新应用的基础工作。非接改造的实施配合中国银联的小额免密、免签交易的推广使得支付的速度大大提高，同时也丰富了银行卡交易类型。

2016 年 Apple Pay 配合麦当劳、肯德基等大型商户优惠政策推广正式登陆中国，国内各大银行也对 Apple Pay 这种支付方式进行了大力推广，开启了 NFC 近场支付的新时代，随之兴起的还有国内企业研发的小米 Pay、华为 Pay 等近场支付技术，而就在 NFC 发展正盛之时，二维码支付崛起并迅速占领市场，这对 NFC 支付造成了很大的冲击。2017 年以小米、华为为代表的手机厂商，采用电子钱包内置 NFC 芯片的支付方案，实现在北京、上海等十几个城市刷手机乘坐公交地铁的业务，为移动支付在交通场景的应用奠定了一定的基础。

2018 年 12 月 14 日中国银联联合各大商业银行及小米、华为等大手机厂商开启银联手机 POS 产品首批应用试点工作，开始测试运行银联“碰一碰”支付方式，主流手机厂商为手机配备 NFC 功能，为 NFC 支付提供了硬件支持，银联“云闪付”推广效果显著，“云闪付”助力 NFC 支付重回大众视野，此时第三方支付平台提供的二维码支付方式也在全国得到了全面的推广。

NFC 近场支付从 2003 年出现发展到现在经历了曲折的 17 年，观研天下《2019 年中国 NFC 支付市场分析报告》显示：2018 年第一季度 NFC 支付达到 29.4 亿元，保持着迅猛增长的趋势。2018 年市场上的智能手机基本具备 NFC 功能，具备 NFC 功能的手机拥有钱包功能，用户可以把银行卡、门禁卡、校园卡、公交卡等卡片都装在手机钱包里，使得 NFC 支付得到大范围推广使用。如今，NFC 支付增长势头强劲，二维码支付的发展更是风生水起，移动支付正在改变人们的生活消费方式。

7.3.2　近场支付的技术方案

1. 基于 RFID 的支付方案

射频识别（radio frequency identification，RFID）又称电子标签，是一种非接触式的自动识别技术，无须识别系统与特定目标之间建立的光学或机械接触，通过无线电信号识别特定目标并读写相关数据，也常被称为感应式电子晶片、感应卡、电子标签或电子条码等。RFID 技术可识别高速运动的物体并同时识别多个标签，识别工作无须人工干预，可在各种恶劣的环境中工作。RFID 由三部分构成：电子标签、读写器及天线。电子标签附着在物体上标识目标对象，由芯片及耦合原件组成，每个标签具有唯一的电子编码；读写器是读写标签信息的设备，有固定式和手持式；天线主要用于标签和阅读器之间射频信号的传播。RFID 的工作原理是：电子标签附着在待识别物体表面，存储由特定格式的电子数据，阅读器通过天线无接触地对电子标签中所存储的电子数据进行读取，从而达到自动识别的目的，阅读器读取的信息一般会被传送到电脑上进行下一步处理，具体如图 7.10 所示。

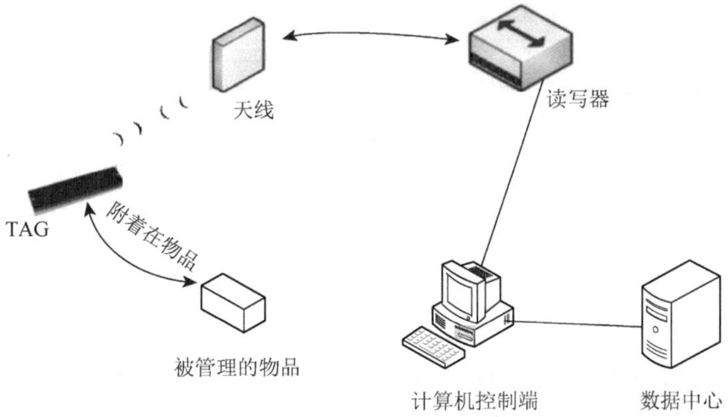

图 7.10　RFID 工作原理

基于 RFID 技术的移动支付系统一般由移动通信终端、RFID 读写模块与 IC 卡构成，如图 7.11 所示。在该支付系统中，IC 卡是独立的，既可以被 RFID 读写模块进行读写，也可以接受移动终端的操作；RFID 读写模块的主要作用是对 IC 卡上的余额进行查询；移动终端的操作主要是消费类操作。

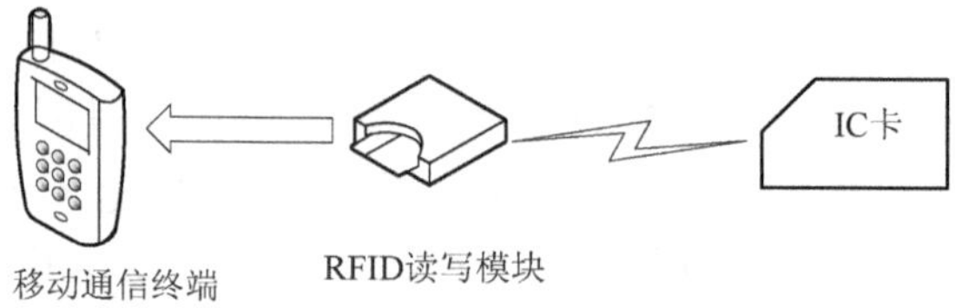

图 7.11　RFID 移动支付技术的系统结构

RFID 产品按照其工作频率划分常见的有低频、高频、超高频三个频段。低频（low frequency，LF）：120～150kHz，低频标签成本低，但读取的距离近。高频（high frequency，HF）：13.56 MHz，高频标签具有更高的传输速率和距离，但成本也比低频标签昂贵。超高频（ultra high frequency，UHF）：433 MHz、800/900MHz、2.45GHz、5.8GHz，超高频标签具有更高的传输速率，成本也较其他的高。较为主流使用的频段是 13.56MHz 和 2.45GHz。

1）双界面 SIM/UIM 卡方案（13.56MHz）

双界面 SIM/UIM 卡是一种具有 SIM/UIM 接触界面和 RFID 非接触界面两个工作界面的多功能智能卡。SIM/UIM 界面可实现通信业务功能；RFID 界面基于 13.56MHz 射频的非通信应用实现，如一卡通、电子钱包、交通应用等。SIM/UIM 界面符合 ISO/IEC 7816 标准，RFID 符合 ISO/IEC 14443 标准，通过两个界面可以执行相同的操作，基本硬件架构如图 7.12 所示。

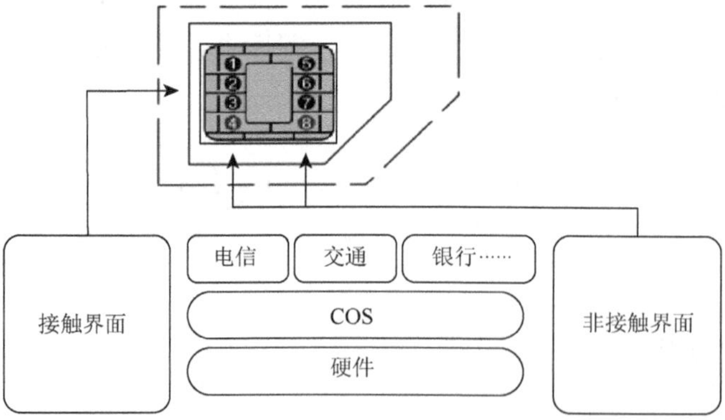

图 7.12　双面卡基本硬件架构

双界面 SIM/UIM 卡从产品形态上来讲分为两种：一种是双界面卡定制终端方案，一种是双界面天线卡方案。标准的 IC 卡通常有 C1 到 C8 共 8 个触点，一般的 SIM 卡通常只用到C1、C2、C3、C5、C7共5个触点，双界面卡则用到了另外C4、C8两个触点。双界面卡定制终端方案在普通SIM/UIM卡上集成RFID处理芯片，将RFID线圈集成在手机终端上，SIM/UIM卡通过C4、C8两个触点与手机终端的线圈相连，实现近距离通信。这种方案刷卡稳定性较高，但是需要对手机终端进行改造，实现周期较长，成本较高。双界面天线卡方案不需要改造手机，从双界面SIM/UIM卡中引出天线，依靠双界面卡实现近距离通信，如图7.13所示。这种方案成本较低，实施起来比较简单，而且采用的是行业普遍应用的13.56MHz工作频率，因此在公交、金融等众多领域得到广泛使用。但是双界面天线卡有较大的RFID线圈，安装和使用相对不便，而且容易损坏，稳定性、适配性和使用感知较差。

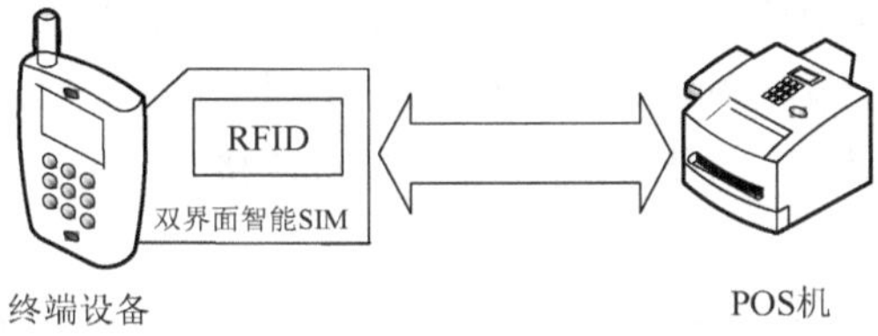

图7.13　双界面智能卡方案

双界面SIM卡最大的优势是其安全性较高，以智能卡技术为基础，在成熟智能卡安全认证和数据安全技术的支持下，其高安全性能够胜任任何移动支付应用。另外，双界面SIM卡采用成熟的技术和公开的标准，相比NFC技术而言使用和迁移的成本也较低。

2）2.4G RF-SIM/UIM卡方案

2.4G RF-SIM/UIM卡方案不需要带天线，也不需要换手机就可以实现近距离通信功能，其集成了2.4GHz频率的射频芯片的SIM/UIM卡，采用近距离控制算法技术实现通信功能。硬件架构如图7.14所示。

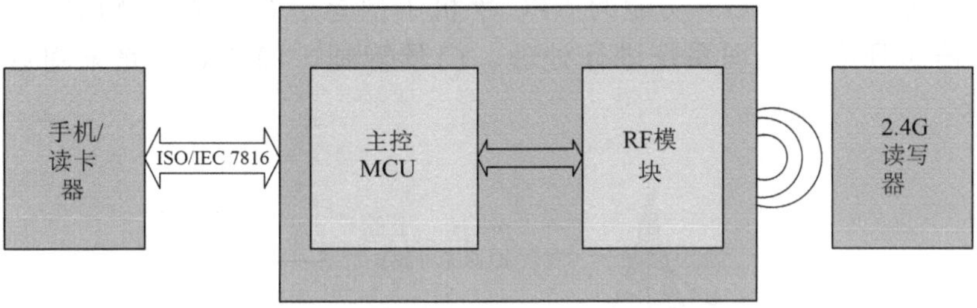

图7.14　2.4G RF-SIM/UIM卡硬件结构

其中主控芯片完成基础通信和存储射频应用的功能，支持两种通信接口，一个与手机终端连接，遵循ISO/IEC 7816系列标准要求，实现通信业务处理以及射频功能管理；一个与2.4G RF芯片通过内部接口连接，通过2.4G RF通道满足射频应用及其他应用的数据交互需求。

2.4G RF 芯片集成在 RF-UIM 卡套上，提供 2.4G 射频通信通道，负责将数字信号转换成 2.4G RF 信号，并通过 2.4G 天线发送给 2.4G 读写设备；同时 2.4G RF 芯片接收 2.4G 读写设备发出的 RF 信号，并将其转换为数字信号，与主控芯片进行通信。2.4G RF-SIM/UIM 卡方案与双界面 SIM/UIM 卡方案支付过程相似。

2. 基于 NFC 的支付方案

NFC 是由索尼和飞利浦公司联合开发的一种非接触式射频识别及互联互通的无线通信技术，由 RFID 及互联互通技术整合演变而来的，NFC 利用移动终端，通过在单一芯片上集成感应读卡器、感应式卡片和点对点通信功能，实现移动身份识别、移动支付、电子票务等应用。NFC 与非接触智能卡 ISO14443 相同，采用的通信频率近距离通信标准为 13.56MHz，能在 10cm 的范围内，以 106kbit/s、212kbit/s 或 424kbit/s 的传输速率建立设备之间的连接，未来的传输速率可达到 848kbit/s 以上，可以在移动设备、PC 和消费类电子产品上使用。与 RFID 相比，NFC 技术可以双向连接、识别，具有能耗低、距离近、宽带高等特点。

NFC 通信通常发生在发起设备和目标设备之间，二者以交流磁场方式相互耦合。发起设备产生无线射频磁场对通信调制方案、编码、传输速度和接口的帧格式进行初始化。目标设备对发起设备发出的命令做出响应，并选择由发起设备发出的或是自行产生的无线射频磁场进行通信。NFC 主要有主动和被动两种通信模式：主动模式是指发起设备和目标设备发送数据时，都各自产生射频场，都需要供电设备来提供产生射频场的能量，网络连接速度较快；被动模式是指发起设备在整个通信过程中提供射频场，目标设备不必产生射频场，只需要利用感应的电动势为 NFC 设备提供工作电源，大幅降低了功耗。

NFC 终端有三种典型的工作模式，即卡模式、读写模式和点对点模式。

（1）卡模式（card emulation），即模拟卡模式，就是将具有 NFC 功能的设备模拟成一种非接触卡，相当于一张采用 RFID 技术的 IC 卡，如在商场、交通等应用中，用户在付费时只需要将手机靠近 NFC 读卡器，然后确认交易即可。在卡模式下，NFC 识读设备对具备标签（TAG）功能的 NFC 手机中信息进行采集，然后将采集的数据通过有线网络传送到应用处理系统进行处理，门禁管制、门票等都是采用这种模式，如图 7.15 所示。

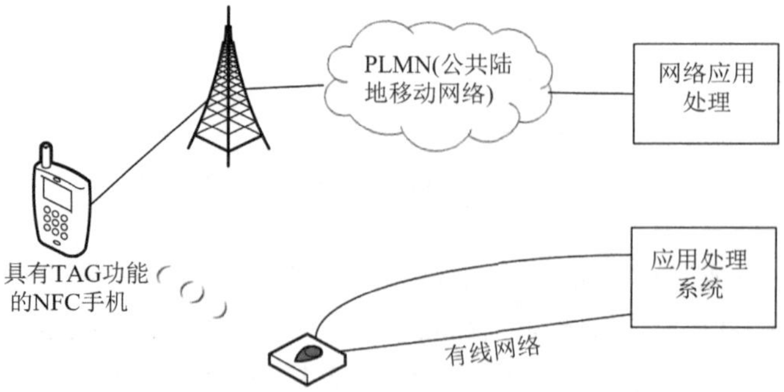

图 7.15　NFC 手机的卡模式

（2）读写器模式（reader/writer mode）。可以作为非接触读写器使用，NFC手机从TAG中识别、采集数据，然后根据具体应用的要求进行处理，如用户可以用一个支持NFC协议的手机读取电影海报、电子标签上的信息。读写器模式广泛应用于门禁、电影院门票售卖等领域，用户只需要携带存储有门控代码或是票证的设备靠近读取设备即可。有的应用需要通过网络交互完成，有的直接可以在本地完成，如图7.16所示。

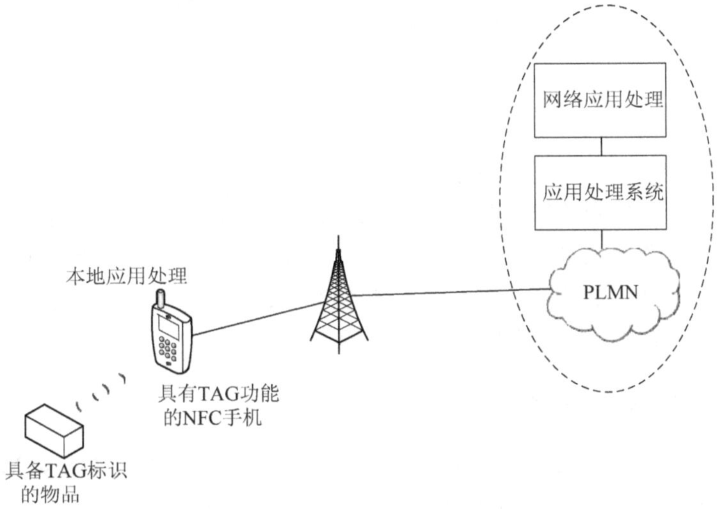

图7.16　NFC手机的读写器模式

（3）点对点模式（P2P mode）。可以用于两个NFC设备数据交换，如具有NFC功能的数码相机和手机可以进行无线互联，实现图片或虚拟名片的数据交换，如图7.17所示。

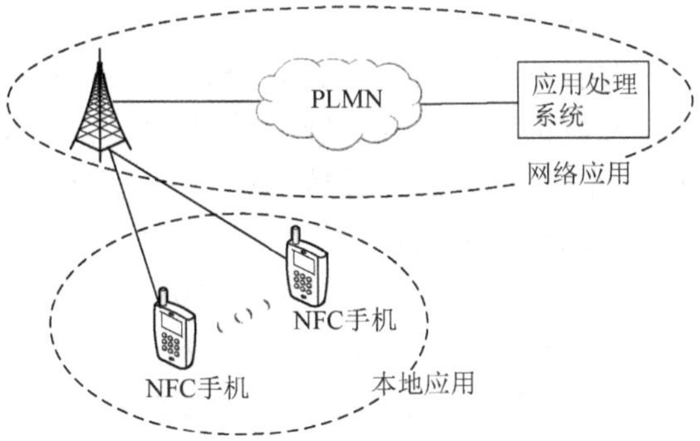

图7.17　NFC手机的点对点模式

3. 基于eNFC的支付方案

增强型NFC（enhanced NFC，eNFC）也是一种基于SIM/UIM卡的NFC技术方案，又可称为单线连接协议（single wire protocol，SWP）方案或NFC-SIM方案等。与传统的NFC技术不同，eNFC是将非接触式IC卡应用放在SIM/UIM卡中，NFC芯片通过单线协议与 SIM/UIM 通信，eNFC 将手机和智能卡相融合，具有机卡分离的技术特点。NFC 模块既可以与 SIM/UIM 卡通信，又可以有效利用卡中存储的信息，如图 7.18 所示。

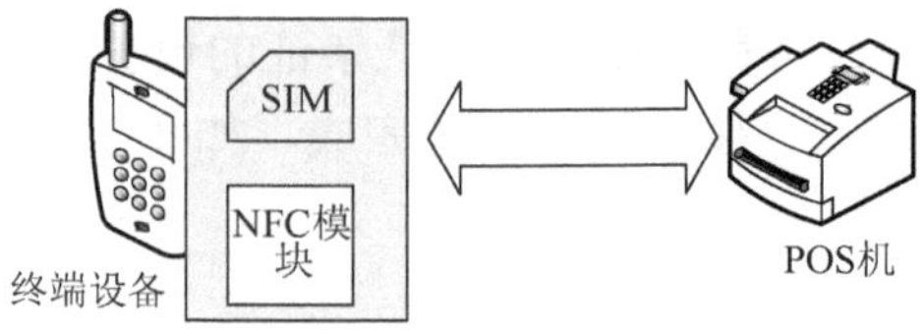

图 7.18　eNFC 方案示意图

SIM/UIM 的容量较大，可以将银行卡账号、员工卡号等重要信息存储在 SIM/UIM 卡中，用户更换 SIM/UIM 卡时可以带走现有的交易数据，实现机卡分离。eNFC 方案简化了 NFC 模块和手机之间的通信结构，使得 NFC 的网络应用更为流畅的同时也使电信运营商和发卡商加入市场中来。不足的是 NFC 模块和 SIM/UIM 卡之间需要高速传输，从而保证操作的快捷性和实时性，而这种通信协议尚未标准化。

4. 基于二维码的支付方案

二维码（two-dimensional bar code）最早起源于日本，原本是 Denso Wave 公司为追踪汽车零部件设计的一种条码。二维码利用黑白相间的图形记录各种数据符号信息，在代码编制上巧妙地利用构成计算机内部逻辑基础的“0”“1”比特流的概念，使用若干个与二进制对应的几何形体来表示数值信息，通过图像输入设备或广电扫描设备自动识读以实现信息自动处理。二维码能够整合文字、声音、图像等多媒体信息，具有可靠性高、保密性强、易于制作、成本低等特点，如今的二维码可以印在各种报纸、杂志、广告、图书等载体上，人们通过连接互联网的终端设备的摄像头进行识别，便可读取二维码的内容，包括观看文本信息、收听声音、影视等。

二维码的种类繁多，按照技术来分可以分为行排式二维码和矩阵式二维码（2D Matrix Bar Code）。行排式二维码又被称为堆叠式二维码或层排式二维码，是在一维码的基础上堆积而成的，两行到多行不等，具有拓展性强的特点，比较有代表性的有 Code 49、Code 16K、PDF417 等。矩阵式二维码，又被称为棋盘式二维码，是在相应的元素位置上用方点或者圆点表示二进制“1”，用“空”表示二进制“0”，比较有代表性的有 QR Code、Data Matrix、Code One 等，在移动支付领域运用最多的是 QR Code。

二维码支付是一种基于账户体系搭建起来的无线支付方案，即用户利用接入网络的移动终端设备通过扫描和识别由商家提供的二维码图形，从而完成支付结算的方式。二维码支付是在远程支付的基础上实现用户移动终端和商家收银终端之间的近距离数据传输，提升了支付的便捷性。二维码支付的系统架构如图 7.19 所示。

二维码与其他移动支付相比主要区别有两点：一是移动终端只是为支付客户端 App 提供安装环境，不是支付过程的直接参与者，支付终端 App 具有生成二维码、识读二维码的功能，二维码支付过程中访问内容支付平台和接入支付系统都是通过客户端 App 完成；二是二维码支付是将二维码作为电子支付凭证，或通过解析二维码中的 URL 访问支付接入系统，由支付客户端生成支付指令，然后通过支付接入系统交给清/结算系统、后台交易系统。

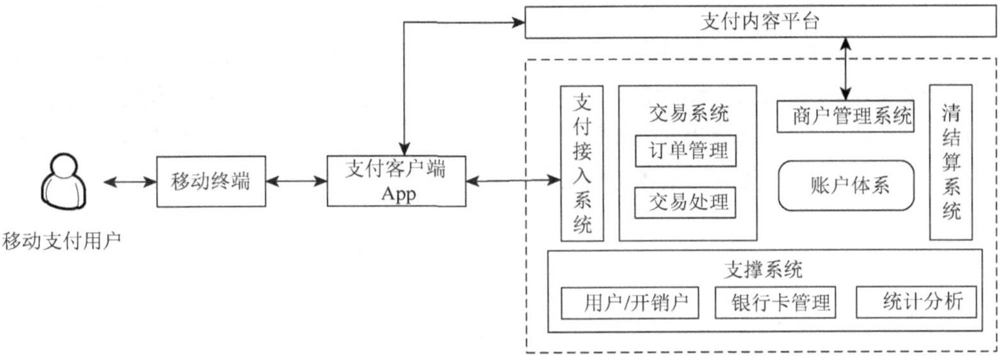

图 7.19 二维码支付系统架构

现下主流二维码的使用主要分为两大类：一类是支付二维码，这类二维码作为支付请求或支付凭证在支付客户端向支付接入系统发出支付指令；另一类是商品二维码，这类二维码出现在对支付内容平台的访问中，与支付二维码相比只保存了指向商品销售地址的URL与支付接入系统不发生联系，不属于二维码支付的范畴。

支付二维码的使用主要有主读式和被读式两种。在二维码主读式支付中，支付指令由付款方主动发起，付款方利用支付客户端 App 内置的二维码识读软件主动扫描包含支付连接的二维码进行支付，二维码主读式支付流程如图 7.20 所示，付款方打开支付客户端 App 对二维码进行扫描、识读，支付客户端 App 向付款方发送验证确认支付信息，然后向支付接入系统发起支付指令进行支付，并反馈支付结果。被读式支付由收款人发起，收款方通过二维码识读设备对付款方利用支付客户端 App 生成的二维码凭证进行扫描完成收款，二维码被读式支付流程如图 7.21 所示，付款方打开支付客户端 App，支付客户端 App 向支付接入系统请求发放二维码，支付接入系统向支付客户端发送二维码，然后收款

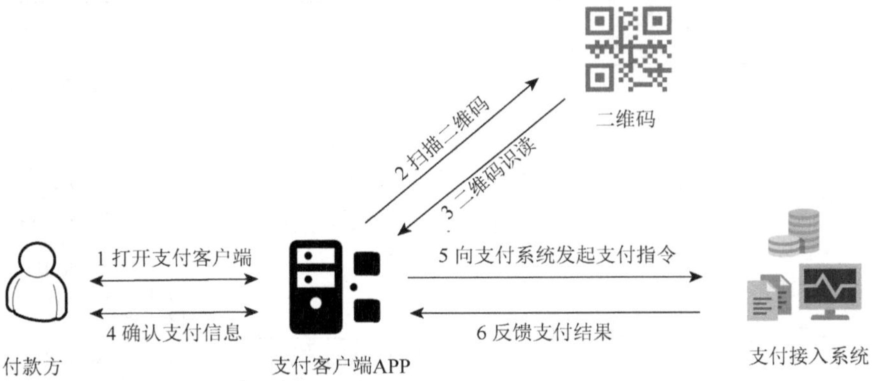

图 7.20 主读式二维码支付流程

方对二维码进行扫描、识读向支付接入系统发出支付请求，支付接入系统向支付客户端确认支付结果，支付客户端向付款方确认支付信息，支付客户端向支付系统发送确认支付指令，支付成功后支付接入系统向支付客户端和收款方反馈支付结果。

二维码的技术发展较早，比较成熟，二维码支付具有使用简单、支付快捷、成本较低的特点，正因为如此二维码近几年在国内迅速得到普及。但是与其他支付技术相比安全性方面有待提高，如 NFC 技术的通信具有双向鉴权、数据加密等手段，达到了金融级别的安全等级，但是二维码属于单项通信，在物理接触环节存在很多不可控的因素，比如不法商家偷换二维码、用户支付二维码泄露等，因此二维码支付安全性较低。

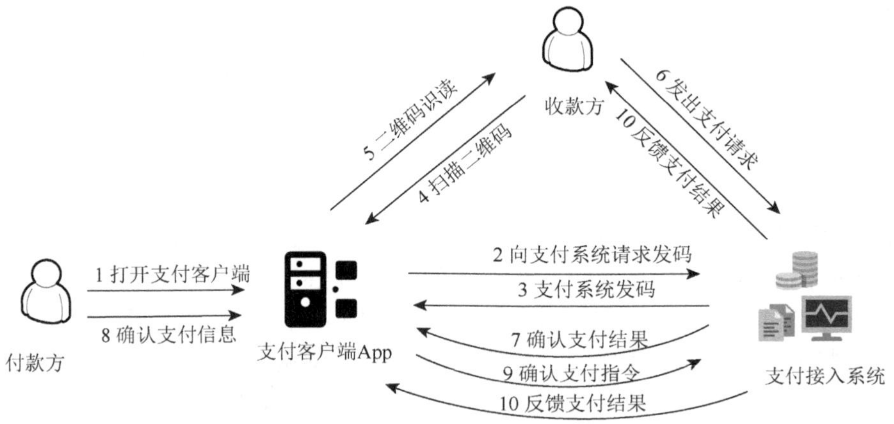

图 7.21　被读式二维码支付流程

5. 近场支付技术方案优缺点

基于双界面 SIM/UIM 卡、2.4G RF-SIM/UIM、NFC、eNFC 的近场支付是比较主流的支付方案，在不断地发展、运用中显示出自身的优势与缺点，具体见表 7.2。

表 7.2　近场支付方案的优缺点

实现方式	采用频段	对移动终端是否有要求	优点	缺点
双界面 SIM/UIM	13.56MHz	无	1.无须更换手机，灵活性高，成本较低； 2.继承了之前通信协议的标准，运营商可以在原来协议基础上进行扩展； 3.支持 DES、RSA 等安全算法，运营商可以根据需要更改	1.占用高速空中下载的两个接口； 2.处于产业链的下游，受制于运营商和芯片制造商； 3.手机后盖对信号会有影响； 4.不支持点对点通信功能，只能被动模式工作； 5.有较大的 RFID 线圈，安装和使用相对不便，而且容易损坏，稳定性、适配性和使用感知较差
2.4G RF-SIM/UIM	2.45GHz	无	1.具有双界面 SIM/UIM 的优点； 2.采用 2.45GHz 的频率，不需要天线，稳定性高，便于产业化； 3.内置独立安全模式，安全性高	1. RF-SIM/UIM 的单价较高； 2.采用 2.45GHz 的频率，需要解决与 ISO15693 13.56MH 频率兼容性问题

续表

实现方式	采用频段	对移动终端是否有要求	优点	缺点
NFC	13.56MHz	有	1.手机、芯片互为一体，工作稳定； 2.多种工作模式包括主动、被动、点对点模式； 3.安全性高； 4.产业链完整，可以得到制造商、运营商、银行、信用卡组织、芯片厂商的支持	1. 需要支持 NFC 协议的手机，NFC 手机终端没有完全普及，替换成本高； 2.运营商支持力度小
eNFC	13.56MHz	有	1.具有 NFC 的优点； 2.手机与智能卡相融合，符合机卡分离的特点； 3.简化 NFC 模块与手机间的通信结构	1.需要更换手机，成本高； 2.NFC 模块和 SIM/UIM 卡之间需要高速传输，通信协议尚未标准化
二维码	无	无	1.技术成熟； 2.使用简单； 3.支付便捷； 4.成本较低； 5.用户规模大	1.国内二维码支付监管权力、责任明确，存在法律风险； 2.底层核心技术缺失，存在知识产权和信息安全隐患

7.3.3　近场支付的应用案例

1. 基于 RFID 支付技术的应用

手机钱包是基于 RFID 技术的支付方式，用户可以直接拿着手机在具有 POS 机的商家进行刷手机消费，手机钱包适用于公交、地铁、便利店等小额支付业务，因其数额较小，可刷卡免密、无须找零，又因其充分利用手机终端可随身携带的特性，支付非常便捷。手机钱包账户位于装有 SIM/UIM 等智能卡的手机终端上，存有用于离线支付的虚拟电子余额，用户开通手机钱包业务后，可选择更换手机或者换一张支付 RFID 功能的专用 SIM/UIM 卡，在乘车、购物消费的时候拿出手机就能完成支付。

手机钱包账户虚拟电子货币来源于现金充值或者手机支付中间账户，用户可通过空中下载技术（over-the-air technology，OTA）向手机钱包账户充值，手机钱包的主要功能特性如下。

（1）消费。用户可以使用带有电子钱包的手机终端在 POS 终端消费。POS 终端与手机端的电子钱包应用进行离线方式的交易消费认证和消费授权，POS 终端根据指定的规则定期将交易记录上传至后台系统，用于结算与对账。

（2）充值。用户可以通过多种模式对脱机方式下的非银行账户圈存。

空中圈存：用户可通过银行卡账户或关联的其他账户，以加密的数据短信，空中对非银行账户进行圈存。

网点圈存：用户在营业网点通过银行卡、现金等对账户进行圈存。

自助设备圈存：用户在自助设备终端上通过银行卡、现金等对账户进行圈存。

（3）查询。手机钱包余额信息存储在智能卡上，用户可以通过手机钱包应用 UTK 菜单查看余额，或者通过在 POS 终端上查询手机钱包账户余额。用户还可以查询一定期限内的充值明细、消费明细、撤单明细与退货明细。

2. 基于 NFC 技术的应用

NFC 在交通领域得到广泛的使用，北京、武汉、南京、长沙等地区地铁交通都有采用 NFC 支付技术，下面以长沙地铁为例介绍 NFC 支付的应用。2015 年 7 月长沙地铁闪客蜂 App 上线测试，实现 NFC 手机刷卡坐地铁，如图 7.22 所示。

图 7.22　NFC 手机刷卡进地铁站场景

长沙地铁开通的 NFC 采用的是 SWP-SIM 模式，由运营商发行定制 SIM 卡，配合用户的 NFC 功能手机，实现模拟地铁储值票进出站乘车。长沙地铁 NFC 支付功能是通过中软公司开发的“闪客蜂”移动支付平台与长沙地铁自动售检票系统（automatic fare collection system，AFC）进行对接实现，“闪客蜂”NFC 应用界面如图 7.23 所示。长沙地铁 NFC 移动支付系统的建设大致经历了三个阶段：第一阶段是手机票卡测试，在地铁及相关公交线路对手机票卡的读卡、常规功能和异常情况进行测试；第二阶段是测试批量生产的手机票卡的读卡、业务功能是否正常；第三阶段是测试 NFC 支付“空中充值”、开卡功能是否正常，测试 NFC 支付平台与自动售票系统的对接、清分、结算功能能否实现。

长沙地铁 NFC 移动支付平台主要实现以下功能。

（1）手机车票预生产。通过与原有的地铁车票管理系统对接，获得生成手机车票的票卡发行数据、密钥数据，以满足车票预制、空中发卡的需要，另外，与原有的地铁清分中心系统的票务管理系统对接，满足现有业务对制卡业务监管的需要。

（2）“空中发卡”。各方系统对接成功后，以“空中下放”的形式将“长沙地铁卡片应用”写入 SWP-SIM 卡中。

（3）“空中圈存”。通过各方系统对接，对下发的“长沙地铁应用”所包含的电子钱包进行充值、更新。

（4）“空中删除”。通过各方系统对接，对下发的“长沙地铁应用”的数据进行删除，即注销用户的手机车票。

（5）参数交换。在“空中发卡”和“空中圈存”的过程中包含了明确票价、选择站点信息等业务环节，这些环节均需要与地铁清分中心系统的运营管理中心进行对接，获取相应的线网运行参数，从而满足手机车票业务的使用需要。

图 7.23　闪客蜂 NFC 功能应用界面

7.3.4　远程支付与近场支付的关系

远程支付和近场支付都属于移动支付的范畴。在移动支付的业务体系中，近场支付主要包括小额支付和大额支付，小额支付使用的场景包括公交、便利店等，大额支付的使用场景主要有商场的购物等。远程支付包括定向、非定向支付，定向支付的使用场景主要是公用事业单位款项划拨或转账等，非定向支付的使用场景包括网上购物、虚拟货币的购买等，具体如图 7.24 所示。

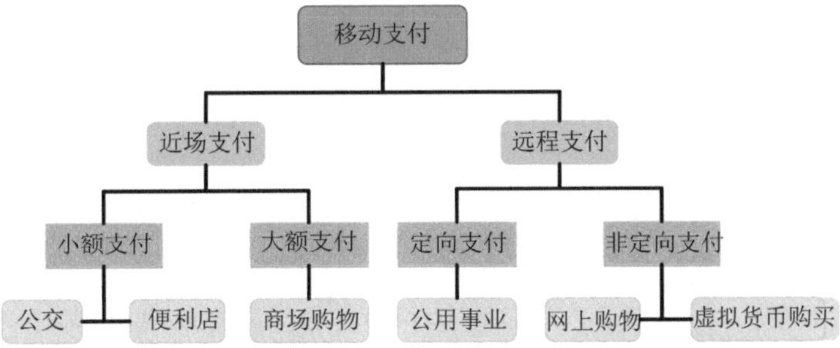

图 7.24　移动支付业务体系

远程支付和近场支付的区别还体现在依托技术、支付场景、支付金额、硬件安全级别要求、资金账户等方面，具体见表 7.3。

表 7.3 远程支付和近场支付的主要区别

	远程支付	近场支付
依托技术	互联网和信息通信技术	近距离无线通信技术
支付场景	线上交易	线下交易
支付金额	无额度限制，由资金来源账户的余额和规定时间内限额决定	额度较小，国内目前相关产品一般设有上限，最高 1 000 元
硬件安全级别要求	无特别要求，可使用通信网络本身的 SIM/UIM 卡授权	要求较高，需金融机构授权
资金账户	话费、银行账户和支付运营商提供的专门支付账户	使用支付运营商提供的专门支付账户居多，也使用银行账户
应用场景	电子化程度高，购买过程简单的产品和服务	价格较低，购买行为频繁的产品和服务

第 8 章　互联网金融

8.1　传统金融业的发展与变革

8.1.1　金融业的基本概述

1. 金融的定义

金融（Finance）就是指资金的融通。即由资金融通的工具、机构、市场和制度构成的有机系统，是经济系统的重要组成部分。金融的核心是通过跨时间、跨空间的资源配置，实现价值交换，所有涉及价值或者收入在不同时间、不同空间之间进行配置的交易都是金融交易。

现代金融所依据的基本原理有三个重要基础:一是价值的跨期转移；二是就未来结果达成的契约和权利；三是可转让性。尽管现代金融和历史金融都还有许多重要特征，但是这三个特征是贯穿所有金融活动的基本要素。

2. 金融业的定义

金融行业一般习惯性地被称为金融业，是指经营金融商品的特殊行业，主要包括银行业、保险业、信托业及证券业等行业。金融业具有指标性、垄断性、高风险性、效益依赖性和高负债经营性等特点。

8.1.2　传统金融业的发展

金融业经过长时间的历史演变，从古代社会比较单一的形式，逐步发展成多种门类的金融机构体系。商业银行的发展史就是传统金融业的演变史，一般而言，其他金融机构都是建立在商业银行平台基础上发展起来的，其业务范围涵盖了经济领域的大部分范围，是一个国家金融体系的基础。因此，商业银行的重要性是其他金融机构所不能企及的，银行业也是传统金融业的代表。

1. 商业银行的产生

近代银行业起源于文艺复兴时期的意大利，当时的意大利处于欧洲各国国际贸易的中心。在威尼斯和其他几个城市出现了从事存贷、汇兑业务的机构，它们经营贷款业务，但主要面向政府，并具有高利贷的性质。1580 年建立的威尼斯银行是最早采用“银行”为名称的机构。1694 年英国建立了第一家股份制银行——英格兰银行，这为现代金融业的发展确立了最基本的组织形式。英格兰银行的成立标志着现代银行制度的产生。此后，各资本主义国家的金融业迅速发展，相继建立起规模巨大的股份银行，对加速资本的积聚和生产的集中起到巨大的推动作用。19 世纪末 20 世纪初，主要资本主义国家进入垄断资本主义阶段，以信用活动为中心的银行垄断与工业垄断资本相互渗透，形成金融资本，控制了资本主义经济的命脉。

2. 商业银行的职能

从历史发展来看，由于各国政治、经济制度的差异及历史原因，分别形成了银行主导型和市场主导型的金融体系。然而在现代金融业中，哪怕是在市场主导型的金融体系下，银行业仍然占据举足轻重的地位。

现代商业银行是以价值创造为目的，以筹集资金、提供结算为基本手段，以运用资产和创新产品为载体，向客户提供多功能、综合性服务的金融企业。一般来讲，商业银行具有如下主要的职能和作用。

（1）充当信用中介。信用中介是最基本的，也是最能反映商业银行经营活动特征的职能，企业或个人在物物交易、物权交易、资产资金交易等方面的经济和贸易往来时更愿通过银行来完成。

（2）充当支付中介。商业银行作为货币经营机构，具有为客户保管、出纳和代理支付货币的功能，即支付中介职能。

（3）创造信用流通工具。商业银行的信用创造职能，是建立在信用中介职能和支付中介职能的基础之上的，商业银行可签发信用流通工具，从而创造出派生存款。

（4）提供金融服务。金融服务是商业银行利用其在经济生活中的特殊地位，以及凭借其在提供信用中介和支付中介业务过程中所获得的大量信息的优势，运用电子计算机和网络等先进手段，为客户提供电子银行、国际结算、银行卡和财富管理等多种服务。

8.1.3 现代金融业的兴起

非银行金融机构的兴起，是现代金融业兴起的标志。多元化的金融机构，多元化的金融交易模式，构建起现代金融的运行机制。

1. 金融机构变革

进入 20 世纪下半叶，随着世界新技术革命的深入，金融行业开始进入电子化阶段，电子化应用也成为现代金融业兴起的主要标志。新技术的应用，使得金融创新更加活跃，商业银行作为金融业最重要的金融机构之一，率先发起变革。同时，电子化进程的推进，也使得其他非银行金融机构开始发展或者出现，金融机构多样化为特征的现代金融业开始兴起。

1）商业银行的变革

传统银行业务较为单一，现代银行业的业务开始由存贷、支付等基本业务拓展至理财，同时金融监管的放松与变革以及行业生存压力，使得银行开始走向全能。全能银行（Universal Banking） 是商业银行寻求变革的产物，全能银行源于德国，本是德国银行业的分类概念，但在现代金融里其含义已经超出了统计概念的范畴。全能银行是一种银行类型，它不仅经营银行业务，而且还经营证券、保险、金融衍生业务以及其他新兴金融业务，有的还能持有非金融企业的股权。

全能银行可以提供几乎所有银行和金融机构的服务，如贷款、存款、证券、支付清算、外汇、代理保险、租赁与咨询等业务，激烈的市场竞争中各金融机构努力拓宽自己的服务领域和提供便捷的服务手段，各金融机构有实现相互融合的强烈动机，现代通讯和计算机技术的高速发展为这一融合以及通过融合降低成本提供了技术保障； 资本市场快速发展和市场融资的“脱媒”现象，使商业银行的传统业务已无法适应金融市场发展的新需求；同时，金融创新的发展为突破传统商业银行业务和证券业务提供了可能，商业银行在负债结构和资产配置方面越来越多地依靠资本市场工具，而投资银行也日益向商业银行业务渗透，金融创新使两者的业务界限逐渐消失。

2）非银行金融机构的发展与创新

传统金融以银行为主导，功能主要定位于充当信用中介，其涉及业务主要限于融资。现代金融的主体已经拓展到证券、保险等非银行金融机构，所涉及的业务，不仅包括融资，还包括投资等金融服务。非银行金融机构是随着金融资产多元化、金融业务专业化而产生的。早期的非银行金融机构大多同商业银行有着密切的联系。20 世纪初，证券业务和租赁业务迅速发展，产生了一大批非银行性的金融机构。第二次世界大战后，非银行金融机构逐步形成独立的体系。例如证券业，美国有 7000 多家证券公司，18 家全国性的证券交易所。20 世纪 70 年代以来，金融创新活动不断涌现，非银行金融机构起了主要作用，它有力地推动了金融业务的多元化、目标化和证券化，使得各类金融机构的业务日益综合化，银行机构与非银行金融机构的划分越来越不明显，非银行金融机构自身的业务分类也日趋融合。它们之间业务交叉进行，只是比重有所差别。

2. 现代金融业的特征

1）现代金融业的先导性

现代金融业属于第三产业，相比于其他的产业，现代金融业是一个先导性产业。现代金融业拥有聚集资金、配置资源、信息支配等功能，金融业本身运作形成了一个庞大的市场，这一市场具有巨大的吸引力、推动力和竞争力。金融业的先导性在于它已经发挥着社会经济的“核心指挥”和“大脑支配”功能，现代金融业已经向着产业化、工程化和信息为主要特征的龙头产业发展。通过货币资金的分配和组合、利率和汇率的调整、金融资产的选择、信息工具的提供等，不断拓展新的投融资领域，优化产业结构和产品结构，从整体上促进国民经济的协调和快速发展。

2）现代金融业的高度知识与技术密集性

现代经济是知识经济，具体说是高度智能化、社会化、市场化和文明化的经济，知识密集型与技术密集型是先进生产力和现代文明的重要体现。作为现代经济核心的金融业是现代文明的重要组成部分。与其他部门相比，金融业是率先广泛应用计算机技术和网络通信技术等先进科技手段的行业，知识和技术含量高，需要具有相当水平和层次的复合型人才与之相适应。特别是作为推动金融业发展不竭动力的金融创新，更要求金融人才必须以全新的理念和聪慧的头脑去面对现实，寻找有效的发展途径。

3）现代金融业的风险性

由金融业经营货币这一特殊商品以及金融机构的业务特征所决定，金融商品具有一般的使用价值，具有极强的流动性和不确定性，金融业主要依托发展负债来经营资产，具有一套特殊的操作技术，并受到国家货币管理部门的宏观调节控制和社会诚信度的制约。所以，一旦宏观经济政策调控错误、金融管理当局宏观决策失误或金融企业的经营活动失败，必将破坏整个社会信用资金循环的连续性，导致局部甚至整个信用链条的断裂，最终会引发货币信用和金融危机，由此造成整个社会经济的混乱。而且，随着经济金融全球化的不断深入、虚拟金融资产的不断扩大和金融创新的层出不穷，金融的整个形态和变化机理都出现大变革。由此，在金融风险的规模、频率、传导和扩散等方面也呈现出一系列的新特征，促使金融风险诱发因素增多、不确定性程度提高和复杂性增强。

4）金融业的服务性

实践证明，金融业一切经营活动的宗旨就是向社会公众提供各种金融服务，具体表现在：为促进各种生产要素的结合提供融资服务；　为提高经济效率、降低成本提供货币收支结算服务；为保障良好的经济运行秩序提供信用记录服务；为保障政府和社会成员利益、防范风险提供信息服务等。随着金融创新的深化、金融资产的证券化、金融业务的拓展、金融电子化程度的提高，金融服务水平将提升到一个新的层次。同时，通过金融业的优质服务，也实现了金融业自身的价值和金融业更好的发展。所以，社会公众不仅是金融业服务的对象和市场，也是金融业生存之本，发展之根和竞争力之源。

3. 现代金融业战略地位极大提升

现代经济作为金融经济，其资产和财富的形式、各种交易方式和手段、经济关系和理念等，无不体现金融化的特征。金融不仅是经济的一部分，而且是重要的核心部分。传统金融功能被简单地局限于“信用中介”，而现代金融功能的发挥主体不仅指银行，而且已拓展到证券、保险等领域。其涉及的业务，不仅包括融资，还有投资。更引人注目的是，现代金融首先表现为全球战略问题，由金融业所经营的货币资金的同质性和全球经济的一体化、市场化趋势所决定，国与国之间、地区与地区之间的联系，主要依靠货币作为“纽带”来实现。与此同时，现代金融也是一国的宏观战略问题，在市场经济条件下，一国商品供给决定了一定时期的货币需求，货币需求决定了货币供给，而货币供给又形成了对商品的需求。所以，一国货币供求的平衡大体上可演化为社会总供给和社会总需求的平衡，这一宏观平衡是国民经济健康、协调、持续发展的重要保证。另外，金融安全、金融霸权、金融创新、金融监管、金融市场等，都与现代金融功能的发挥密切相关。

8.2　互联网金融概况

8.2.1　互联网金融内涵

2014 年 4 月，《中国金融稳定报告（2014）》提出，互联网金融是互联网与金融的结合，是借助互联网和移动通信技术实现资金融通、支付和信息中介功能的新兴金融模式。

2015 年 7 月，中国人民银行等十部门共同发布《关于促进互联网金融健康发展的指导意见》，权威部门首次给予互联网金融界定，互联网金融是传统金融机构与互联网企业利用互联网技术和信息通信技术实现资金融通、支付、投资和信息中介服务的新型金融业务模式。

从本质上讲，互联网金融是利用大数据、云计算、社交网络和搜索引擎等互联网技术实现资金融通的一种新型金融服务模式。

8.2.2　互联网金融的特征

1. 信息的多维采集与深度运用

一方面，互联网金融通过大数据技术采集并使用了更多的信息。市场主体不是独立存在的，会与其他市场主体发生联系，如供货商、客户、银行等，可通过大数据技术从多个侧面搜集这一市场主体的信息，并通过信息的拼接对市场主体有一个整体性的认识，进而获得该主体其他方面的信息。

另一方面，互联网金融采用了云计算这一新的信息处理技术。传统金融模式下，信息资源分散庞杂，数据难以有效处理应用。互联网金融模式下，社交网络生成和传播信息，搜索引擎对信息进行组织、排序和检索，有针对性地满足信息需求；云计算保障海量信息高速处理能力。在云计算的保障下，不对称、金字塔型的信息被扁平化，实现了数据的标准化和结构化，最终形成时间连续、动态变化的金融市场信息序列，而这些信息是传统金融机构参与主体迫切需要但难以获得的。

2. 去（传统）中介化

互联网金融模式下，资金的供求信息在互联网上发布，供求双方能够方便地查询交易对象的交易记录，通过信息技术深入分析数据，全面、深入掌握交易对象的信息，并据此找到合适的风险管理和分散工具，甚至双方或多方交易可以同时进行，最大化提升资金配置效率。

互联网金融本质上是直接融资，资金供求信息在网络上形成“充分交易可能性集合”，双方资金供求匹配成功后即可直接交易，在没有金融中介参与的情况下高效解决资金融通问题。

3. 传统金融机构的后台化

以第三方支付为代表的互联网金融对银行等传统金融机构最大的冲击在于，切断了银行和客户之间的直接联系。客户直接面对的是第三方支付机构，传统的银行账户、基金账户全部后台化。随着账户同化趋势的发展，第三方支付账户可能会成为人们支付和消费的首要甚至唯一入口，其他账户全部隐藏在第三方支付账户的后面，成为其附庸。

8.2.3　互联网金融的发展阶段

1. 触网阶段

第一阶段是 1997～2005 年，互联网为金融机构提供技术支持，帮助金融机构“把业务搬到网上”，还没有出现真正意义的互联网金融业态。互联网的出现初期就对传统金融机构造成了冲击，传统金融机构陆续成立电商部门，建设电商网站来销售金融产品并提供金融服务。1997 年，招商银行率先推出中国第一家网上银行，通过互联网开展品牌宣传、产品推广、客户服务等。1998 年，国内网上证券交易起步，2000 年，证监会颁布《网上证券委托暂行管理办法》，投资者使用证券公司提供的交易软件，通过互联网即可非常方便快捷安全地进行证券交易。2002 年，中国人民保险电子商务平台（e-PICC）正式上线，用户不仅可以通过 e-PICC 投保中国人民保险的车险、家财险、货运险等保险产品，还可以享受保单验真、保费试算、理赔状态查询、咨询投诉报案、风险评估、保单批改、保险箱等一系列实时服务。

2. 萌芽阶段

第二个阶段是 2005～2012 年，第三方支付机构逐渐成长起来，互联网与金融的结合开始从技术领域深入金融业务领域。我国 P2P 借贷平台自 2006 年开始陆续出现并快速发展。据统计，截至 2014 年上半年，共有 1184 家 P2P 借贷平台，借款人 18.9 万人，投资人 44.36 万人。2007 年 6 月，阿里巴巴集团依托阿里巴巴电子商务平台，将网商的网络交易数据及信用评价作为信用依据，以信用信息提供者的身份与中国建设银行、中国工商银行签约，开始联保贷款模式的尝试，为中小企业提供无抵押、低门槛、快速便捷的融资服务。2010 年 6 月，阿里巴巴小额贷款公司成立，这标志着我国小额贷款模式的创新与突破。2011 年，中国人民银行开始发放第三方支付牌照，第三方支付机构进入了规范发展的轨道。

3. 高速发展阶段

第三个阶段是 2013～2016 年，是高速发展阶段。2013 年被称为“互联网金融元年”，是互联网金融得到迅猛发展的一年。自此，P2P 网络借贷平台快速发展，众筹融资平台开始起步，第一家专业网络保险公司获批，一些银行、券商也以互联网为依托，对业务模式进行重组改造，加速建设线上创新型平台，互联网金融的发展进入了新的阶段。中国人民银行为近 300 家第三方支付企业颁发了支付业务许可证。

在行业发展规模上，2013 年在几个领域出现爆发式增长，一是互联网货币基金，以余额宝为例，从 2013 年中推出到年底，其规模达到 1853 亿元，到 2015 年底达到 6207 亿元。二是 P2P 网贷，2007～2012 年，P2P 网贷行业累计交易额为 222.7 亿元；2013 年一年即突破 1100 亿元，呈现爆发式增长，2015 年达到 9750 亿。三是第三方支付，2012 年第三方支付金额约为 3.6 万亿元，到 2013 年增长为 9.2 万亿元，2015 年达到 49.5 万亿元。

在监管上，2013 年 4 月，国务院部署了金融领域的 19 个重点研究课题，“互联网金融发展与监管”是其中之一。课题组由中国人民银行、银监会、证监会、保监会、工信部、公安部、国务院法制办共同组成。

4. 风险与监管并存阶段

互联网金融管理体系经过近几年的不断完善和发展，已经相对成熟，如图 8.1 所示。2016 年被归结为互联网金融的风险与监管并存阶段。2016 年召开的两会中，政府工作报告对互联网金融发展的态度发生变化，定调“规范发展互联网金融”。2017 年又提出“对互联网金融等累积风险要高度警惕”，可以看出中央政府对互联网金融的风险防范越来越重视，在监管态度上逐渐趋于严格。

互联网金融具有跨界混业经营、贯穿多局次的市场体系、金融业态多、创新速度快、风险复杂多样的特征，因而合理而完善的监管结构和体系必然对行业的规范化进程起到重要的推动作用，“双层次多头的监管主体、多层次的监管体系＋行业自律体系”的结构已然成型；另外网络金融信息服务对投资安全及决策有较大推动作用，国家网信办强化监管对象力度，如在平台类型外延的基础上进一步确定内容发布规范，会更加有利于互联网金融市场稳定。

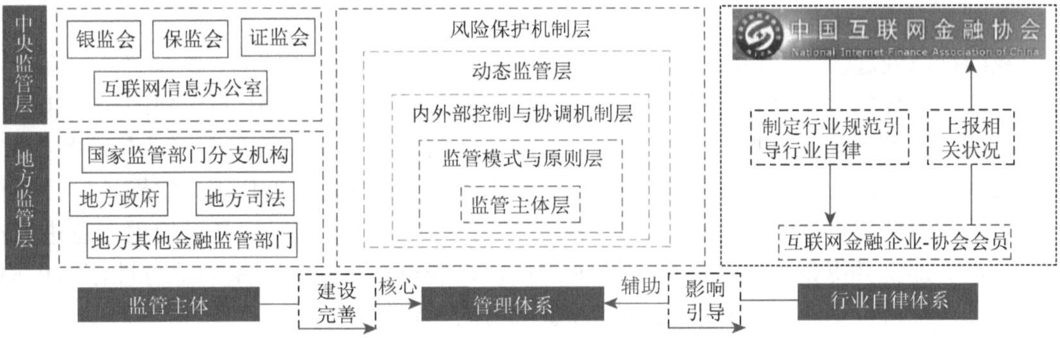

图 8.1　互联网金融管理体系

8.2.4　互联网金融的发展环境

1. 法律环境

当前，互联网金融诸多业务在法律法规方面存在着空白。法律定位、监管主体、准入机制、业务运转、流程监控、个人和企业的隐私保护措施，以及沉淀资金及其孳息的监管处理方式等还不明确。部分实行债权转让模式的 P2P 网贷平台以及实行股权制的众筹平台游走在法律的灰色地带，有些甚至已经触碰了非法吸收存款、非法集资的法律底线。

为规范互联网金融行业发展，2010 年中国人民银行等部门出台了《非金融机构支付服务管理办法》等规章，北京、上海、杭州等地出台了一些地方性规章，2012 年国务院公布了《征信业管理条例》等行政法规，但这些法规、规章从总体上来看，或者位阶较低，或者效力有限，对互联网金融发展的法律约束力还远远不够。

2. 政策环境

2013 年以来，不少有利于互联网金融发展的政策相继出台。2013 年 6 月 19 日，国务院推出措施，推动民营资本进入金融业，鼓励金融创新；2013 年 7 月 5 日，《关于金融支持经济结构调整和转型升级的指导意见》出台，再次强调要扩大民营资本进入金融业，明确了民营资本进入金融业的改革政策；2013 年 7 月 19 日，中国人民银行进一步推动利率市场化改革，取消金融机构贷款利率 0.7 倍的下限，由金融机构根据商业原则自主确定贷款利率水平。

2014 年政府工作报告提出，促进互联网金融健康发展，完善金融监管协调机制，密切监测跨境资本流动，守住不发生系统性和区域性金融风险的底线。

地方政府为互联网金融提供了较好的政策环境。温州市大力建设金融改革市场，投资建设信息对称平台，引入专业化的投融资金融机构和关联服务机构，实现融资需求“一站式”服务，成立民间借贷登记服务，中心对民间借贷交易信息进行登记备案，设立互联网金融行业的准入门槛，建立健全民间融资监测体系；江浙等地在互联网金融企业注册登记环节采取开放态度，允许在企业名称及经营范围中使用“金融信息撮合”等相关字样；北京市石景山区建立互联网金融产业基地；北京市海淀区揭牌互联网金融大厦和互联网金融产业园。

3. 征信环境

我国征信业起步于 20 世纪 80 年代，已初步形成一个覆盖面较广、结构基本齐备、以公共征信为主导的多层次征信体系。第一层是以中国人民银行征信中心管理的企业和个人征信系统数据库为代表，拥有大量基础信息的公共信用数据库和若干个专业信用数据库；第二层次是以工商、税务、海关等政府职能部门的信息管理系统为代表，掌握特定经济信用信息的政府部门、投资金融机构、经济鉴证类中介机构；第三层次是对信用信息进行搜索、调查、加工并提供信用产品的专业征信机构，既包括有政府背景的地方性征信机构，又包括国内民营征信机构及在我国设立办事机构的外资征信机构。

多年以来，我国征信业一直处于行业发展的初级阶段，征信机构还没有形成较强的市场竞争力，能提供的产品和服务还很有限。另外，我国的个人信用信息比较分散，拥有个人数据的机构之间难以协调，个人信用数据难以收集。个人信用信息主要掌握在中国人民银行、公安、法院、工商、国税、人力资源和社会保障等部门及商业银行、公用事业、邮政、电信、移动通信、保险等非政府机构，处于分散和相互屏蔽的状态。在缺乏相关法律法规支持的情况下，难以协调不同部门获得全面而真实的个人信用信息。

基于此，中国人民银行于 2018 年 2 月批准百行征信有限公司个人征信许可，以实现建立统一的个人信用平台、打破信息孤岛、对中国人民银行征信中心进行有效补充等目的。百行征信引入中国互联网金融协会为控股股东，经过一年时间的发展，百行征信与超过 700 家机构签订信息共享协议，同时个人信息保护相关政策法规正在逐渐完善，2017 年 6 月《网络安全法》的实施、2018 年 5 月中国人民银行《金融信用信息基础数据库异常查询行为监测工作暂行规程》的发布代表着对个人信息、隐私保护的重视。截至 2019 年 4 月，中国人民银行征信中心已覆盖 9.9 亿自然人，其中仍有 4.6 亿自然人没有信贷记录。个人信用是重要的无形资产，个人信用系统的建立对金融乃至更多行业发展起到基石作用。

8.2.5 互联网金融参与机构

互联网与金融业务的融合既诞生出了多种业务模式，又通过这些模式积累了数据从而为金融领域的科技运用打下基础。基于此，互联网金融的定义包含狭义与广义之分，狭义的互联网金融是指互联网与金融业务的结合，广义的互联网金融在狭义的基础上增加了科技与金融业务的结合。

广义的互联网金融包含三类参与机构：第一，传统金融机构的互联网化、科技化业务板块；第二，互联网巨头的金融业务板块或主业为互联网金融的机构；第三，金融行业客户占比高的科技企业。但是，这三类机构的边界正在变得越来越模糊，如蚂蚁金服转型为向传统金融机构输出科技服务的科技类机构，再如银行通过开放银行向其他金融机构输出科技服务等。互联网金融参与机构组成如图 8.2 所示。

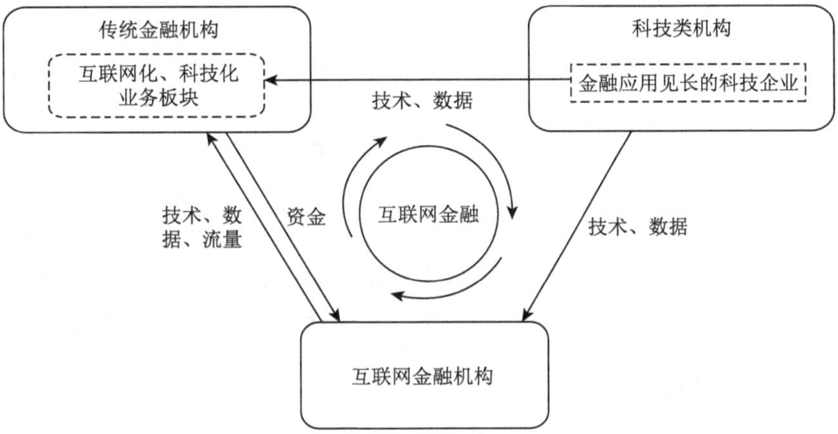

图 8.2　互联网金融参与机构组成

8.2.6　互联网金融业务的相关规定

互联网金融业务模式划分可以借鉴 2015 年中国人民银行等十部门联合印发的《关于促进互联网金融健康发展的指导意见》（本节简称《意见》），《意见》中出于监管的需求，对互联网金融进行了分类指导，科学合理地界定互联网金融各业态的业务边界及准入条件，明确了互联网金融监管的责任。

1. 互联网支付相关规定

互联网支付是指通过计算机、手机等设备，依托互联网发起支付指令、转移货币资金的服务。互联网支付应始终坚持服务电子商务发展和为社会提供小额、快捷、便民小微支付服务的宗旨。银行业金融机构和第三方支付机构从事互联网支付，应遵守现行法律法规和监管规定。第三方支付机构与其他机构开展合作，应清晰界定各方的权利与义务关系，建立有效的风险隔离机制和客户权益保障机制。要向客户充分披露服务信息，清晰地提示业务风险，不得夸大支付服务中介的性质和职能。互联网支付业务由中国人民银行负责监管。

2. 网络借贷相关规定

网络借贷包括个体网络借贷（即 P2P 网络借贷）和网络小额贷款。个体网络借贷是指个体和个体之间通过互联网平台实现的直接借贷。在个体网络借贷平台上发生的直接借贷行为属于民间借贷范畴，受《合同法》《民法通则》等法律法规以及最高人民法院相关司法解释规范。个体网络借贷要坚持平台功能，为投资方和融资方提供信息交互、撮合、资信评估等中介服务。个体网络借贷机构要明确信息中介性质，主要为借贷双方的直接借贷提供信息服务，不得提供证信服务，不得非法集资。网络小额贷款是指互联网企业通过其控制的小额贷款公司，利用互联网向客户提供的小额贷款。网络小额贷款应遵守现有小额贷款公司监管规定，发挥网络贷款优势，努力降低客户融资成本。

3. 股权众筹融资相关规定

股权众筹融资主要是指通过互联网形式进行公开小额股权融资的活动。股权众筹融资必须通过股权众筹融资中介机构平台（互联网网站或其他类似的电子媒介）进行。股权众筹融资中介机构可以在符合法律法规规定前提下，对业务模式进行创新探索，发挥股权众筹融资作为多层次资本市场有机组成部分的作用，更好地服务创新型创业企业。股权众筹融资方应为小微企业，通过股权众筹融资中介机构向投资人如实披露企业的商业模式、经营管理、财务、资金使用等关键信息，不得误导或欺诈投资者。投资者应当充分了解股权众筹融资活动风险，具备相应风险承受能力，进行小额投资。股权众筹融资业务由证监会负责监管。

4. 互联网基金销售相关规定

基金销售机构与其他机构通过互联网合作销售基金等理财产品。要切实履行风险披露义务，不得通过违规承诺收益方式吸引客户；基金管理人应当采取有效措施防范资产配置中的期限错配和流动性风险；基金销售机构及其合作机构通过其他活动为投资人提供收益，应当对收益构成、先决条件、适用情形等进行全面、真实、准确表述和列示，不得与基金产品收益混同。第三方支付机构在开展基金互联网销售支付服务过程中，应当遵守中国人民银行、证监会关于客户备付金及基金销售结算资金的相关监管要求。第三方支付机构的客户备付金只能用于办理客户委托的支付业务，不得用于垫付基金和其他理财产品的资金赎回。互联网基金销售业务由证监会负责监管。

5. 互联网保险相关规定

保险公司开展互联网保险业务，应遵循安全性、保密性和稳定性原则，加强风险管理，完善内控系统，确保交易安全、信息安全和资金安全。专业互联网保险公司应当坚持服务互联网经济活动的基本定位，提供有针对性的保险服务。保险公司应建立对所属电子商务公司等非保险类子公司的管理制度，建立必要的防火墙。保险公司通过互联网销售保险产品，不得进行不实陈述、片面或夸大宣传过往业绩、违规承诺收益或者承担损失等误导性描述。

6. 互联网信托和消费金融相关规定

信托公司、消费金融公司通过互联网开展业务要严格遵循监管规定，加强风险管理，确保交易合法合规，并保守客户信息。信托公司通过互联网进行产品销售及开展其他信托业务，要遵守合格投资者等监管规定，审慎甄别客户身份和评估客户风险承受能力，不能将产品销售给风险承受能力不相匹配的客户。信托公司与消费金融公司要制定完善产品文件签署制度，保证交易过程合法合规，安全规范。

8.2.7　互联网金融的模式创新

整体上，当前互联网金融监管形势严峻，行业风险与发展并行。纵观互联网金融的发展，互联网金融三大模式创新意义影响深远。互联网金融三大模式创新如图 8.3 所示。

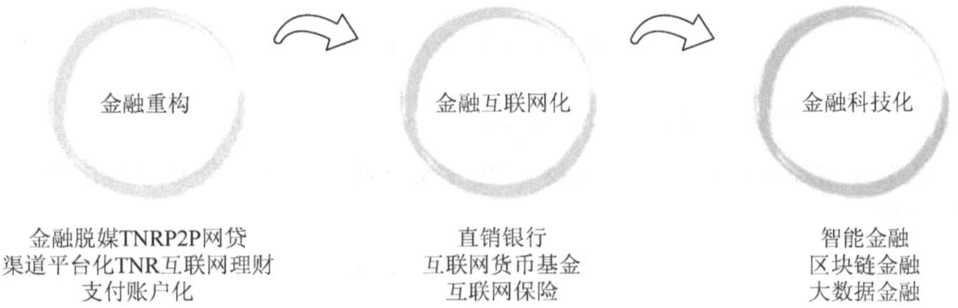

图 8.3　互联网金融三大模式创新

1. 传统金融重构：促进传统金融互联网化创新

互联网金融通过互联网技术、信息对传统金融进行了渗入，表现在三个方面。

（1）提升了资源配置效率，改变金融交易、组织形式和市场结构，如第三方支付、大数据、人工智能、云计算等能降低金融交易成本和信息不对称程度。

（2）拓宽融资渠道。互联网金融模式可被用来解决中小企业融资问题和促进金融的阳光化、规范化。

（3）延展金融的内涵。

2. 金融互联网化：金融脱媒、创新业业态涌现

在技术层面，实体经济与金融的关系从上一轮创新中的直接融资演变为收益更薄、垄断性更强的数据集中性中介。数据、场景、用户拥有者成为中介和垄断者。因为数据的天然集中性，导致了它可以因更有效地应用，如互联网货币基金而快速发展，并短期内迅速超过了原本以零售业务为主的银行的储蓄存款。在交易层面，技术发展推动了一般金融业务的表外化，也催生了新型金融业态，这就会挑战现有的金融保障机制。

3. 金融科技化：金融创新的技术驱动力

近年来，大数据、云计算、人工智能等交易技术改善了互联网金融发展的基础，表现为交易方式、交易渠道的变化，交易成本的节约（如业务的远程办理）和交易效率的提高（如数据审核、自助操作等）。科技对金融的影响具体如图 8.4 所示。

图 8.4　科技对金融的影响

其直接影响和促进可以划分为三个方面。

（1）前台业务的虚拟化，表现为交易渠道由线下转为线上，交易方式由柜台转为远程、由人工转为自助。

（2）后台业务与技术的升级，如自动交易技术、基于大数据的风险控制和个性化产品设计等。

（3）催生并支撑新型的交易结构（如 P2P 交易）。

8.2.8　互联网金融的实现技术

随着信息技术的飞速发展与广泛应用，数据的规模呈爆发式增长，存储单位也从最开始的 GB 发展到 TB 再到现在的 PB、EB 级。海量数据为相关技术领域的演进与突破提供了必要的基础，推动了大数据云计算、人工智能、物联网、区块链等新兴技术形态的长足发展。各类新兴技术彼此之间相互依附、层层递进、相互助力，成为智慧金融的底层实现技术。

1. 大数据

“大数据”（big data）一词并不新鲜，1980 年美国著名未来学家阿尔文•托夫勒在《第三次浪潮》一书中，便将“大数据”赞颂为“第三次浪潮的华彩乐章”。2005 年 Hodoop 项目诞生，为雅虎的搜索引擎提供了一个面对复杂数据和结构的快速处理和优化的能力。2008 年，谷歌在 *Nature* 杂志出版专刊，用于讨论大数据在未来处理庞杂数据的能力和将会面对的挑战。

1）概念

进入大数据时代，数据逐渐成为生产要素，更是基础性战略资源。2015 年 8 月，国务院印发《促进大数据发展行动纲要》，提出全面推进我国大数据发展和应用，加快建设数据强国，将“大数据”定义为：以容量大、类型多、存取速度快、应用价值高为主要特征的数据集合。大数据具有以下特征。

（1）数据的海量性。数据从收集、存储、计算再到分析是一个庞大的体系，也正是由于有了海量的数据做支撑，才能促进数据的进一步转化并利用，使其发挥更大作用。

（2）数据的多样性。数据的庞杂性和来源的广泛性，决定了大数据的纷繁复杂，大体可以将其分为三类：一是以财务信息数据为代表的结构化数据；二是以网页为代表的半结构数据；三是以视频音频为代表的非结构化数据。数据间的因果关系由强变弱。

（3）数据的价值性。数据的价值属性一般被认为是大数据的核心特征，将大数据称为未来社会的“石油”、21 世纪的“钻石矿”。2016 年中国大数据产业峰会数据显示，2015 年我国大数据市场规模 1692 亿元，同比增长 63.07%。

（4）数据的时效性。快速的数据流转、动态的数据体系，通过互联网和云计算进行数据的快速传导和交互，实现数据的实时处理和输出，数据的处理遵循“1 秒定律”，近乎实时处理。

2）体系及技术

大数据的体系分为数据源、数据采集、数据存储与管理、数据预处理、数据分析与应用五层。关键技术主要在数据源和采集方面有 OBD（on board diagnostics）、数据的融合等；数据处理有抽取、清洗等操作；数据存储有 DFS（depth first search）、NoSQL、hadoop 等技术；数据挖掘需要借助 MapReduce 计算框架和 HDFS（hadoop distributed file system）完成算法；之后可以通过 WEB 实现数据的可视化。

2. 云计算

2006 年 8 月，Google 推出 GAE（Google App engine）云计算平台，在业界首提“云计算”的概念。同年，亚马逊相继推出在线存储服务（S3）和弹性计算云（EC2）等云服务。Google、IBM、微软和亚马逊等科技公司均投入了大量的人力、物力和财力从事云计算的相关技术和产品的研发，并取得了长足发展。2015 年，以软件即服务（IaaS）、平台即服务（PaaS）、基础设施即服务（SaaS）为代表的云服务市场规模超过 500 亿美元，其中北美地区占据全球市场 56.5%的份额，亚洲市场占比 12%，中国占据 5%的市场份额。

2015 年 1 月《国务院关于促进云计算创新发展培育信息产业新业态的意见》提出：云计算是推动信息技术能力实现按需供给、促进信息技术和数据资源充分利用的全新业态，是信息化发展的重大变革和必然趋势。2017 年，工信部发布《云计算发展三年行动计划（2017—2019）》，提出进一步提升我国云计算发展与应用水平，积极抢占信息技术发展的制高点。

1）概念、特征、模式

美国国家标准与技术研究院（National Institute of Stanclards and Technology，NIST）将云计算定义为，一种能够通过便捷、按需方式获取共享的、可配置的计算资源（如网络、服务器、存储设备、应用程序等）的模式，资源可以快速提供，并最大程度降低人工管理和服务交互。

云计算模式进一步提高了资源的可用性，并具有以下基本特征：按需自助服务；广泛的网络访问；资源共享；快速可扩展性；服务可计量。

云计算的三种服务模式：SaaS，将应用作为服务提供给客户；PaaS，将开发平台作为服务提供给用户；IaaS，提供虚拟机或者其他资源作为服务提供给用户。根据部署方式，云计算可分为私有云、公有云和混合云。

2）技术

云计算里的“云”是一个随时可拓展的、丰富的资源库，资源的存储和计算均通过云端的服务器集群来实现，使计算分布在大量的分布式计算机上，用户通过“端点”与云里的资源进行访问和共享，从而构成了云计算系统。整个云计算系统主要包括编程模型、数据管理技术、数据存储技术、虚拟化技术、云技术、平台管理技术、云安全技术等。云计算工作原理如图 8.5 所示。

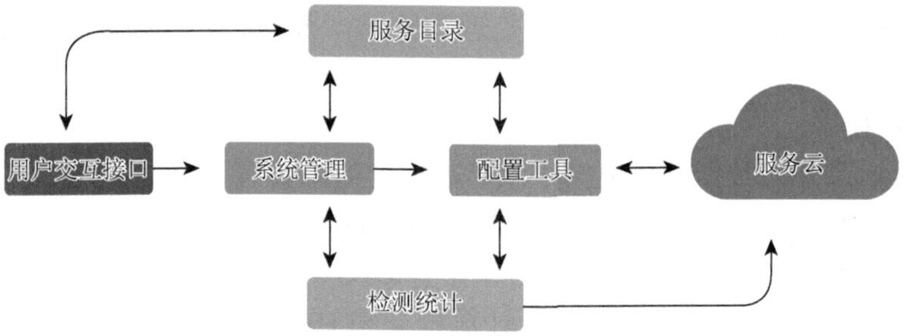

图 8.5　云计算工作原理

3. 人工智能

2017 年，国务院发布《新一代人工智能发展规划》，提出在移动互联网、大数据、超级计算、传感网、脑科学等新理论新技术以及经济社会发展强烈需求的共同驱动下，人工智能加速发展，呈现出深度学习、跨界融合、人机协同、群智开放、自主操控等新特征。大数据驱动知识学习、跨媒体协同处理、人机协同增强智能、群体集成智能，自主智能系统成为人工智能的发展重点，受脑科学研究成果启发的类脑智能蓄势待发，芯片化、硬件化、平台化趋势更加明显，人工智能发展进入新阶段。当前，人工智能成为国际竞争的新焦点，经济发展的新引擎，带来社会建设的新机遇。

1）概念

人工智能（artificial intelligence，AI）是研究、开发用于模拟、延伸和扩展人类智能的理论、方法、技术及应用系统的新兴交叉性学科，融合了计算机科学、数学、神经生理学、社会科学等诸多学科领域。

2）技术

人工智能在技术层面可大致分为基础技术和通用技术，具体如图 8.6 所示。

4. 物联网

物联网的应用最早可追溯到 1990 年施乐公司的网络可乐贩售机（networked coke machine）。1999 年，美国麻省理工学院的 Kevin Ashton 教授在研究射频识别（rfid）技术时首次提出物联网的概念。同年，美国麻省理工学院建立了“自动识别中心”（Auto-ID），提出“万物皆可通过网络互联”，阐明了物联网的基本含义。

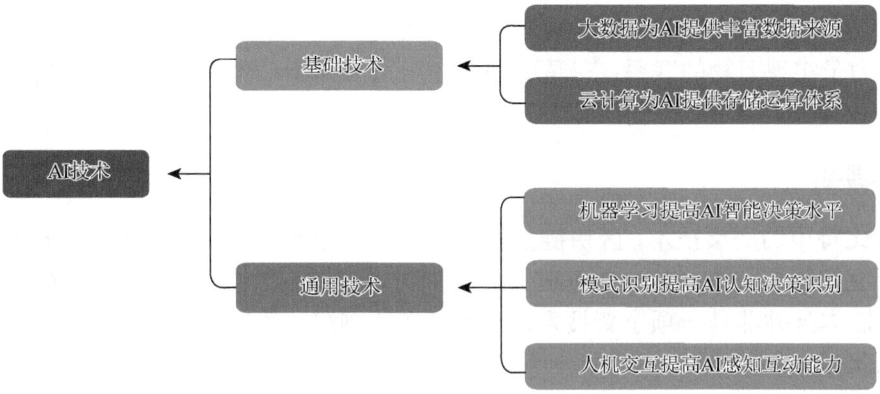

图 8.6　人工智能技术

2011 年，工信部发布《物联网“十二五”发展规划》，指出物联网是战略性新兴产业的重要组成部分，对加快转变经济发展方式具有重要推动作用。2016 年，工信部发布《信息通信行业发展规划物联网分册（2016—2020 年）》，指出：物联网是新一代信息技术的高度集成和综合运用，其发展对新一轮产业变革和经济社会绿色、智能、可持续发展具有重要意义。

1）概念

国际电信联盟（International Telecommunications Union，ITU）在 2005 年的报告中将物联网描述如下：一种人与物、物与物的新的沟通维度已经进入信息与通信技术（ICT）世界中，将任何人在任何时间、任何地点的连接，扩展到与任何物品的连接。这种连接将创建一种全新的动态化的“网络的网络”，即形成了物联网。从字面意思简单理解，物联网是物物相连的互联网，其在物物、物人之间通过各种信息传感设备，进行数据的连接、监控和采集，并互动传输的过程所形成的庞大网络，用以实现最终的连接、识别、管理和控制。物联网概念如图 8.7 所示。

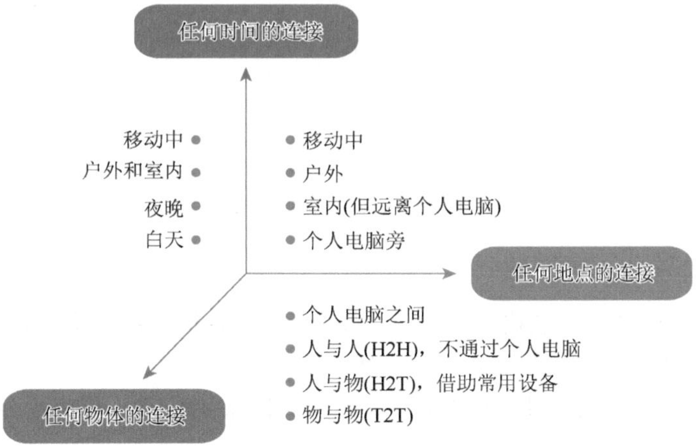

图 8.7　物联网概念图

2）特征

物联网主要包含三个层面：一是核心和基础仍然是互联网技术，物联网是在互联网上的拓展和延伸；二是物联网可以实现物物和物人的交互，并在彼此之间进行信息的传导和交换，致力于实现万物的联系；三是更加关注用户的体验，物联网区别于互联网更多的是在应用和业务上。

5. 区块链

作为比特币的底层技术，区块链技术支撑着比特币系统平稳运行了近十年时间，伴随着其是否能构建更加稳固的金融基础设施的探讨，区块链技术开始受到金融行业的持续关注。区块链本身并非是一项全新技术，而是分布式网络、数据加密、共识机制、智能合约等技术的集成式创新。

1）概念

2016 年，在工业和信息化部指导下，中国区块链技术和产业发展论坛发布《中国区块链技术和应用发展白皮书 2016》，将区块链技术广义界定为利用块链式数据结构来验证与存储数据、利用分布式节点共识算法来生成和更新数据、利用密码学的方式保证数据传输和访问的安全、利用由自动化脚本代码组成的智能合约来编程和操作数据的一种全新的分布式基础架构与计算范式。

区块链可以简单理解为一张张的记录（区块），装订（链接）在一起，形成人手一本、不可能更改的账本（区块链）。区块链原理如图 8.8 所示。

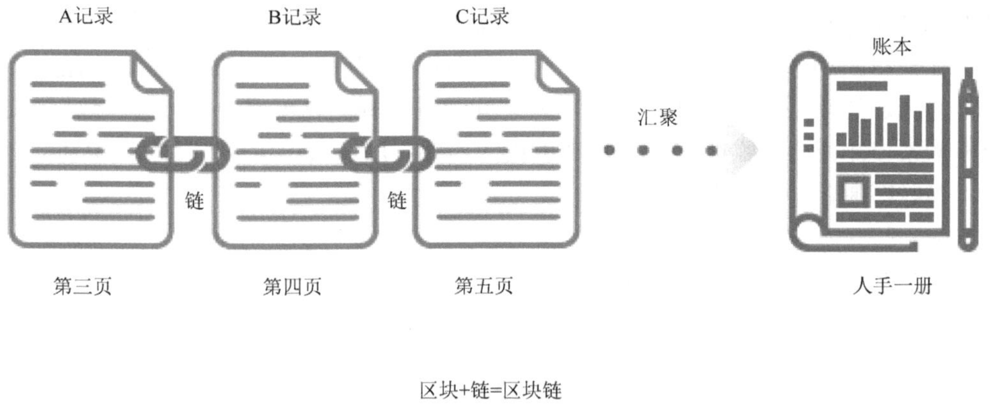

图 8.8　区块链原理图

2）特征

区块链通过加密算法、点对点网络、共识算法等技术，为交易双方提供了一种安全、高效、可靠、透明的商业交易模式。具有以下特征。

（1）分布式。分布式是区块链技术区别于其他技术的核心，数据由系统中维护功能的节点共同维护。

（2）安全稳定。区块链技术通过数字加密算法进行编排，节点相互联系，没有一个中心节点可以被篡改，稳定性和安全性更高。

（3）开放透明。公有区块链系统是对所有人开放的，任何人均可以通过端口进行查询和开发，系统是公开透明的，从而也更容易形成共识。

（4）匿名信任。区块链技术节点之间交换遵循一定的算法，通过程序规则自行判断，并形成一种信任，即使是在匿名的情况下，也会对对方产生基本的信任。

8.3　智慧金融

金融服务行业一直是技术创新的积极实践者和受益者，并高度依赖信息和数据价值，与技术发展特性高度贴合。如果说互联网金融更多强调的是互联网相关技术与金融业务的叠加，金融科技侧重于金融服务机构利用技术所实现的金融创新，那么在人工智能、大数据、云计算、物联网、区块链和分布式账本等新一代技术日趋成熟、高度融合之下，未来的金融服务将呈现出何种形态呢？

腾讯基于在金融服务领域多年的市场实践，提出“智慧金融”（smart finance）这一理念，通过智能化技术的综合应用，与零售、交通、医疗等产业形成密切联动效应，未来的金融服务将以“智慧化”（intellectualized）的方式生产和提供，具备信息自动化处理、模型化决策和部分自决策相结合、智能化执行等特征，同时与智慧城市、智慧生活、智能生产等互相融合，形成新的金融生态圈，成为金融产业转型升级的自主驱动力，实现以智促惠，让更聪明的金融配置更广泛的资源，服务更广泛的领域，惠及更广泛的阶层，实现更广泛的发展。

8.3.1　智慧金融的概念及特征

未来的金融服务将向“智慧化”的方向演进，以用户的需求和体验为立足点，以各类创新技术在金融领域的全面应用为实现条件，“智慧金融”将是更加高效、安全、个性化的综合性金融解决方案，贯穿于金融服务垂直全流程，使资金融通的基础性作用以更加灵活、快速、精准的方式，服务于智能产业转型升级，服务于智能生活提质增效，进一步推动实体经济的高质量发展和社会民生的持续改善。

智慧金融的特征呈现 4C 特征，即 Customizec（订制化）、Comprehensiv（综合性）、Controllable（可控性）、Collaborative（协同性），具体如图 8.9 所示。

订制化

充分结合用户的年龄、收入和消费结构，健康情况，阶段性需求和未来规划，风险承受能力等数据和信息，从目前较为共性化、标准化的金融服务和产品，向更具个性化、定制化服务的方向发展。

综合性

除了满足个人和企业用户的支付转账、理财借贷等基础性金融需求之外，智慧金融将在财务规划、资产管理、保险保障、风险管理、决策支持等领域提供更为全面、综合性的金融解决方案。

可控性

在金融业务数据互联互通、开放共享的基础上，从过去的手工报送监管数据，到实时、自动化方式进行数据收集、分析、报送，监管部门可以更为全面、及时地掌握相关领域风险集中度、关联度等信息，进一步提升金融活动可控性和风险监测水平。

协同性

从纵向层面，金融机构、技术企业的密切合作将形成常态化机制，各主体之间优势互补，形成“点-线-面”不同维度的合作格局。从横向层面，在金融服务产业之外，智慧金融将充分发挥协同作用，助推传统商业模式的转型升级，培育数字经济领域新的增长点，让普通百姓获得更加高效、便捷、经济、安全的金融服务，成为促进实体经济体质增效的催化剂。

图 8.9　智慧金融 4C 特征图

8.3.2 智慧金融演进阶段

智慧金融的演进，大致可以分为 4 个阶段。

1. 金融信息化阶段

计算机及通信技术被引入金融领域的早期阶段，可称为金融信息化阶段。在金融信息化阶段，金融行业主要借助网络技术和数据库技术，实现业务数据的汇总，并借助信息化系统应用，提升业务效率。

2. 互联网金融阶段

在金融互联网化的早期阶段，商业银行抓住先机，纷纷推出网上银行服务。1995 年，世界上第一家网络银行——安全第一网络银行（Security First Network Bank，SFNB）在美国成立，标志着新兴银行模式的诞生。1996 年，中国银行成为第一家使用互联网发布信息的国内银行。随后，各商业银行先后建立互联网主页，推出账户查询、转账汇款等基本金融业务。随着互联网的持续发展和普及，经济活动步入远程化、数字化、虚拟化的新阶段，用户对高效、便捷金融服务的需求显著提升，非银行支付机构快速崛起。在互联网金融阶段，互联网等信息技术的应用则实现了金融业务的渠道网络化，并催生了一系列业务模式创新，本质上是金融服务渠道的变革。

3. 金融科技阶段

早在 20 世纪 90 年代初期，花旗公司（花旗集团的前身）为了推动和加强金融行业内外的技术合作，发起了名为"金融服务技术联盟"（financial services technology consortium）的项目，该项目简称采用了合成词汇"Fintech20"，这是"金融科技"（Fintech）一词最早出现的情境。目前的"金融科技"已不再是花旗的一个项目名称，根据金融稳定委员会（FSB）定义，金融科技是通过技术实现的金融服务创新，它能带来新的业务模式、应用、流程或产品，从而对金融服务的提供方式产生重大影响。2015 年前后，互联网金融领域风险事件频发，"金融科技"的提法开始进入我国市场视野并迅速发展。

巴塞尔银行监管委员会将金融科技创新服务分为市场基础设施、存贷款和资本筹集、支付清结算、投资管理四大类。

得益于庞大的用户数量和市场广度，以及对创新技术和模式的开放和接受程度较高，我国金融科技产业发展活跃，取得了瞩目的成绩，更是推动中国成为全球第三大非现金支付市场。未来，保险科技（insur tech）、理财科技（wealth tech）、监管与合规科技（reg tech）的应用还将撬动金融科技更加广阔的市场需求。

4. 智慧金融阶段

在金融基础设施全面信息化、电子化的基础上，用户对通过远程渠道获取金融服务的模式适应性不断提高，各类金融交易数据的收集、处理、分析、共享得以实现线上化，信息数据的规模不断增长、多样性不断丰富，在物联网、大数据、机器学习等技术应用日益成熟的助推下，一个需求更多元、供给更精准、风险防控更高效、协同效应更明显的智慧金融时代正在悄然来临。

金融领域对金融信息的挖掘更加及时、深入，金融业开始从单纯技术层面融合的金融科技阶段向更新金融思维与业态的智慧金融阶段发展。

在智慧金融阶段，有了大数据、云计算及人工智能等先进技术的辅助，金融服务将做到“千人千面”，更透彻地感知客户需求和识别客户行为模式，实现“个性化”订制，并将更及时地预测金融市场价格变化，洞察金融市场的风险，提供更加便捷的支付结算、更加综合的金融服务、更加安全的财富管理，打造一个开放透明、充盈着丰富信息资源的金融世界。

8.4　P2P 网贷

8.4.1　P2P 网贷内涵

P2P，个人对个人的网络借贷。2005 年英国出现世界上第一个借贷型网络众筹平台 Zopa，2006 年美国的 Prosper 开始 P2P 运营，2007 年中国的第一个 P2P 平台拍拍贷成立。之后的十多年里，由于经济发展水平的差异，特别是金融监管环境的不同，P2P 模式在欧美与中国的发展逐渐形成了各自独有的特色。

8.4.2　我国 P2P 网贷行业发展历程

2007 年我国第一家 P2P 网贷平台拍拍贷成立以来，P2P 网贷行业凭借其自身的诸多优势，在短短几年内平台数量迅速增加，交易规模也呈现几何倍数增长态势。但是由于前期监管缺失，网贷行业逐渐暴露出许多问题。总体而言，我国 P2P 网贷行业发展历程可以分为以下四个阶段。

第一阶段是 2007～2011 年（萌芽发展期）。我国第一家网贷平台成立初期，由于 P2P 网贷是新生事物，大众对 P2P 网贷比较陌生、市场认可度比较低，P2P 网贷发展缓慢。

第二阶段是 2012～2013 年（快速发展期）。经过第一阶段初始探索发展后，P2P 网贷行业开始慢慢被市场接受。在“金融脱媒”的大趋势下，一些背景强大的网贷平台相继成立，P2P 网贷行业规模不断扩大，网贷平台出现爆发式增长，在 P2P 网贷行业利好信号驱使下，各行各业的投资主体纷纷涉足网贷行业，这使得网贷行业交易规模得到进一步增长。相关数据显示，截至 2013 年底网贷行业成交额达到约 893 亿元，投资人数大约有 13 万人。这在一定程度上推动了网贷行业的整体发展。

第三阶段是 2014～2015 年（风险蔓延期）。伴随着 P2P 网贷平台的快速扩张，网贷平台的风险也逐渐开始暴露。由于网贷行业早期的野蛮增长，行业竞争越来越激烈，网贷平台良莠不齐，从而积累了大量潜在的问题平台。同时，因为网贷行业监管体制不完善，使得平台风险不断积累。随着国家金融融资抑制政策的提出，网贷平台经营成本增加，大量经营不良的平台关闭。数据显示，仅 2014 年问题平台数就有 300 家。P2P 网贷行业频繁出现风险事件，严重打击了投资者的投资信心，行业负面情绪持续高涨，也对我国互联网金融健康发展带来不利影响。

第四阶段是 2016 年至今（合规整顿期），面对行业风险频发，监管全面收紧，网贷行业逐渐向规范化发展。2016 年连续出台了各项监管政策，因此被称为互联网金融“监管元年”。随着网贷行业监管政策的相继落地，网贷行业开始恢复理性发展，整个 P2P 网贷行业进行加速调整，大量平台停业整顿。

8.4.3　我国 P2P 模式解读

我国的 P2P 模式从诞生起，主要形成两种模式：纯线上借贷交易和线上线下结合的 O2O 借贷交易模式。而后者一度是市场上最为常见的 P2P 模式。中国 P2P 网络借贷主要模式如图 8.10 所示。

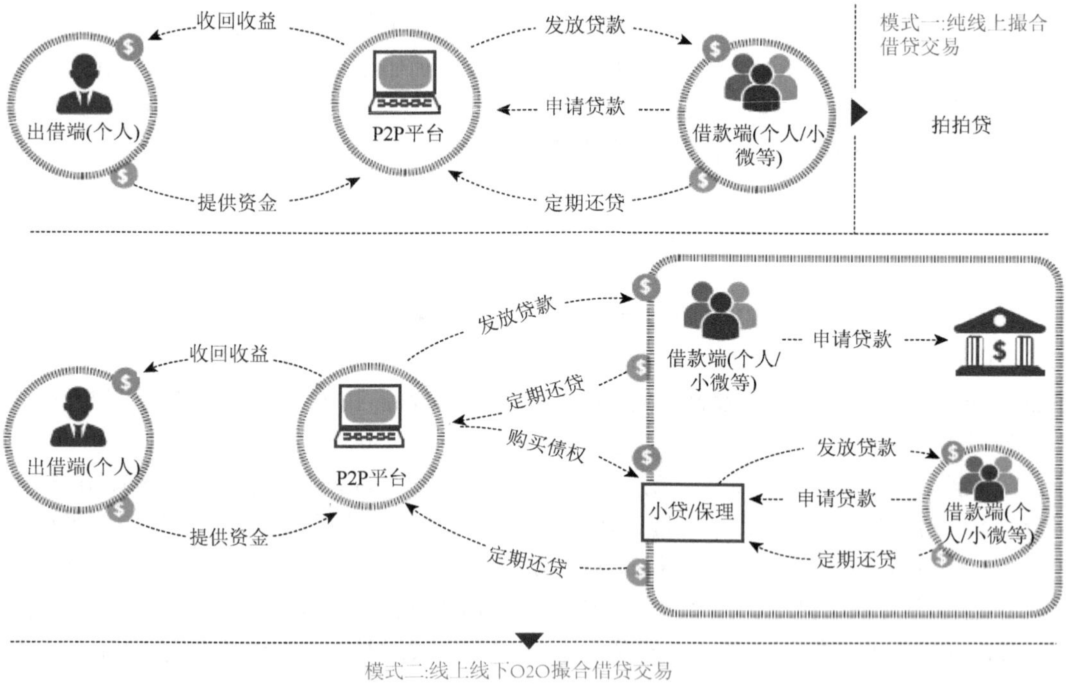

图 8.10　中国 P2P 网络借贷主要模式

纯线上撮合借贷交易模式中，以拍拍贷为典型代表，在线上撮合个人与个人间的资金需求。借款人在平台发布融资需求，约定借款期限、收益及资金筹措期限。出借人在平台部分或全额投标。资金筹措期满，投标资金总额达到借款人要求，则借款成功；资金筹措期间未能筹齐资金，则借款计划流标。P2P 平台作为信息中介评估借款人信用等级，披露借款人信息，进行借贷双方需求匹配，并收取一定的中介服务费用。

线上线下相结合的 O2O 网贷模式曾一度是中国 P2P 行业发展历程中最为主流的业务模式。多数 P2P 平台在线上吸纳投资人资金，线下获取债权，从而形成中国特色的 P2P 模式。线下获取债权又分为直接债权与间接债权模式，直接债权以设立门店的方式进行营销获取个人债权，间接债权模式通过与小贷公司、保理公司合作导入大量债权。

8.4.4　我国 P2P 网贷监管

2015 年 12 月，银监会、工信部、公安部、国家互联网信息办公室等监管部门联合发布了《网络借贷信息中介机构业务活动管理暂行办法》，正式向社会公众公开征集意见，随着一系列政策出台标志着 P2P 行业告别野蛮生长、无头监管时代，见表 8.1。

表 8.1　监管部门对于网贷平台业务的规范治理制度

发布时间	出台部门	政策名称	政策要点
2016 年 4 月	国务院办公厅	《互联网金融风险专项整治工作实施方案》	通过互联网开展资产管理及跨界从事金融业务的互联网企业，未取得相关金融业务资质的，不得依托互联网开展相应业务，开展业务的实质应符合取得的业务资质
2016 年 8 月	银监会	《网络借贷信息中介机构业务活动管理暂行办法》	P2P 网贷平台单笔资产不得超过 20 万，不得以打包形式接受转让，不得自行发售理财等金融产品募集资金、代销银行理财、券商资管、基金、保险或信托产品等金融产品
2017 年 2 月	银监会	《网络借贷资金存管业务指引》	明确了网贷资金存管业务应遵循的基本规则和实施标准，鼓励网贷机构与商业银行按照平等自愿、互利互惠的市场化原则，开展业务
2017 年 6 月	银监会、教育部、人力资源和社会保障部	《关于进一步加强校园贷规范管理工作的通知》	要督促网贷机构按期完成业务整改，主动下线校园网贷相关业务产品，暂停发布新的校园网贷业务标的，有序清退校园网贷业务待还余额
2017 年 8 月	银监会	《网络借贷信息中介机构业务活动信息披露指引》	向社会公众公示网络借贷信息、中介机构基本信息、运营信息、项目信息、重大风险信息、消费者咨询投诉渠道信息等相关信息
2017 年 12 月	互联网金融风险专项整治工作领导小组办公室、P2P 网贷风险专项整治工作领导小组办公室	《关于规范整顿“现金贷”业务的通知》	网络小贷公司经营的现金贷、校园贷、首付贷等业务都被叫停，限制银行业金融机构参与联合贷款、助贷，控制现金贷资金来源

续表

发布时间	出台部门	政策名称	政策要点
2018 年 4 月	互联网金融风险专项整治工作领导小组办公室	《关于加大通过互联网开展资产管理业务整治力度及开展验收工作的通知》	互联网资管业务属于特许经营业务，未取得金融牌照不得从事互联网资管业务，而“定向委托投资”“收益权转让”等常见业务模式也被明令禁止
2018 年 12 月	互联网金融风险专项整治工作领导小组办公室、P2P 网贷风险专项整治工作领导小组办公室	《关于做好网贷机构分类处置和风险防范工作的意见》	坚持以机构退出为主要工作方向，除部分合规的在营机构外，其余机构能退尽退，应关尽关，并将网贷机构分为六类，简称“五退一留”。
2019 年 9 月	互联网金融风险专项整治工作领导小组办公室、网络借贷风险专项整治工作领导小组办公室	《关于加强 P2P 网贷领域征信体系建设的通知》	支持在营 P2P 网贷机构接入征信系统、持续开展对已退出经营的 P2P 网贷机构恶意逃废债行为的打击、加大对网贷领域失信人的惩戒力度等。
2019 年 11 月	互联网金融风险专项整治工作领导小组办公室、网络借贷风险专项整治工作领导小组办公室	《关于网络借贷信息中介机构转型为小额贷款公司试点的指导意见》	引导部分符合条件的网贷机构转型为小贷公司。转型试点工作在国务院金融委统一领导下，由互金整治办和网贷整治办负责转型试点的组织和协调、规则制定、培训部署、政策解读。

8.5 众　　筹

众筹的起源已经有数百年的历史。莫扎特、贝多芬等艺术家都曾用众筹的方式为其作品创作和表演募集资金，作为回报，支持者获得其作品的手稿，支持者的名字也被记录在手稿之上。1885 年美国也曾用众筹的方式为自由女神像的基座建设募资，最终募得超过 10 万美元，每位捐赠者可以获得一尊十二英寸的雕像。

8.5.1　众筹概述

美国学者迈克尔·萨利文于 2006 年 8 月首次启用众筹（crowdfunding）一词，并将其定义为：众筹描述的是群体性合作事项，人们通过互联网筹集资金，来支持他人发起的项目。

众筹是微型金融和众包等概念的组合，涉及的技术、法律、社会关系也更为复杂，因此构建了新的概念，并采用近似于众包（crowdsourcing）的英文形式，即“crowdfunding”。

综上所述，可知众筹的业务范畴随着众筹活动的发展还在不断演变。众筹融资是一种利用互联网向公众募集小额资金的新型融资方式，即融资者通过互联网上的众筹融资平台向广大的公众投资者进行筹资，每位投资者以较小金额进行投资，并以获取实物、利息或股权等形式作为投资回报。

8.5.2 众筹的起源

众筹最初是艺术家在奋斗的艰难时刻通过众筹为创作筹得资金的一种手段。早在 18 世纪众筹就有了雏形，当时很多艺术家依靠一种叫作“订购”（subscription）的方法来完成自己的文艺作品。著名音乐家莫扎特、贝多芬曾以这种方式寻找订购者为自己的音乐作品筹集资金。当作品完成后，他们会向订购者提供一本书，上面写有他们的名字；又或者是他们曲子乐谱的副本。

商业模式的众筹最早起源于美国。近几年，在欧美国家，这种模式快速发展，处于黄金上升期。除欧美以外，其他国家和地区也迅速传播起这种模式。在欧美国家的诸多众筹平台当中，最具代表性的是成立于 2009 年 4 月的 Kickstarter。截至 2012 年，在该平台发布的 27086 个项目中成功的有 11836 个。2016 年的数据中显示 Kickstarter 上众筹项目的总金额达到 28.2 亿美元，总支持人数达到 1226 万人。

8.5.3 众筹模式的构建

众筹模式从某种意义而言，是一种 Web3.0，即网站内的信息可以直接和其他网站相关信息进行交互，能通过第三方信息平台同时对多家网站的信息进行整合使用。众筹使社交网络与“多数人资助少数人”的募资方式交叉相遇，通过 P2P 或 P2B 平台的协议机制来使不同个体之间融资筹款成为可能。构建众筹商业模式要有项目发起人（筹资人）、公众（出资人）和中介机构（众筹平台）这三个有机组成部分。众筹模式构建如图 8.11 所示。

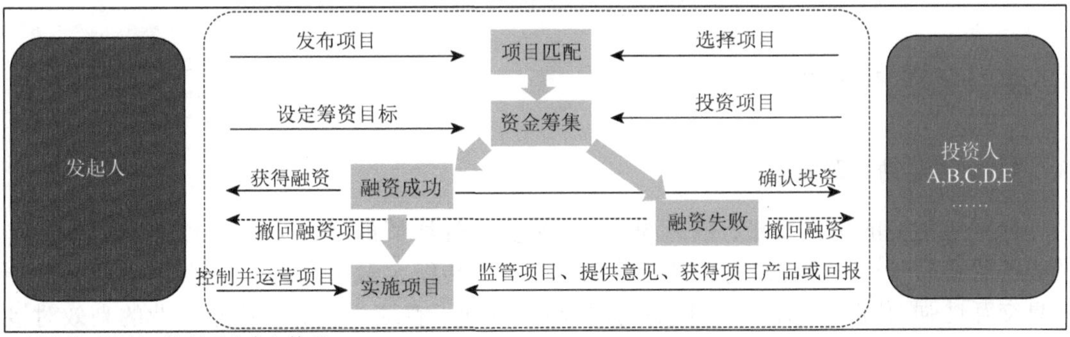

来源:公开资料，清科研究中心整理

图 8.11 众筹模式构建

1. 发起人（筹资人）

项目是具有明确目标的、可以完成的，且有具体完成时间的非公益活动，如制作专辑、出版图书或生产某种电子产品。项目不以股权、债券、分红、利息等资金形式作为回报。

项目发起人必须具备一定的条件（如国籍、年龄、银行账户、资质和学历等），拥有对项目 100.0%的自主权。项目发起人要与中介机构（众筹平台）签订合约，明确双方的权利和义务。

项目发起人通常是需要解决资金问题的创意者或小微企业的创业者，但也有个别企业为了加强用户的交流和体验，在实现筹资目标的同时，强化众筹模式的市场调研、产品预售和宣传推广等延伸功能，以项目发起人的身份号召公众（潜在用户）介入产品的研发、试制和推广，以期获得更好的市场响应。

2. 公众（出资人）

公众（出资人）往往是数量庞大的互联网用户，他们利用在线支付方式对自己感兴趣的创意项目进行小额投资，每个出资人都成为投资人。公众所投资的项目成功实现后，对于出资人的回报不是资金回报，而可能是产品。

出资人资助创意者的过程就是其消费资金前移的过程，这既提高了生产和销售等环节的效率，生产出原本依靠传统投融资模式而无法推出的新产品，也满足了出资人作为用户的小众化、细致化和个性化消费需求。

3. 中介机构（众筹平台）

中介机构是众筹平台的搭建者，又是项目发起人的监督者和辅导者，还是出资人的利益维护者。上述多重身份的特征决定了中介机构（众筹平台）的功能复杂、责任重大。

首先，众筹平台要拥有网络技术支持，根据相关法律法规，采用虚拟运作的方式，将项目创意和融资需求信息发布在虚拟空间里，实施这一步骤的前提是在项目上线之前进行细致的实名认证审核，并且确保项目内容完整、可执行和有价值，确保没有违反项目准则和要求。其次，在项目筹资成功后，监督、辅导和把控项目的顺利展开。最后，当项目无法执行时，众筹平台有责任和义务督促项目发起人退款给出资者。

8.5.4 众筹的特征

1. 众筹活动互联网化

众筹过程中的项目发布、信息沟通、交易执行等环节都是在互联网上进行，基本不涉及线下的物理传递。股权众筹依托互联网，摆脱了传统金融中介的资金融通。互联网平台信息交互性强，化解了信息不对称的问题，同时有利于普通投资者与中小企业的高效对接，摆脱了对于传统融资中介的依赖，代表着“金融脱媒”的创新发展方向。

2. 众筹融资去中介化

众筹融资的过程中虽然有众筹平台的参与，但是它只是作为融资的中间商而不是金融中介。在整个融资过程中，众筹平台都只是作为连接筹资者和投资者之间的纽带和桥梁，并充当众筹资金的暂时保管者这一角色，众筹平台并不干预和介入众筹融资资金供需双方的各种活动之中，包括双方的交流和协议的订立都是供需双方自己进行。

3. 出资者无权干涉项目本身

筹资者在发起众筹融资时会在平台上介绍项目的详细情况，发起人通常会对项目的进展进行不断更新，投资者可以通过这些信息或通过和筹资者交流来确定自己是否投资，项目融到所需的资金之后，发起人虽然会将项目之后的进度和投资者共享，但是投资者并没有权利干涉项目的进程，只能提出建议。即使是股权众筹，由于参与众筹融资的投资者人数众多且互不相识，很难联系到一起，加之每位出资人投出的金额较少，导致单个投资者拥有的股权比例非常小，虽然他们作为项目名义上的股东或所有人，但是所占的份额较小且不集中，他们在整个项目中也并没有决定权。

4. 众筹融资成本低

对众筹融资而言，项目的发布、推介和交易环节都通过互联网平台进行，实现了去中介化，大大降低了启动成本、营销成本和交易成本；同上面所分析的一样，众筹融资实现了去中介化，平台只收取少量的费用，节省了大量的中介费用和谈判成本。

5. 众筹融资回报多样性

投资者除了可以获得像传统融资方式一样的股权和现金回报之外，还可以获得实物产品、文化演出、影视作品回报等。众筹融资回报的多样性可以满足各类投资者的多样化需求。

6. 依托社交网络进行市场营销

资金募集人很多会通过社交媒体接触在线社区中的成员，对其项目进行营销以获得捐献者或投资者，众筹活动的增长和成功很大程度上得益于融资活动与社交媒体的无缝整合。

8.5.5 众筹的主要分类

互联网众筹是互联网金融的一个分支，是指筹资方（项目发起者）通过互联网众筹平台以公开方式向投资者募集资金，用以支持其个人活动或商业组织的行为。

根据国内外的主流分类方式，按回报类型将互联网众筹划分为权益众筹、股权众筹、债权众筹、公益众筹、收益权众筹。其中，权益众筹即产品众筹；股权众筹按照募资方式划分为公募股权众筹和私募股权众筹两类；债权众筹按照客户类型划分为 P2P 和 P2B 两类；公益众筹则相对开放，无偿投入资金的众筹都纳入此类。众筹分类具体如图 8.12 所示。

（1）权益众筹。权益众筹融资是指投资者将自己的闲置资金投资给筹资者用于开发某种产品（服务），待该产品（服务）开始对外销售或者已经具备对外销售的条件时，发起人按照约定将开发的产品（服务）以低于成本或者无偿的方式提供给投资人的一种众筹融资方式。

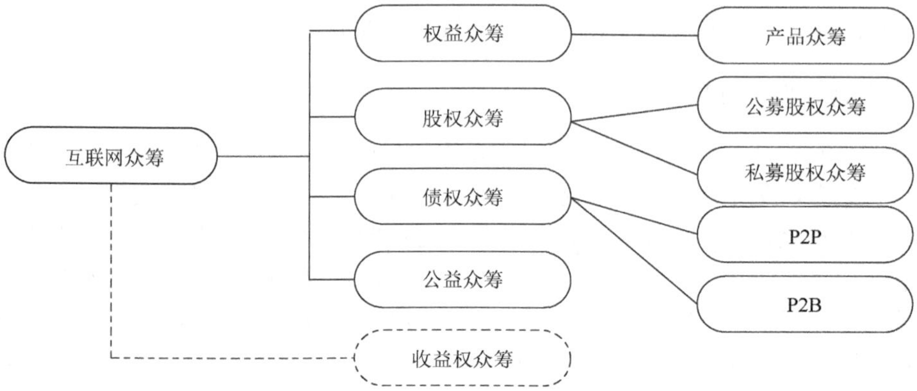

图 8.12　众筹分类

（2）股权众筹。所谓股权式众筹，是指筹资者在进行众筹融资时将相应比例的股份出让给投资者，投资者通过投资入股公司，以期在将来获得收益，这种利用互联网众筹平台进行融资的模式被称为股权式众筹。

（3）债权众筹。债权式众筹是指投资者对众筹项目或者公司进行投资，获得其一定比例的债权，在筹资者规定的期限内获取利息收益并在到期时收回本金的一种众筹融资方式，是属于多位投资者对一个债务人（即众筹项目或公司）的交易模式。

（4）公益众筹。公益众筹中，投资者和筹资者之间的关系在法律上的本质是赠予合同关系，也就是说投资者向筹资者的“投资”是不收取回报的，是无偿的。目前，在我国公益众筹涉及的领域主要包括医疗和扶贫等具有慈善性质的领域。

（5）收益权众筹。这种互联网众筹方式起源于美国。不同于以参与股权分红为投资收益方式的“股权收益权类股权众筹”，收益权众筹是将某一商品/服务的未来销售收入的一定比例作为回报，以吸引投资者参与的一种资金筹集方式。其形式类似于借贷，但投资者没有“债权”。本质上“收益权众筹”是众筹发起人与投资者之间关于未来收益权让渡的一份契约。

8.6　互联网保险

8.6.1　互联网保险概述

1. 互联网保险简述

互联网保险是新兴的一种以计算机互联网为媒介的保险营销模式，有别于传统的保险代理人营销模式。互联网保险是指保险公司或新型第三方保险网以互联网和电子商务技术为工具来支持保险销售的经营管理活动的经济行为。

随着移动互联网时代的到来，保险公司为了优化保险的选择、投保、赔偿等步骤，将包括大数据、人工智能、区块链在内的前沿技术运用于这一行业。区块链、人工智能、大数据三大核心科技开始向保险业的各方面辐射。广泛应用于产品创新、保险营销和保险公司的内部管理等。保险公司通过创建新的平台、运用新的技术服务保险消费者。

2. 互联网发展历程

我国互联网保险的起步可以追溯到 1997 年，我国第一个保障保险市场和保险公司内部信息化管理的中国保险信息网建成。1998～2007 年可以视为互联网保险的萌芽期，这段时间内由于互联网和电子商务环境尚不成熟，主要以门户资讯为主。2008 年以后随着各类电子商务平台的逐渐兴起，一批以保险中介和保险信息服务为定位的保险网站逐渐出现，并且其中一部分还获得了风险资本的投资，如慧择网、向日葵网等。2012 年以后传统保险公司也依托公司的官方网站、第三方商务平台等多种模式探索互联网保险业务，保险产品的网上销售也呈爆发式增长，逐渐建立起了我国互联网保险的基本框架。

3. 互联网金融发展驱动因素

1）需求端

随着 80 后、90 后一代成为主力消费群体，用户行为已发生深刻变化，年轻用户伴随着互联网成长，其对互联网更有信任感，并且年轻一代大多有过父母为自己购买保险的经历，是享受过保险保障和理赔的“保二代”群体，相比于上一代往往拥有更强的风险保障意识，因此保险业也需要跟随互联网趋势和用户行为进行改变。调研数据显示，在互联网财产险领域，26～45 岁的保民占了近 80%，其中 80 后、90 后是主力人群。

2）供给端

传统保险产品长期存在同质化严重，创新不足的现象，由此也引发了行业粗放式发展、中小型保险企业盈利困难等诸多问题，而面对快速变化的互联网环境，传统保险的产品设计原则、运营方式和交易效率都难以适应。另外对于保险用户而言，传统保险条例晦涩难懂，理赔体验较差，保险营销方式不受信任都是保险业需要解决的问题。然而，互联网手段的注入有望在一定程度上攻克传统保险各个环节的发展痛点，为行业带来新的增长发力点。

4. 互联网保险科技引领行业未来

1）金融科技环境下的保险业务变革

金融科技的概念，加之国际保险业对于科技创新的重视，于是一种新兴名词保险科技（InsurTech）诞生了。目前行业内对保险科技一词还没有一个准确的定义，关于此类公司的界定方式和具体运营模式也模糊不清。

亿欧智库认为，“保险科技”是一种新兴的现象，借助诸如大数据、区块链、人工智能等新技术，优化现有服务链，进而帮助传统保险服务延伸至未曾覆盖到的市场。

在新科技的加持下，原保险行业的五个环节（产品设计、定价承保、分销渠道、理赔服务、技术系统）将发生的变化如图 8.13 所示。

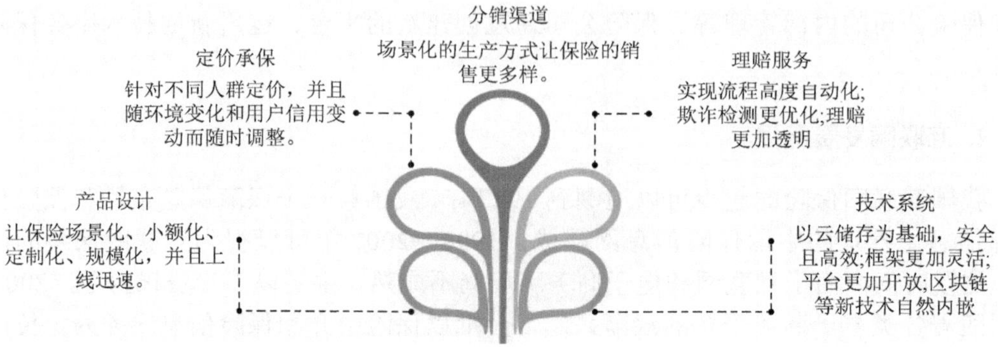

图 8.13　保险科技下的互联网保险

2）大数据、人工智能、区块链服务保险业务全流程

大数据、人工智能和区块链介入了保险的核心业务流程，从产品设计到售前（咨询、推荐、关怀），到承保（认证、核保、定价），再到理赔（反欺诈、核损、赔付）以及售后服务（客服、日常分析、客户关系管理）。同时，在营销以及风控方面也可以依托于这些新科技。

保险业中科技的应用场景主要有客服、营销、风控以及数据平台搭建，基于这些应用场景，保险业将降低成本，提高效率，推动保险生态圈与其他生态圈的融合。

随着大数据、人工智能、区块链三大技术的不断发展完善，它们落地保险行业的应用也会越来越多，保险科技将会迎来发展高峰。三大技术将会从多方面颠覆保险行业，成为连接保险供给端与需求端的重要纽带。

8.6.2　互联网保险商业模式

互联网保险近年来在我国蓬勃发展，其最常见的商业模式主要分四类：传统保险公司建立线上平台或官方网站；互联网企业参与设立保险公司；纯互联网保险公司申请牌照专业化经营；保险在线销售及比价平台。

1. 传统保险公司的线上平台

传统大型、中型保险公司通常以自建官方网站、自主经营线上平台的模式参与互联网保险，诸如中国平安、中国太平洋保险、中国人寿保险、中国人民保险等传统保险公司均通过官方网站销售保险产品并提供支付、理赔、保单查询、续保、咨询等一站式服务。保险公司在线平台“一站式服务”如图 8.14 所示。

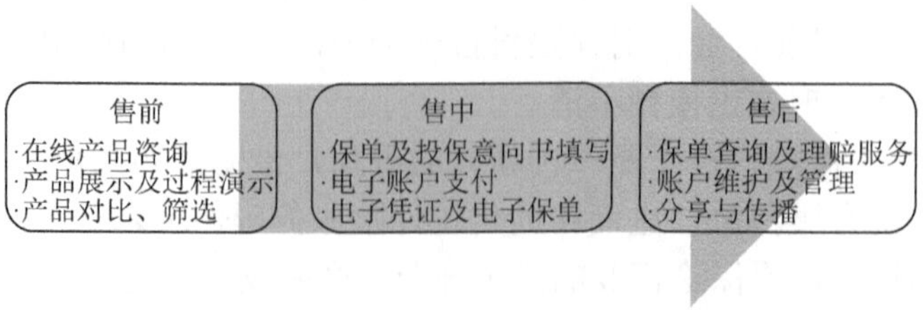

图 8.14　保险公司在线平台提供“一站式服务”

2. 互联网企业进军保险

随着保险业持续景气及互联网保险蓬勃发展，互联网企业纷纷抢滩布局。2013 年，蚂蚁金服、腾讯、中国平安三大巨头牵头设立首家互联网保险公司——众安在线，标志着互联网公司正式进军保险。近阶段，BAT 及京东、东方财富等互联网企业纷纷投资参与设立保险或保险代理公司，保险将成为互联网企业流量变现的重要渠道。互联网企业进军保险业具体情况如表 8.2 所示。

表 8.2　互联网企业进军保险业

互联网公司	保险公司	进程	业务领域
阿里巴巴	阿里健康保险	阿里健康协同阿里巴巴、中国太平、太平人寿等发起	互联网健康保险相关业务
百度	百安保险+拟与太保合资保险公司	百度、安联正式签约；与太保发起互联网保险公司	旅行险、健康险、互联网金融险
腾讯	拟设立寿险公司	申请材料递交保监会	传统寿险
京东	京东互联网财险	已递交申请	为京东生态圈提供保险产品方案
东方财富	保险代理公司	申请材料递交保监会	保险专业代理

互联网企业兼具创新能力及竞争能力。

（1）创新角度，基于纯熟的互联网思维、互联网信息技术优势、人才资源优势，其创新速度、成效俱佳。

（2）竞争角度，其流量优势巨大，同时直接掌握潜在的保险场景资源。因此，互联网巨头设立保险公司的商业模式代表互联网保险未来主流的创新方向和发展趋势，前景广阔。

基于其竞争优势，互联网企业参与保险的主要商业逻辑为：依托流量优势、纯粹的互联网思维及互联网信息技术优势，实现保费规模迅速放量，将保险打造为重要的流量变现渠道。

3. 互联网保险公司

2013 年，众安保险开业标志着持有专业互联网保险牌照的互联网保险公司诞生，截至 2016 年，保监会已下发四张专业互联网保险牌照，分别授予众安保险、泰康在线、安心保险、易安保险。四家专业互联网保险公司均以财产保险产品为主。传统保险牌照和互联网保险牌照区别如表 8.3 所示。

表 8.3　传统保险牌照和互联网保险牌照区别

	经营范围
传统保险牌照	跨省经营必须首先在该区域设立分公司，分支机构不得跨省经营保险业务，新保险公司 2 年内只能在省内开展业务
互联网保险牌照	对于规定范围内的险种，可在全国范围内经营，无须事先设立分支机构（诸如家庭财产保险、责任险、信用保证险等，而高现金价值寿险和车险则不得跨省经营）

产品特征方面，基于网络在线模式，专业互联网保险由客户自助购买，短时间内激发客户兴趣至关重要，因而要求产品简单、清晰、易懂。各平台陆续推出基于碎片化场景的创新型保险产品以拓展独立于传统保险市场的增量市场。保费规模方面，四家专业互联网保险公司整体保费规模较小，众安保险依托股东资源优势，发展势头良好。

参 考 文 献

艾瑞咨询，中国互联网金融行业监测报告. [EB/OL]. [2020-6-15]. https://www. iresearch. com. cn/Detail/report?id=3397& isfree=0.

冰凌，九大发展阶段解读 NFC 近场支付的前世今生[EB/OL]. [2019-4-3]. http://www. mpaypass. com. cn/news/201904/03094942. Html.

陈晓勤，钱守廉，李峰，2012. 移动支付改变生活：电信运营商的移动支付创新与实践[M]. 北京：人民邮电出版社.

陈鑫，2018. NFC 关键技术及应用现状研究[J]. 计算机产品与流通（04）：13.

陈颖鸣，2018. 商业银行移动支付业务发展研究[D]. 南宁：广西大学，8-9.

狄刚，2018. 数字货币辨析[J]. 中国金融（9）：56-70.

何盛明，1990. 财经大辞典. 上卷[M]. 北京：中国财政经济出版社.

黄萍，赵鹞，2015. “移动金融+”普惠金融理论与实践[M]. 北京：中国金融出版社.

励跃，2017. 中国支付体系[M]. 北京：中国金融出版社.

陆晓明，2018. 人民币跨境银行间支付清算系统的发展、趋势及银行对策[J]. 国际金融，6（5）：72.

马广奇，史梦佳，2016. 我国互联网股权众筹融资模式的风险分析与评估[J]. 中国注册会计师，2016（12）：58-63.

孟凌霄，2018. 移动支付方式的影响探究[J]. 现代商业（36）：179-180.

彭柏瑶，2016. 经济新常态下青海省内中小企业融资问题及对策分析[J]. 经贸实践（02）：148：150.

秦成德，王汝林，2009. 移动电子商务[M]. 北京：人民邮电出版社.

人行石家庄中心支行会计处，2003. 学习《人民币银行结算账户管理办法》的几点体会[J]. 河北金融（9）：35-36.

王华庆，李良松，2018. 简析数字稳定代币[J]. 中国金融（19）：45-46.

王军选，2012. 移动商务支付[M]. 北京：对外经济贸易大学出版社.

王素珍，2014. 从货币本质看比特币[J]. 中国金融（5）：16-18.

新华社《金融世家》，中国互联网协会. 中国互联网金融报告（2014）[EB/OL]. [2020-6-15]. https://www. isc. org. cn/download/20141103. pdf.

许应楠，2018. 移动电商基础与实务[M]. 北京：人民邮电出版社.

亚联管理咨询有限公司，2015. 互联网金融时代下中小银行金融创新研究[M]. 北京：中国金融出版社.

杨晓晨，张明，2014. 比特币：运行原理、典型特征与前景展望[J]. 金融评论（2）：38-45.

姚前，2018. 数字货币的前世与今生[J]. 中国法律评论（12）：169-178.

张昶，2016. 移动电子商务[M]. 北京：北京邮电大学出版社.

张黎明，徐越海，王诏惠. 2012. 南京外币支付系统运行情况调查分析[J]. 金融科技时代（11）：64.

张相飞，周芝梅，王永刚，等， 2019. NFC 技术原理及应用[J]. 科技风（05）：69-75.

赵彦雯，2016. 移动支付发展对商业银行的影响及对策[J]. 现代金融（07）：25-26.

中国电信移动支付研究组，2012. 走进移动支付开启物联网时代的商务之门[M]. 北京：电子工业出版社.

周苏，王文，王硕苹，2012. 移动商务[M]. 北京：中国铁道出版社.